当代齐鲁文库·20世纪“乡村建设运动”文库

The Library of Contemporary Shandong

Selected Works of Rural Construction Campaign of the 20th Century

山东社会科学院 编纂

/21

社会调查及邹平社会（上）

山东乡村建设研究院 等编

中国社会科学出版社

图书在版编目(CIP)数据

社会调查及邹平社会：全二册 / 山东乡村建设研究院等编．—北京：中国社会科学出版社，2022.10

（当代齐鲁文库．20世纪"乡村建设运动"文库）

ISBN 978-7-5227-1140-9

Ⅰ．①社…　Ⅱ．①山…　Ⅲ．①农村—社会主义建设—案例—邹平县　Ⅳ．①F327.524

中国版本图书馆CIP数据核字(2022)第238425号

出 版 人　赵剑英
责任编辑　冯春凤
责任校对　张爱华
责任印制　张雪娇

出　　版　中国社会科学出版社
社　　址　北京鼓楼西大街甲158号
邮　　编　100720
网　　址　http://www.csspw.cn
发 行 部　010-84083685
门 市 部　010-84029450
经　　销　新华书店及其他书店

印刷装订　北京君升印刷有限公司
版　　次　2022年10月第1版
印　　次　2022年10月第1次印刷

开　　本　710×1000　1/16
印　　张　35.5
插　　页　4
字　　数　578千字
定　　价　178.00元(全二册)

《当代齐鲁文库》编纂说明

不忘初心、打造学术精品，是推进中国特色社会科学研究和新型智库建设的基础性工程。近年来，山东社会科学院以实施哲学社会科学创新工程为抓手，努力探索智库创新发展之路，不断凝练特色、铸就学术品牌、推出重大精品成果，大型丛书《当代齐鲁文库》就是其中之一。

《当代齐鲁文库》是山东社会科学院立足山东、面向全国、放眼世界倾力打造的齐鲁特色学术品牌。《当代齐鲁文库》由《山东社会科学院文库》《20世纪“乡村建设运动”文库》《中美学者邹平联合调查文库》《山东海外文库》《海外山东文库》等特色文库组成。其中，作为《当代齐鲁文库》之一的《山东社会科学院文库》，历时2年的编纂，已于2016年12月由中国社会科学出版社正式出版发行。《山东社会科学院文库》由34部44本著作组成，约2000万字，收录的内容为山东省社会科学优秀成果奖评选工作开展以来，山东社会科学院获得一等奖及以上奖项的精品成果，涉猎经济学、政治学、法学、哲学、社会学、文学、历史学等领域。该文库的成功出版，是山东社会科学院历代方家的才思凝结，是山东社会科学院智库建设水平、整体科研实力和学术成就的集中展示，一经推出，引起强烈的社会反响，并成为山东社会科学院推进学术创新的重要阵地、引导学风建设的重要航标和参与学术交流的重要桥梁。

以此为契机，作为《当代齐鲁文库》之二的山东社会科学院“创新工程”重大项目《20世纪“乡村建设运动”文库》首批10卷12本著作约400万字，由中国社会科学出版社出版发行，并计划陆续完成约100本著作的编纂出版。

党的十九大报告提出：“实施乡村振兴战略，农业农村农民问题是关系国计民生的根本性问题，必须始终把解决好‘三农’问题作为全党工作重中之重。”以史为鉴，置身于中国现代化的百年发展史，通过深入挖掘和研究历史上的乡村建设理论及社会实验，从中汲取仍具时代价值的经验教训，才能更好地理解和把握乡村振兴战略的战略意义、总体布局和实现路径。

20 世纪前期，由知识分子主导的乡村建设实验曾影响到山东省的 70 余县和全国的不少地区。《20 世纪“乡村建设运动”文库》旨在通过对从山东到全国的乡村建设珍贵历史文献资料大规模、系统化地挖掘、收集、整理和出版，为乡村振兴战略的实施提供历史借鉴，为“乡村建设运动”的学术研究提供资料支撑。当年一大批知识分子深入民间，投身于乡村建设实践，并通过长期的社会调查，对“百年大变局”中的乡村社会进行全面和系统地研究，留下的宝贵学术遗产，是我们认识传统中国社会的重要基础。虽然那个时代有许多的历史局限性，但是这种注重理论与实践相结合、俯下身子埋头苦干的精神，仍然值得今天的每一位哲学社会科学工作者传承和弘扬。

《20 世纪“乡村建设运动”文库》在出版过程中，得到了社会各界尤其是乡村建设运动实践者后人的大力支持。中国社会科学院和中国社会科学出版社的领导对《20 世纪“乡村建设运动”文库》给予了高度重视、热情帮助和大力支持，责任编辑冯春凤主任付出了辛勤努力，在此一并表示感谢。

在出版《20 世纪“乡村建设运动”文库》的同时，山东社会科学院已经启动《当代齐鲁文库》之三《中美学者邹平联合调查文库》、之四《山东海外文库》、之五《海外山东文库》等特色文库的编纂工作。《当代齐鲁文库》的日臻完善，是山东社会科学院坚持问题导向、成果导向、精品导向，实施创新工程、激发科研活力结出的丰硕成果，是山东社会科学院国内一流新型智库建设不断实现突破的重要标志，也是党的领导下经济社会全面发展、哲学社会科学欣欣向荣繁荣昌盛的体现。由于规模宏大，《当代齐鲁文库》的完成需要一个过程，山东社会科学院会笃定恒心，继续大力推动文库的编纂出版，为进一步繁荣发展哲学社会科学贡献力量。

山东社会科学院

2018 年 11 月 17 日

编纂委员会

总　序

从传统乡村社会向现代社会的转型，是世界各国现代化必然经历的历史发展过程。现代化的完成，通常是以实现工业化、城镇化为标志。英国是世界上第一个实现工业化的国家，这个过程从17世纪资产阶级革命算起经历了200多年时间，若从18世纪60年代工业革命算起则经历了100多年的时间。中国自近代以来肇始的工业化、城镇化转型和社会变革，屡遭挫折，步履维艰。乡村建设问题在过去一百多年中，也成为中国最为重要的、反复出现的发展议题。各种思想潮流、各种社会力量、各种政党社团群体，都围绕这个议题展开争论、碰撞、交锋，并在实践中形成不同取向的路径。

把农业、农村和农民问题置于近代以来的“大历史”中审视不难发现，今天的乡村振兴战略，是对一个多世纪以来中国最本质、最重要的发展议题的当代回应，是对解决“三农”问题历史经验的总结和升华，也是对农村发展历史困境的全面超越。它既是一个现实问题，也是一个历史问题。

2017年12月，习近平总书记在中央农村工作会议上的讲话指出，“新中国成立前，一些有识之士开展了乡村建设运动，比较有代表性的是梁漱溟先生搞的山东邹平试验，晏阳初先生搞的河北定县试验”。

“乡村建设运动”是20世纪上半期（1901到1949年间）在中国农村许多地方开展的一场声势浩大的、由知识精英倡导的乡村改良实践探索活动。它希望在维护现存社会制度和秩序的前提下，通过兴办教育、改良农业、流通金融、提倡合作、办理地方自治与自卫、建立公共卫生保健制度和移风易俗等措施，复兴日趋衰弱的农村经济，刷新中国政治，复兴中国文化，实现所谓的“民族再造”或“民族自救”。在政治倾向上，参与“乡村建设运动”的学者，多数是处于共产党与国民党之间的“中间派”，代表着一部分爱国知识分子对中国现代化建设道路的选择与探索。关于“乡村建设运动”

的意义，梁漱溟、晏阳初等乡建派学者曾提的很高，认为这是近代以来，继太平天国运动、戊戌变法运动、辛亥革命运动、五四运动、北伐运动之后的第六次民族自救运动，甚至是“中国民族自救运动之最后觉悟”。[①] 实践证明，这个运动最终以失败告终，但也留下很多弥足珍贵的经验和教训。其留存的大量史料文献，也成为学术研究的宝库。

“乡村建设运动”最早可追溯到米迪刚等人在河北省定县翟城村进行“村治”实验示范，通过开展识字运动、公民教育和地方自治，实施一系列改造地方的举措，直接孕育了随后受到海内外广泛关注、由晏阳初及中华平民教育促进会所主持的“定县试验”。如果说这个起于传统良绅的地方自治与乡村“自救”实践是在村一级展开的，那么清末状元实业家张謇在其家乡南通则进行了引人注目的县一级的探索。

20 世纪 20 年代，余庆棠、陶行知、黄炎培等提倡办学，南北各地闻风而动，纷纷从事“乡村教育”“乡村改造”“乡村建设”，以图实现改造中国的目的。20 年代末 30 年代初，“乡村建设运动”蔚为社会思潮并聚合为社会运动，建构了多种理论与实践的乡村建设实验模式。据南京国民政府实业部的调查，当时全国从事乡村建设工作的团体和机构有 600 多个，先后设立的各种实验区达 1000 多处。其中比较著名的有梁漱溟的邹平实验区、陶行知的晓庄实验区、晏阳初的定县实验区、鼓禹廷的宛平实验区、黄炎培的昆山实验区、卢作孚的北碚实验区、江苏省立教育学院的无锡实验区、齐鲁大学的龙山实验区、燕京大学的清河实验区等。梁漱溟、晏阳初、卢作孚、陶行知、黄炎培等一批名家及各自领导的社会团体，使“乡村建设运动”产生了广泛的国内外影响。费正清主编的《剑桥中华民国史》，曾专辟“乡村建设运动”一节，讨论民国时期这一波澜壮阔的社会运动，把当时的乡村建设实践分为西方影响型、本土型、平民型和军事型等六个类型。

1937 年 7 月抗日战争全面爆发后，全国的“乡村建设运动”被迫中止，只有中华平民教育促进会的晏阳初坚持不懈，撤退到抗战的大后方，以重庆璧山为中心，建立了华西实验区，开展了长达 10 年的平民教育和乡村建设实验，直接影响了后来台湾地区的土地改革，以及菲律宾、加纳、哥伦比亚等国家的乡村改造运动。

---

① 《梁漱溟全集》第五卷，山东人民出版社 2005 年版，第 44 页。

“乡村建设运动”不仅在当事者看来“无疑地已经形成了今日社会运动的主潮”,[1] 在今天的研究者眼中，它也是中国农村社会发展史上一次十分重要的社会改造活动。尽管“乡村建设运动”的团体和机构，性质不一，情况复杂，诚如梁漱溟所言，“南北各地乡村运动者，各有各的来历，各有各的背景。有的是社会团体，有的是政府机关，有的是教育机关；其思想有的左倾，有的右倾，其主张有的如此，有的如彼”[2]。他们或注重农业技术传播，或致力于地方自治和政权建设，或着力于农民文化教育，或强调经济、政治、道德三者并举。但殊途同归，这些团体和机构都关心乡村，立志救济乡村，以转化传统乡村为现代乡村为目标进行社会“改造”，旨在为破败的中国农村寻一条出路。在实践层面，“乡村建设运动”的思想和理论通常与国家建设的战略、政策、措施密切相关。

在知识分子领导的“乡村建设运动”中，影响最大的当属梁漱溟主持的邹平乡村建设实验区和晏阳初主持的定县乡村建设实验区。梁漱溟和晏阳初在从事实际的乡村建设实验前，以及实验过程中，对当时中国社会所存在的问题及其出路都进行了理论探索，形成了比较系统的看法，成为乡村建设实验的理论根据。

梁漱溟曾是民国时期宪政运动的积极参加者和实践者。由于中国宪政运动的失败等原因，致使他对从前的政治主张逐渐产生怀疑，抱着“能替中华民族在政治上经济上开出一条路来”的志向，他开始研究和从事乡村建设的救国运动。在梁漱溟看来，中国原为乡村国家，以乡村为根基与主体，而发育成高度的乡村文明。中国这种乡村文明近代以来受到来自西洋都市文明的挑战。西洋文明逼迫中国往资本主义工商业路上走，然而除了乡村破坏外并未见都市的兴起，只见固有农业衰残而未见新工商业的发达。他的乡村建设运动思想和主张，源于他的哲学思想和对中国的特殊认识。在他看来，与西方“科学技术、团体组织”的社会结构不同，中国的社会结构是“伦理本位、职业分立”，不同于“从对方下手，改造客观境地以解决问题而得满足于外者”的西洋文化，也不同于“取消问题为问题之解决，以根本不生要求

① 许莹涟、李竟西、段继李编述：《全国乡村建设运动概况》第一辑上册，山东乡村建设研究院1935年出版，编者“自叙”。

② 《梁漱溟全集》第二卷，山东人民出版社2005年版，第582页。

为最上之满足”的印度文化，中国文化是“反求诸己，调和融洽于我与对方之间，自适于这种境地为问题之解决而满足于内者”的“中庸”文化。中国问题的根源不在他处，而在“文化失调”，解决之道不是向西方学习，而是“认取自家精神，寻求自家的路走”。乡村建设的最高理想是社会和政治的伦理化，基本工作是建立和维持社会秩序，主要途径是乡村合作化和工业化，推进的手段是“软功夫”的教育工作。在梁漱溟看来，中国建设既不能走发展工商业之路，也不能走苏联的路，只能走乡村建设之路，即在中国传统文化基础上，吸收西方文化的长处，使中西文化得以融通，开创民族复兴的道路。他特别强调，“乡村建设，实非建设乡村，而意在整个中国社会之建设。”① 他将乡村建设提到建国的高度来认识，旨在为中国“重建一新社会组织构造”。他认为，救济乡村只是乡村建设的“第一层意义”，乡村建设的“真意义”在于创造一个新的社会结构，“今日中国问题在其千年相沿袭之社会组织构造既已崩溃，而新者未立；乡村建设运动，实为吾民族社会重建一新组织构造之运动。”② 只有理解和把握了这一点，才能理解和把握“乡村建设运动”的精神和意义。

晏阳初是中国著名的平民教育和乡村建设专家，1926 年在河北定县开始乡村平民教育实验，1940—1949 年在重庆歇马镇创办中国乡村建设育才院，后改名中国乡村建设学院并任院长，组织开展华西乡村建设实验，传播乡村建设理念。他认为，中国的乡村建设之所以重要，是因为乡村既是中国的经济基础，也是中国的政治基础，同时还是中国人的基础。“我们不愿安居太师椅上，空做误民的计划，才到农民生活里去找问题，去解决问题，抛下东洋眼镜、西洋眼镜、都市眼镜，换上一副农夫眼镜。”③ 乡村建设就是要通过长期的努力，去培养新的生命，振拔新的人格，促成新的团结，从根本上再造一个新的民族。为了实现民族再造和固本宁邦的长远目的，他在做了认真系统的调查研究后，认定中国农村最普遍的问题是农民中存在的“愚贫弱私”四大疾病；根治这四大疾病的良方，就是在乡村普遍进行“四大教育”，即文艺教育以治愚、生计教育以治贫、卫生教育以治弱、公民教育以

① 《梁漱溟全集》第二卷，山东人民出版社 2005 年版，第 161 页。

② 《梁漱溟全集》第二卷，山东人民出版社 2005 年版，第 161 页。

③ 《晏阳初全集》第一卷，天津教育出版社 2013 年版，第 221 页。

治私，最终实现政治、教育、经济、自卫、卫生、礼俗“六大建设”。为了实现既定的目标，他坚持四大教育连锁并进，学校教育、社会教育、家庭教育统筹协调。他把定县当作一个“社会实验室”，通过开办平民学校、创建实验农场、建立各种合作组织、推行医疗卫生保健、传授农业基本知识、改良动植物品种、倡办手工业和其他副业、建立和开展农民戏剧、演唱诗歌民谣等积极的活动，从整体上改变乡村面貌，从根本上重建民族精神。

可以说，“乡村建设运动”的出现，不仅是农村落后破败的现实促成的，也是知识界对农村重要性自觉体认的产物，两者的结合，导致了领域广阔、面貌多样、时间持久、影响深远的“乡村建设运动”。而在“乡村建设运动”的高峰时期，各地所开展的乡村建设事业历史有长有短，范围有大有小，工作有繁有易，动机不尽相同，都或多或少地受到了邹平实验区、定县实验区的影响。

20 世纪前期中国的乡村建设，除了知识分子领导的“乡村建设运动”，还有 1927—1945 年南京国民政府推行的农村复兴运动，以及 1927—1949 年中国共产党领导的革命根据地的乡村建设。

“农村复兴”思潮源起于 20 世纪二三十年代，大体上与国民政府推动的国民经济建设运动和由社会力量推动的“乡村建设运动”同时并起。南京国民政府为巩固政权，复兴农村，采取了一系列措施：一是先后颁行保甲制度、新县制等一系列地方行政制度，力图将国家政权延伸至乡村社会；二是在经济方面，先后颁布了多部涉农法律，新设多处涉农机构，以拯救处于崩溃边缘的农村经济；三是修建多项大型水利工程等，以改善农业生产环境。1933 年 5 月，国民政府建立隶属于行政院的农村复兴委员会，发动“农村复兴运动”。随着“乡村建设运动”的开展，赞扬、支持、鼓励铺天而来，到几个中心实验区参观学习的人群应接不暇，平教会甚至需要刊登广告限定接待参观的时间，南京国民政府对乡建实验也给予了相当程度的肯定。1932 年第二次全国内政工作会议后，建立县政实验县取得了合法性，官方还直接出面建立了江宁、兰溪两个实验县，并把邹平实验区、定县实验区纳入县政实验县。

1925 年，成立已经四年的中国共产党，认识到农村对于中国革命的重要性，努力把农民动员成一股新的革命力量，遂发布《告农民书》，开始组织农会，发起农民运动。中国共产党认为中国农村问题的核心是土地问题，乡村的衰败是旧的反动统治剥削和压迫的结果，只有打碎旧的反动统治，农民才能获得真正的解放；必须发动农民进行土地革命，实现“耕者有其田”，才能解放农村生产力。在地方乡绅和知识分子开展“乡村建设运动”的同时，中国共产党在中央苏区的江西、福建等农村革命根据地，开展了一系列政治、经济、文化等方面的乡村改造和建设运动。它以土地革命为核心，依靠占农村人口绝大多数的贫雇农，以组织合作社、恢复农业生产和发展经济为重要任务，以开办农民学校扫盲识字、开展群众性卫生运动、强健民众身体、改善公共卫生状况、提高妇女地位、改革陋俗文化和社会建设为保障。期间的尝试和举措满足了农民的根本需求，无论是在政治、经济上，还是社会地位上，贫苦农民都获得了翻身解放，因而得到了他们最坚决的支持、拥护和参与，为推进新中国农村建设积累了宝贵经验。与乡建派的乡村建设实践不同的是，中国共产党通过领导广大农民围绕土地所有制的革命性探索，走出了一条彻底改变乡村社会结构的乡村建设之路。中国共产党在农村进行的土地革命，也促使知识分子从不同方面反思中国乡村改良的不同道路。

“乡村建设运动”的理论和实践，说明在当时的现实条件下，改良主义在中国是根本行不通的。在当时国内外学界围绕乡村建设运动的理论和实践，既有高歌赞赏，也有尖锐批评。著名社会学家孙本文的评价，一般认为还算中肯：尽管有诸多不足，至少有两点“值得称述”，“第一，他们认定农村为我国社会的基本，欲从改进农村下手，以改进整个社会。此种立场，虽未必完全正确；但就我国目前状况言，农村人民占全国人口百分之七十五以上，农业为国民的主要职业；而农产不振，农村生活困苦，潜在表现足为整个社会进步的障碍。故改进农村，至少可为整个社会进步的张本。第二，他们确实在农村中不畏艰苦为农民谋福利。各地农村工作计划虽有优有劣，有完有缺，其效果虽有大有小；而工作人员确脚踏实地在改进农村的总目标下努力工作，其艰苦耐劳的精神，殊足令人起敬。”① 乡村建设学派的工作曾引起国际社会的重视，不少国家于二次世界大战后的乡村建设与社区重建中，注重借鉴中国乡村建设学派的一些具体做法。晏阳初1950年代以后应邀赴菲律宾、非洲及拉美国家介绍中国的乡村建设工作经验，并从事具体的指导工作。

① 孙本文：《现代中国社会问题》第三册，商务印书馆1944年版，第93—94页。

总起来看，“乡村建设运动”在中国百年的乡村建设历史上具有承上启下、融汇中西的作用，它不仅继承自清末地方自治的政治逻辑，同时通过村治、乡治、乡村建设等诸多实践，为乡村振兴发展做了可贵的探索。同时，“乡村建设运动”是与当时的社会调查运动紧密联系在一起的，大批学贯中西的知识分子走出书斋、走出象牙塔，投身于对中国社会的认识和改造，对乡村建设进行认真而艰苦地研究，并从丰富的调查资料中提出了属于中国的“中国问题”，而不仅是解释由西方学者提出的“中国问题”或把西方的“问题”中国化，一些研究成果达到了那个时期所能达到的巅峰，甚至迄今难以超越。“乡村建设运动”有其独特的学术内涵与时代特征，是我们认识传统中国社会的一个窗口，也是我们今天在新的现实基础上发展中国社会科学不能忽视的学术遗产。

历史文献资料的收集、整理和利用是学术研究的基础，资料的突破往往能带来研究的创新和突破。20 世纪前期的图书、期刊和报纸都有大量关于“乡村建设运动”的著作、介绍和研究，但目前还没有“乡村建设运动”的系统史料整理，目前已经出版的文献多为乡建人物、乡村教育、乡村合作等方面的“专题”，大量文献仍然散见于各种民国“老期刊”，尘封在各大图书馆的“特藏部”。本项目通过对“乡村建设运动”历史资料和研究资料的系统收集、整理和出版，力图再现那段久远的、但仍没有中断学术生命的历史。一方面为我国民国史、乡村建设史的研究提供第一手资料，推进对“乡村建设运动”的理论和实践的整体认识，催生出高水平的学术成果；另一方面，为当前我国各级政府在城乡一体化、新型城镇化、乡村教育的发展等提供参考和借鉴，为乡村振兴战略的实施做出应有的贡献。

由于大规模收集、挖掘、整理大型文献的经验不足，同时又受某些实际条件的限制，《20 世纪“乡村建设运动”文库》会存在着各种问题和不足，我们期待着各界朋友们的批评指正。

是为序。

2018 年 11 月 30 日于北京

编辑体例

一、《20世纪“乡村建设运动”文库》收录20世纪前期“乡村建设运动”的著作、论文、实验方案、研究报告等，以及迄今为止的相关研究成果。

二、收录文献以原刊或作者修订、校阅本为底本，参照其他刊本，以正其讹误。

三、收录文献有其不同的文字风格、语言习惯和时代特色，不按现行用法、写法和表现手法改动原文；原文专名如人名、地名、译名、术语等，尽量保持原貌，个别地方按通行的现代汉语和习惯稍作改动；作者笔误、排版错误等，则尽量予以订正。

四、收录文献，原文多为竖排繁体，均改为横排简体，以便阅读；原文无标点或断句处，视情况改为新式标点符号；原文因年代久远而字迹模糊或纸页残缺者，所缺文字用“□”表示，字数难以确定者，用（下缺）表示。

五、收录文献作为历史资料，基本保留了作品的原貌，个别文字做了技术处理。

编者说明

山东乡村建设研究院于1931年出版《乡村建设（旬刊）》汇要单行本《社会调查及邹平社会》；1933年编印《山东乡村建设研究院农业改进实验报告》；1934年出版黄孝方著《山东旧济南道属农村经济调查》；1935年编印《邹平县政建设实验区卫生院医院廿三年度第一二期工作概况》；1935年刊印邹平实验县合作事业指导委员会编辑的《合作丛刊第一集》；1936年印行郭培师著《土地陈报之过程与目的及其具体办法》；1936年乡村问题研究社出版发行李鼐编《山东邹平实验县实验规程汇编》和《乡村建设（旬刊）》汇要单行本梁秉锳著《中国造林学》。本次编辑，将以上各书合为一卷，以《社会调查及邹平社会》为名，收入《20世纪“乡村建设运动”文库》。

总　目　录

上　卷

下　卷

上　　卷

社会调查及邹平社会

《乡村建设（旬刊）》编辑部

山东乡村建设研究院

目　　录

户口调查指南（又名户口调查员须知）

第一章　总论

一　户口调查的重要

人口是社会与国家的原料，是文化与财富的生产者。我国历代政治家、哲学家及政府当局，对于人口问题，向极注意，对于户口调查及人数报告，认为政治推进之张本，更特别敬重。如《论语》云孔子“式负版者”，如儒家的理想政府中，许有掌人口统计的专官，杜佑通典云：“古之为理，在周知人数；乃均其事役，则庶功以兴，国富家足，教从化被，风俗齐一。夫然后灾乱不生，悖乱不起。”他对于户口调查的重要，说得何等透彻。

现代各文明国，因欲实行宪政，采取代议制之民主政治，以每一议院议员或每一国民代表，代表人口若干，便不能不有很精密的人口统计。又各国因国势需要，在军事警卫财政教育及事业设施方面，更不能不有极精密的人口统计。所以一百多年以来，各先进国前前后后实行全国定期户口调查及关于生死婚姻迁徙的平时人事登记，对于人口统计的方法，更精益求精，回看我中华民国，国势衰弱，政教不修，古圣贤户口清查的优美遗教，不见实行；西洋人口统计的科学方法，更不采用。此不独政府之失，抑亦国民之羞也。现诸位户口调查员所担负的户口调查工作，实先觉觉人之举，为益社会国家及学术之进展者，殊非浅显，谨祝诸君最后成功！

二　户口调查的民众教育

户口调查的最大困难，是不得普通人士的同情。所以在户口调查之前，最好有相当的宣传工作，使民众了解户口调查之重要；并公认此项工作，是为社会国家的公益事业，绝非侵犯个人自由无谓之举，更不是另有作用的侦探工作。宣传方法，有公共讲演、私人谈话、本课教育、图书标语、文字与报纸宣传等等。宣传内容，再解释下列各点：

甲、世界最早的户口调查，是在中国举行；

乙、现在中国的户口调查工作，非常落后；

丙、户口调查，是民主政治之基础；

丁、户口调查，是实业建设的首要工作；

戊、户口调查，是地方自治的首要工作；

己、户口调查，是全民教育的首要工作；

庚、户口调查，是巩固国防的首要工作；

辛、户口调查，是整顿财政的首要工作；

壬、户口调查，是人民自卫国民救国的基本工作；

癸、户口调查，是社会科学研究的基本工作。

此外户口调查与公共卫生的关系，户口调查与垦殖的关系，户口调查与救贫工作的关系，户口调查与婚姻改良的关系，各位宣传员都可以相机解说。又在消极方面，可以用宣传方法，警告被调查人不要虚报，不要误会，不要假造事实，不要故意遗漏，不要不肯答问，不要故意躲避调查员。

三　户口调查的先决条件

户口调查的先决条件，是要正确，不要有错误遗漏。如一位调查员的工作，稍有遗误，全部户口统计，将失其正确之价值，有三件事要请照办：

甲、须切实明白户口调查各种规则和办法（切记户口调查指南所述各条例）；

乙、须亲身填写各户口调查表，不可托人代办；

丙、在所担负调查区域内，须实地调查人口全部，一间房一个人，不可遗漏。

户口调查之重要，已如上述。但各调查员实地工作，却有不少困难。如交通不便旅行辛苦，如被调查人不愿意切实答问，如答问时故意留难或有遗漏情状，如被调查人不常在家无从查问等等。总之，诸位调查员，须有百折不回之精神，努力胜过一切困难，不得有圆满结果不放手。

四　调查表格，用物，与查询事件

每调查员在发动之前，须备有下列各物：

甲、户口调查员的委任状一纸；

乙、户口调查表格若干份（如须调查一百家，须带有表格一百五十张至二百张左右）；

丙、户口调查指南一册；

丁、户口调查结果报告表若干张（须够用）；

戊、装各项表格之书包一个；

己、小别针一包；

庚、信纸或白纸若干张或备忘小册一本；

辛、自来水笔或墨笔墨盒各一个；

壬、调查区内各户各机关等通信录或门牌一份；

癸、本调查区自绘或借用地图一幅。

调查员出发之前，应明白全调查之组织，应查明谁是干部负指导责任？倘有疑问向谁咨询？表格用纸别针等由谁供给？调查完毕将填好表格交还何人？

五　调查工作程序与调查日历

调查工作程序分三级：

甲、工作之预备；

乙、按户调查与调查表之填写；

丙、调查完毕后之结果工作。

各调查员，必有一调查日历。规定日历之前，须先公决某日为公定“户籍日”。兹假定二月一日为“户籍日”（又称清查日），吾人可规定户口调查日历如次：

一月二十九日（星期五）各调查员领取一切户口调查表格，户口调查指南及必要用物。

二月一日上午零时（星期一）为公定的“户籍日”。一切答问，均依此为标准。

二月一日（星期一）至二月十五日（星期一）为户口调查期间。

二月十六日（星期二）十七日（星期三）查验各填就表格，并填调查结果报告。

二月十八日（星期四）将一切户口调查表格及户口调查结果报告，放在纸包内送交干部负责人员。

第二章　户口调查步骤

一　工作之预备

甲、详细看明表格内容及户口调查指南之内容。

乙、认明本人所应调查区域之界限，如能画一详细地图更好。

丙、详细看明国民政府所颁布之户籍法。

二　调查工作

甲、带好一切应备表格、书包、笔墨、纸张、别针及委任状等。

乙、在调查区域内，每户每机关每房屋内之户口，须亲身查问无遗。查问时，须特别和气。答案务求正确，记载答案或填写表格时，宜用墨笔或钢笔，不宜用容易涂抹之铅笔。如被调查人不愿答问时，可婉劝之；再不肯，不妨示以委任状及户籍法之规定，使知依照国家法令，各个人有答复户口调查之义务。三不肯，在户口调查表上说明不肯答问事实，报告干部负责人。如答案有可疑之点，不可随意接受，务必问明为要。为保全公共信用起见，一切答案须守秘密，除填好表格送交干部负责人外，不可为第三者泄露内容。

丙、户口调查，不宜托人代办；调查时不宜带不相干人同行，妨碍工作。做事须求敏捷，询问语句力求清晰而简要。

丁、表中答案，须正确无错误。如万不得已，关于某项不能得正确答案时，可写“不明”二字，不可随意自由补充答案。但非万不得已，不要用“不明”字样。

戊、表中一切答问，须以公定“户籍日”写原则。该“户籍日”界限时刻为上午零点“即子时”。假定二月一日公定为“户籍日”，一月三十一日半夜或一月三十一日与二月一日交界时刻，为户籍日界限时刻。如二月五日在甲户调查时，甲君之妻，在二月三日生一子，生子后在二月四日因产育死亡，依户口调查通例，填表时不必加入甲之子，而不必加入甲之妻。因在二月一日，甲一子尚未产生，而甲之妻尚未死去也。由此类推，一切生、死、迁徙、有业、失业、人口多少，均以公定户籍日子时为原则。

己、特别留心最容易有的错误，如：

（子）五岁以下的小孩，一个也不要遗漏。因人口统计最重要的事实，是零岁到五岁人口的总数。

（丑）五岁以下的小孩，须详细填明出生年月日，尤应注意者，乃一岁以下的婴儿。

（寅）记年龄时，记明阴历阳历。

（卯）结婚后共有男女孩若干，现存若干，已死亡若干，须详细查问，一般妇女，对于此项查问，多不肯据实报告。

（辰）查问资产各项时，须特别小心，因被问者对经济状况，必特别模糊的回答。问时句句要说清楚，如有牛若干头？有马若干头？有骡若干头？有驴若干头？

（巳）其他易起的遗漏，须依个人经验所及，特别小心。

庚、留心住在空房内的人口，居在店铺内的人口，住在民船上轮船上及火车上的人口，留心无房可居而常在区内的乞丐流氓。他们都是人口一部分，都应调查填写，却都很容易遗漏的，所以调查户口时，一切房屋庙宇学校机关店铺空房船户及其他可以居留人口之地，都要走到。

辛、到一个地方，无负责人在家，不能得正确答案时，即在“备忘录”上记明。下次再来问，如有人在家，而一时有数问题不能得正确问答案时，也在“备忘录”上记明，下次再来问。如有特别原因，可留下一张调查表，交被问人，或留一封信查问数点，下次来问时，即免耽搁。如该管区内应调查之户，一时旅行出外，无人在家可以答问，可向邻舍查问，如不能，可查明该户最近通信处，报告干部负责人；再由干部负责人，直接通信查明。

壬、调查客寓时，每一长住客人，及所带家眷，须有一张调查表。普通的说，每一户，视人口多少，须有一张或一张以上之人口调查表。切不要将两户事实，填在一张表上。

癸、填表以后，离开每调查户之前，须详细审查各表，有无遗漏，如有疑问，马上问明，如自信无遗误，即请签字，证明一切答问，是正确无遗误的。填写表时，字眼要清楚，不要模糊。非万万不得已，填好后不要转抄。每次转抄，不免发生偶然遗误，故用原填写表为要。又一切表格，须好好保存在书包内，以免遗失污坏。

三　调查后结束工作

甲、依次序收集户口各调查表，再将各表记以号数。

乙、详细查看调查表，是否完全正确而无遗误。

丙、若无遗误，根据已填各户口调查表格，再填明“结果报告表格”。

丁、将全部已填好与未填好户口调查表格，及结果报告表格，与户口调查委任状地图等，放在书包内，送交干部负责人。

戊、书包外记明：（子）调查区域，指某省，某县或某城市，某区或某村；（丑）公定的“户籍日”与实际调查日期；（寅）已填好户口调查表若干张；（卯）已填好结果报告表格若干张；（辰）调查员及其通信处。

己、户口调查员，有时因万不得已，有些小杂费，如洋车费电话费邮票费等等。事前可与干部负责人商洽，商洽好后，将用费实数报明，以便缴还。

第三章　谁应被调查?

一　家住原则

凡在“户籍日”（如上述二月一日），式在调查区内家住的男女老少人口，应在被调查范围内。凡不认该地为“家”而别处有“家”的人口，即不在被调查范围内。所谓“家住”通常指晚间在该地方过夜。

二　外出人口

如在“户籍日”区内住家之个人或全眷，暂时出外不在区内者，均在被调查范围内。但如某家内单个人口或某家全部，因职业或其他原因者，确在他地方另立家庭，常住彼处，即不在调查范围内。此项人口，虽在别地方另立永久住址，仍保留区内之旧住址，视为“老家”实际上并不常住在此地。

三　每户人口

每户人口应在调查范围内者，大约如下：

甲、常住在户内之亲属人口；

乙、在户籍日暂时外出之个人；

丙、户中人口在别处入学读书者（就是因谋职业有收入常在别处者）；

丁、户内人口，暂时病在医院者；

戊、该户所佣仆役工人及他项佣人，受工费又在该处寄宿者；

己、与该户常同住或寄居之人口。

为免遗漏起见，调查时应特别问明户内人暂时出外否？

四　户中人口不应在调查范围内者

甲、在户籍日临时留宿之客；

乙、临时与该户同居或寄宿，但在别处有正式永久居住者；

丙、同住或寄居之学生学徒；

丁、寄食而不寄宿者；

戊、白昼做工而晚不住宿之仆役学徒佣人；

己、凡被调查家属常住在监狱内，老人院内，疯人院内，救济院内，感化院内或军队中者。

上述各项人口，无论与调查户有何关系，均不在调查范围内。他们可以在别处调查，以免重复，但如此项人口，的确实不能包括在别处调查时候，不妨作为例外，列在调查表中。

五　仆役工人

凡佣人仆役工人在区内工作又寄宿区内者填入；其不寄宿区内者不填入。

六　客寓

客寓与私寓之寄宿者，如系永久的寄宿即填入，如系临时的寄宿，即不填入。

七　学生教员

学校学生，如永远的住在区内者，即填入，如不永久住在区内者或区外有家只临时在学校寄宿者不填入，在区内教书之教员又住在区内者必填入。

八　医院病人

医院病人，如另有家，不填入，如没有家，必须填入。

九　机关人口

监狱、感化院、养老院、疯人院、孤儿院及相同机关等长住人口，均应填入。

十　交通人口

轮船、火车、运夫等如家居在本区内，偶然在户籍日出外，须填入。如不在区内居家，在调查期间人口偶然旅行到本区者，不填入。如无家又偶然旅行到本区者，须填入。

十一　公务员

国家军人、警察、海军及其他公务员（官吏）等，如公事在本境内，须填入。境内住户中有人在外当兵做官者，该个人即不填入。又境内公务人员，在户籍日因公出外者，填入。

十二　“户”的定义

凡在一栋房屋内的同居人口为一“户”。同户之人，不必尽是亲属。凡同在一栋房屋而不同居的人口，即不同“户”，即为异“户”。“同居”指日常生活之组织是公同的。如家里的佣人、仆役、寄宿、寄食者通常属于该户人口；但若仆役寄居食人等，不寄宿该地，只在该地工作或寄餐，即不属该户人口。如在一栋房屋，有三家人口，虽同一门牌，都各有独立的日常生活组织，即可认为三户，不是一户。有时贫苦人口，三四家住在一栋小屋内，轮流用一厨户，但各有独立的饮食组织，均属异“户”不同“户”。反过来说，同一旅馆、同一客寓、同一公寓、同一私寓的人口，因在共同饮食居住组织之下，属于一“户”。然旅馆内常有一小家庭，他们虽常居在旅馆内，都有独立的日常生活组织，应独立成“户”。

十三　“户”的范围

调查之“户”不限于正式住宅，凡有人居宿之地，都在调查之例。所以工厂、学校、公共机关、烤棚、船只、火车等，均应详细调查。

十四　机关人口成为一户

居在各项公益机关内之公务人员与被救济者（如监狱内犯人、老人院老人等）均属一“户”。如该公务人员，白天在机关内做事，晚上另回家寝宿者，即不列入“户”内。

十五　独居人口成“户”

凡独居人口，成为一“户”。所以一座空房内的看守人，一个博物院的门房，一个店铺的管夜者，虽只一人，均单独成“户”。

第四章　地域姓名及生产地

一　调查地域的载明

各户口调查表上面，除所记号数及调查年月日外，应详细填写下列各项：

甲、记明省名县名区名，或城市名区名，或县名村名。名字之下，记明名目，如河北“省”宛平“县”清河“镇”；如南京“市”等。“省”字“县”字“镇”字“市”字“村”字应特别注明。

乙、在都市或市镇内，记明街道胡同名目及门牌号数。如街道门牌不清楚时，记其通信地名或普通称呼。

二　户主姓名

依户籍通例“户主姓名”，不限定一家之长，凡机关学校客寓店铺工厂烤棚舟车之主管人，均得认为“户主”（即“户”之长）。如该主管人不寄宿于该处，只列名而不算在调查户口内。

三　姓名

记载姓名时，每一人须记姓又记名。记名字时宜用正式名字如“张文卿”“李桂云”等，不可记“张三”“李四”。初生小孩尚未取名者，注明“未名”。

四　家中位置，又名“与户主关系”

指各个人对户主之关系，填写时可大概依下列次序：“夫”“妻”“妾”“父”“母”“儿”“女”“兄”“弟”“叔”“伯”“侄”“孙”“祖父”“祖母”“姑”“嫂”“岳父”“岳母”“客人”“同居者”“寄宿者”“男仆”“女仆”“门房”“厂工”“学徒”“学生”“寄养者”等等。

五　生产地

如系本地生，记明“本地生”，或用“本”字符号。如非本地生，记明生产之省名县名，如系在外国者，记明国名或省名（或相当之名）。请注意“生产地”不是籍贯。吾国人通用“籍贯”“原籍”“外籍”“老家”等名词，而不记明“生产地”。其所得答案因欠精确，颇缺乏科学价值。

六　省籍与国籍

如欲查问籍贯，可在户口调查表中，查问“省籍”“国籍”等项，此系法律名词，不是习惯名词，依法律意义，“籍”是应管地域内法定公民一分子。“美籍”人指是“美国的公民”，“江苏籍”人指“江苏省”公民一分子。同时“美国籍人”不必在美国生产；“江苏籍人”亦不必在江苏生产。

七　如外地生迁入年数

凡不是本地生的人口，均应明白迁入该区域内居住年数。如不便计算年数，记明阳历或阴历某年迁入亦可。迁入不是在该年临时的停留，是正式搬入区内居宿，认此为家。

八　在家人口

“在家”指在户籍日，本人仍在该处居宿。如调查员到门牌几号李家时，户内李甲，当时出外买菜，但那天晚上，定回家居宿，这是“在家”。

九 外出人口

“出外”或“出门”人口，指在户籍日本人出门，平日不在家居宿者。许多出门谋事的人，平日不回家，而在别地方另有比较永久居宿地点，这些人即不在调查范围内。如本人暂时出门，不久即回家，在别的地方并没有比较永久居宿者，此人即应填写在户口调查表内，并记明“临时出门”字样，或记以“出”符号。如甲户有一夫一妻二男一女，长男在外有职业，并长久在外居住，此户口只包一夫一妻一男一女。“临时出外”之人口，最好记明常出外地点，包括省名县名或同样记名。

第五章 性别年岁与婚姻状态

一 性别

指“男”性与“女”性。

二 生产年月

述明“阴历”或“阳历”某年某月生。

三 属相

述明生年所属之相，如属“龙”属“虎”属“牛”等。被调查人不知道属何年相，即不可填写。但中国乡间人口对于生庚年岁，常极模糊，对于属相，却很明白，故在此民众教育未普遍时期，在户口调查表内加入此项，以便查考。年数在人口统计方面极重要，调查户口诸君，关于年龄各项，须力求正确。

四 年岁

指在生产日起到户籍日止（不是到调查员实际调查之日）所有周岁周月，五岁以下的小孩，须明白记明岁数月数。五岁以上人口，在必要时，可记岁数，省去月数。不记月岁时，如不满一周岁者，均不算入。请留心下举之例：

（例）

姓名	生產年月日	公定戶籍日（假設）	調查員填寫戶口調查表日	到戶籍日之歲數月數	到戶口調查日之歲數月數	錯誤的答案	正確的答案
李振南	光緒二十六年陽曆十月五日	民國十一年二月一日	民國十一年二月十日	三十一歲三個月二十六天	三十一歲四個月又九天	三卅歲（或）三十一歲四個月	卅一歲（或）三十一歲三個月
李美貞	光緒廿七年陰曆二月八日	同上	同上	三十歲十一個月二十四天	三十一歲若月又兩天	三十一歲	三十歲（或）三十歲十一個月
李健文	民國八年十二月九日	同上	同上	二歲一個月又二十七天	二歲二個月又九天	二（或）二歲又個月	二歲一個月

（注意）甲、计算年岁，以法定户籍日为标准。

乙、在五岁以上人口，只记岁数不记月数的时候，不满一周岁之年限，均不算入。

五　报告年岁通病

有几个普通毛病，须特别小心。

甲、填写生产年月时，忘记记明阴历阳历。

乙、切忌人说大约几十岁，或大约在二十五岁至三十岁之间。须设法比较精确答案。但无法求精确答案时，可载明最近岁数，不可随便写“不明”了事。

六　已婚未婚

凡曾经结婚者属“已婚”；未曾结婚者属“未婚”。曾结婚而已离婚者属“已婚”。未经过结婚仪式而异姓同居若夫妇者属“已婚”。

七　已婚年数

指第一次结婚之日起至法定户籍日止共若干周岁周月。如欲求简便，记年不记月时，凡不及一年者，不得算为一年。如某君夫归已结婚五年又十一个月，只算为五年，不算为六年。

八　初婚年岁

有许多户口调查表，不问“已婚年数”，而问“初婚年岁”。“初婚年岁”指该人口初次结婚的年岁。如王健民初婚时，为十八岁又十一个月，在户口调查表上，可填写“十八岁”。

九　初婚年月

又有户口调查表只问“初婚年月”，指该人口在某年某月初次结婚。

十　婚姻状态

至少可以记明七项：

甲、初婚者，可用“初”字符号记之，指初次结婚的人。

乙、再婚者，可用“再”字符号记之，指现在婚姻是第二次或第二次以上者，如李振南前妻已死，现在的李太太，是第二次所娶之妻。又如吴爱英初嫁与周文卿为妻，周文卿死后，再嫁与罗占元为妻，李振南、吴爱英都是再婚的人。“再婚”与“重婚”不同。重婚的人，同时有两个太太，或同时有两个丈夫。“重婚”为法律所不许。

丙、鳏夫，可用“鳏”字记之。即男子丧妻尚未续娶者。

丁、寡妇，可用“寡”字符号记之。指女子丧夫尚未再嫁者。

戊、妾，指女子当姨太太者。

己、纳，指男子有姨太太者。

庚、离婚者，可以“离”字记明。指曾经离婚或曾正式与某对方脱离夫妇关系者。故“再婚”之人，须问明前次婚姻关系，是否因死亡或离婚绝断。

十一　生育子女

有许多户口调查表内，问明“如已婚，共有孩几位?”“现有男孩几位?”“共有女孩几位?”“现有女孩几位?”这个问题，可以帮助调查员推算户内人口总数，更可以查明小孩遗漏之通病。

普通妇人，对子女生育总数，极不愿答，各户口调查员，须特别留心查问，务求正确为要。

第六章　职业

一　职业之定义

依户籍通例，“职业”是一种工作给个人相当金钱收入者，或他项相等之收入者，或是制造能贩卖之物品者。

二　有正当职业之人口

至少每星期有一天，是为上述职业而工作的人口。如每星期工作不及一天，即认为无职业。下列各项人口，不得认为有正当职业者：

甲、已婚妇女，管理日常家务，不取薪资者；

乙、年幼儿女，稍稍为父母料理日常家务者；

丙、前虽有职业现因病闲居者；

丁、无长久职业随随便便做零工者；

戊、前有职业，现已告老闲居者；

己、依产业生活者；

庚、依他人生活者；

辛、准备职业者如学徒学生等；

壬、非法职业者及在牢狱受有期徒刑者。

人口調查表

戶口調查表號數　　調查　年　月　日　　詳細地名(記明　省　縣　市　鎮　村　區　街　門牌　號數)

戶主姓名　　居住本地年數

姓名	與戶主關係	性別	生產年月日	[illegible]	年歲	生產地	[illegible]	[illegible]	[illegible]	現任職業	供職機關	現失業否	已婚未婚	[illegible]	[illegible]	[illegible]	[illegible]	[illegible]	[illegible]	教育程度	疾病及殘廢	[illegible]	[illegible]	[illegible]	[illegible]	[illegible]	[illegible]	每年收入若干元	備考

審覆人

調查人

戶口調查結果報告　　戶籍日　　調查人

地名（詳細記明省縣市鎮村區）

戶口調查表號數	調查年月日	街道門牌	戶主姓名	人口數			五歲以下人口數			備考
				男	女	共計	男	女	共計	
共計										

三　双簧职业

有许多人同时有两种或两种以上职业。户口调查表上有时有“主要职业”与“□带职业”字样。又有时只准报告“主要职业”一种。如是二者之中谁是主要职业？判别标准有两个：

甲、二者之中以收入较多者为主要职业。

乙、如甲项办不到，二者之中，需用较多时间者为主要职业。

四　职业分类

依各国人口报告通例，职业可分为下列数项：但填写户口调查表时，最好记明“现任职务”与“供职机关”不宜自由简单分类：

甲、农业——包括耕种，林业，渔业，畜牧，狩猎，开垦等。

乙、矿业。

丙、工业——建筑工程，原力工业，冶炼工业，机械工业，纺织工业，土石制造，化学工业，饮食品业等。

丁、商业——包括贩卖，经济介绍，金融，保险，生活供应如旅馆，娱乐场等。

戊、交通——包括邮电交通及水陆空运输等。

己、公务——包括党务政务军警人员。

庚、专门职业——又称自由职业，包括医士、律师、工程师、会计师、宗教家、新闻家、教育家、艺术家等。

辛、家庭服役或个人服役。

壬、无职业。

五　不易分辨之职业

甲、妻室只担任家务亦不受薪资者为无职业。但女人因担任家务而受薪者为有职务。管家人、厨子、仆役等受薪或与工资相等之报酬物者为有职业。

乙、女子在家接受外来工作如缝补洗濯等以取生活费者为有职业。

丙、农庄女子，平日稍稍帮助男子担任园艺牛奶喂鸡鸭等工作，为无职业，但整天担任此项工作，正式成为农庄劳动一部分者，为有职业。

丁、小孩稍稍帮助父母种种零星工作者，为无职业。如每日专门为父母担任某项工作成为劳动经济一部分者为有职业。在小孩项下，请注意学徒学生等为预备职业人，非正式职业人。

戊、凡正式接收寄宿人或寄餐人以支持生活费之主要部分者得认为旅店或饭店业人，凡私人家庭，偶然有寄餐或寄宿者，并非正式买卖，即为无职业。

己、各慈善机关与监狱机关所收容人口，如在机关内，有正当职务者（如木作纺织理厨等），得认有职业，如无正当职务者，即为无职业。

庚、凡铺主或厂主妻室儿女亲戚等，每日正式在店内或厂内工作若干小时，以支持店务厂务者，可认为有职业。因此项人虽不收受工资，却直接的从买卖内取得生活费用。

六 “现任职务”与“供职机关”

前者指个人在某机关内所担任职务；后者指供职机关之性质或种类。填写此两项，不宜过于忽略，使分析职业时较易查考。兹举数例如下：

記載疏忽（誤）現任職務	記載疏忽（誤）供職機關	記載合式（正）現任職務	記載合式（正）供職機關
商人	煤業	掌櫃的	煤舖
工人	煤業	拖煤工人	煤舖
工人	學校	門房工人	大學校寄宿舍
工人	書店	裝訂書本工人	印刷所
工人	書店	印刷工人	印刷所
政界	縣政府	中文書記	縣教育局
商界	銀行	中文書記	銀行辦事處
農夫	田莊	做零工的	張家田莊
業農	田莊	田莊主人	張家田莊
看護	醫院	正式看護婦	公立醫院

看護	醫院	看護學生	公立醫院
業商	銀行	總經理	國華銀行
業商	銀行	學徒	國華銀行
律師	業商	律師	專門營業
伙計	業商	舖上販賣者	布店
伙計	業商	經理	布店
工人	礦業	工人	煤礦
工人	小買賣	木匠	獨立買賣
學界	大學	學生	大學本科
工人	木業	學徒	木匠舖
女主人	本家	管家	在家
交通界	鐵路局	路警	鐵路管理局
政界	公安局	巡警	北平市公安局
美術家	自由的	油畫專家	專門
經理	商業	經理人	保險公司分行
工人	公司	挑夫	轉運公司
教育	中學	會計	公立小學

从上表观察，可知每人现任职务及供职机关，应详细记明，万不可拿“农”“工”“商”“学”等字糊涂了事。须知学校学生，通称为“学界”，而依户籍通例，学校学生，为预备职业人口，非正当职业人口。故学校之学生与学校之教员，大有区别，一是无业的，一是有业的，若记载模糊，最后统计结果时，即无从查考。

七 “现失业否?”

平常在某项机关有正式职务，但在“户籍日”，一时没有正当职业者，得认为“失业人口”。若“户籍日”为假期，户籍日以前最近非假期日，均作为计算标准。教员及公务人员等在假而支薪者，不得认为失业。农夫在休息期间，但继续与田庄有事务关系者，不得认为失业。又计算人口中之职业分配时，通常只限于十岁以上之人口。故十岁以下人口无职业者，只记一“无”字。

第七章　教育经济及其他

一　什么是“文盲”？

依近年来各处调查惯例，凡在十岁以上不能看白话报，不能记账，或不能写最普通的信的人，是文盲。所以各户口调查员对于十岁以上不认字的人口，须特别留心。

二　“不识字”

“识字”人口至少要可以看白话报，或念念白话文，或写普通书札，或认识普通文件，如一样不能，即以“不识字”论。大概要认识一千字左右，才能看白话报，读白话文，或写普通书札文件。所以认识几个字的人，不能算为识字人口，即为“文盲”。

三　旧学与学校教育

未受过学校教育而旧学有预备者，可载明“旧学”若干年。已经受过学校教育的人或正在入学的人，可记明学校最后年级（如高中三级大学本科三级等）。如已毕业，可记一“毕”字。

四　经济状况

普通的户口调查表，本不必包括经济状况。因经济状况，不易调查，非有专门调查，不易得正确答案。不过户口事实与经济事实有极密切关系。如欲明白此项关系，不可不明白各户经济状况大概。此项经济事实，可分六项查问：

甲、所有田地亩数及其价值？

乙、所有房屋座数及其价值？

丙、有买卖资本若干元？

丁、有牛马骡驴各若干头共值洋多少？

戊、所有资产，共值洋若干元？

己、每年收入若干元？

上列六项，系主要问题，此外各调查员如有他项事实，可在“备考”

栏内说明，总之，此项经济事实，不易调查，调查手续愈精细，所得事实愈可靠。

五　疾病及残废

下列各项，可详细说明：

甲、现患急性病；

乙、现患慢性病；

丙、瞎子；

丁、聋子；

戊、哑子；

己、跛子；

庚、手臂残废；

辛、驼背；

壬、疯子；

癸、呆子。

六　其他事项

此外户口调查表，可以包括事项，有“宗教”“语言”“人种”等，大概视人口区域社会经济情形而定。总之，户口调查表，宜求节少，不宜过长，许多不关必要之查问，可省去即当省去。

家庭调查表

填表日期　　年　　月　　日

调查地点　　省　　县　　区　　村

填表者

甲、一、家主姓名　　　住址

二、娶妻时年龄　　　　妻来嫁时年龄

三、共生过多少子女　　男　　女

四、现有子女　　男　　　女

五、故去之子女之年龄　　　　原因为何病

六、其他家中人之嫁娶年龄：男　　　女

七、四十五岁以上之妇女所生子女数目：男　在十六岁以下去世者数目：男　　　女

八、家中现有人数、年龄、职业，其中谁是全年或一部分月日离业做事：

人口	人数	职业	全年在家否或出外做事	
家主妻				
子女				
父母				
兄弟				
姊妹				

乙、一、共种地几亩　　每亩价值　元，其中自己田地多少亩　租种之地多少亩　每亩租价。

二、近十二月种何种作物及每种亩数。

家用各种作物多少　出售各种作物多少　及价值。

三、种菜园几亩

四、自有房屋几间　价值　出租几间　租价及限期

五、现有牲畜家禽多少　牛　驴　猪　狗　羊　猫　鸡　鸭

六、今年养蚕得茧多少　价值

七、现任养蜂多少

八、各种车辆数目

九、有直径二寸以上之树多少珠及树之种类

十、每年水果收入及种类

十一、有井几口

十二、除种地外家中人有何项工作，在一年中何时，多久及进款多少

十三、其他收入：去年　今年

十四、全年收入总计

丙、一、每年米粮费　其中自种者价值及数量　购买者价值及数量

二、最常用之菜蔬种类　春　夏　秋　冬　价值总计　每年　其中自种者占百分之几　购买者占百分之几

三、每年调和费　油　盐　其他

四、每年肉类费　每年果类费

五、平均每月食品费总计　估计其中自有物品之百分　购买物品之百分数

六、每年茶叶费

七、每年所添家中所有男人衣帽鞋袜费　女人衣帽鞋袜费

八、每年全家所添被褥费

九、每年燃料费　种类及数量　其中自有者占百分之几　购买者百分之几

十、何种灯火及每年用费

十一、每年喂养家畜家禽用费　食料及数量

十二、现住房屋每年修理费　或房租

十三、每年农具费　家具费

十四、每年缴地亩赋税费（说明每亩）

十五、每年各地种籽粒价值多少

十六、每年雇长工短工及牲口用费（注明饭费工资费若干）

十七、每年购买肥料种类及用费

十八、家中何人吸烟　每月用费及种类　每月酒费

十九、新年各种用费　端午节用费　中秋节用费　其他节用费

二十、每年酬应费

二十一、每年子女教育费

二十二、每年购置书报费

二十三、每年神佛祭祀香火费

二十四、近十二月内医药费

二十五、每年卫生费（肥皂，牙粉等）

二十六、每年装饰费

二十七、每年娱乐费（如听戏、上茶馆等）

二十八、每年坐车骑牲口费

二十九、每年捐助公益及慈善事业用费

三十、近十二月内婚事费及何人　生育费　生日费　丧事费及何人

三十一、近十二月打官司费及原因

三十二、每年赌博费及何人

三十三、兵灾损失　去年　全年

三十四、每年吃白面次数　吃白米次数

三十五、支出总计　年日　年月　全年

丁、一、借债多少　月利几分　偿还方法及借债原因

二、放款多少　月利几分　担保手续

三、典物种类　量值　每月利息及典物原因

四、全年余粮若干　价值　欠粮若干　价值

五、加入何种互助会　会中人数　每月会费　章程

戊、一、共有卧室几间　每间卧室睡几人　房顶种类　瓦灰土　其他屋内地种类　砖地　土地　其他　夏天屋内干　潮　漏雨者　每间　长宽　高　院子　长　宽　墙垣种类

二、同院住若干家　全院房屋间数　全院人口总数

三、家中种牛痘者几人　未种者

四、残废　傻子　精神病

五、缠足妇女几人　天足

六、何人念过书及程度

七、现在入学子女及程度

八、家中人至远到过何处

九、家中有童养媳否　自家女儿给人做童养媳否

十、每间屋窗上之玻璃　长　短

十一、你打算让你的子女将来做何事业　为什么

十二、你的家境与五年前比较如何　与十年前比较如何

注意：（一）每项问题须有答案不可遗漏；（二）请用正字填清不可潦草；（三）眼前数目概用大洋计算；（四）发生疑问时请随时询问指导员。

邹平县社会调查工作报告

杨庆堃　周振光

（一）引言

我们深信一切社会科学的理论，不过为社会事实和现象的结论。当我们研究中国社会问题的时候，常常找不到一个真确的理论，去阐释中国社会问题的基础，因此我们就有了研究中国社会事实，建设中国社会理论的志愿，上学期终时，得了杨道之先生的提议，得了研究院的帮忙，我们就得以乘暑期到农村来，希望和农村问题作实际的接触，用科学的眼光，去观察农村现象。希望对中国社会科学前途，献与我们所能尽的绵力。

我们是生长在甚至文化上也发生差异的南方都会里，对于山东内地县份的状况，是没有先期的了解。故我们到邹平后，即将大部的时间费在县城里，我们尽力搜索和研究政府机关的公文材料，因为第一，他们表示各种显著事实的历史变迁和演进的形势。第二，县城里的机关，差不多就是全县的公共事业和活动集中点。是以我们看公文的记载，就可以对全县形势有一个先期的概略的了解。同时县城既为全县活动的中心，是以它对于全县的实况，亦必有相当的代表性。故我们未实地出发调查全县之先，我们就在县内外附近，先作一个初步的观察。以期对于全县我们心目中的问题，有个概括的了解，和找出相当的假定的原则。同时我们尽力向各方打听，全县各地的真实情形，如此经了一个半月的时间，我们几个中心问题的全县的研究，已预备好了相当的基础。我们既知全县里那一部分的问题是怎样，我们出发全县调查的时机就已成熟。故我们随即决定第二步计划，出发全县的调查。

我们的计划很简单，我们暂以政治区域作我们的行动工作的单位。每区中挑出几个与我们的研究最有关的地点，作实际调查。在每一个地点，我们尽力搜集公文记载的材料。在实际方面，我们作一个极小心而简略的体察。极力发现新事实，同时为我们在城里研究出的几个假定原则找佐证和改正。为了时间所限，每处我们只能住一天。这样希望于十天以内，将全县各区都大略的体察一遍。

此次我们本应将我们二月来的工作，作一详尽的报告。但我们独力工作，是以一切的繁杂，便占领了我们大部的时间。在我们离开邹平以前，剩给写报告的时间，只有大半天。因此这报告不得不以简缺不完的形式写出来，好在关于各中心问题的研究结果，如市集和教育，将来都有专门的报告。至于问题外之研究所得，则希望于回平后，将它详细的写出来，成为一篇比较完整的文字。有这两点，这报告简陋之敝，也希望可以掩过了。

末后，我们是城市人，我们对于农村所得的印象与乡下人所得的不同。我们蒙着现代都会的色镜去体察农村，就像乡下人进都会一样。他人觉得淡而无奇的事物，我们也许会觉到极其新颖有趣。

又下头旅程一段，请作日记读，而不可作报告看。因为里面夹杂了许多我们在农村环境里生活所得的杂感。

（二）县城工作经过概略

本县城内的调查工作，费时约六星期。工作阶段约可分三期：

第一期——我们于六月底到了邹平，即在杨教授指导之下开始工作。头一步便是搜集县政府各机关已有的材料，借资参考。蒙本院梁院长介绍，我们去访问县政府梁县长与第二科马科长。自后，我们便得到了调阅各公文卷宗的便利。关于财政方面，我们在第二科取得十九年和二十年的预算，在财政局取得民七至民十的账本，在财政清理委员会，我们取得民十至民十八的账簿，及清理经过报告书。关于行政方面，有县政府三月政绩报告，建设局之电政，水利，道路系统，及修壕等等工事的报告。此外各区里庄长报告书，及全县各机关长官名单，均可借作研究农村领袖的参考资料。其后我们分别到教育局，公安局，财政局，建设局，会见各局长。得悉各该局之工作情形。并查阅各机关所有的材料。对于我们研究上得点助力。又到一区区公所及商会等处调查。其后复承县党部以全县党务概况见示。教育局方面，对组织上及统计材料上，亦极力帮忙。各方材料搜集颇多，均对于我们的调查有些便利。

第二期——我们二人因为研究上的分工，庆堃着重于经济问题的研究，振光则注重于社会组织方面的考察。所以我们即分头向财政局取得各种报告及账目。又向教育局方面，调查全县教育概况，学校教育及社会教育，各种办理情形的报告表。又向县政府调阅各区区公所组织，区长就任及办理地方自治情形的公文卷宗，与县城内赈务分会，红十字会的组织，在县政府备案的文件等簿。以备明了全县机关组织的历史，沿革和系统。这时期当中，急忙于把各种材料抄写与分析。至于经济方面的研究，我们编印好了两种市集调查表，作了许多事实上的调查。我们得了二科长的帮忙，把全县的集头，趁其有公事上县城的时候，传其来院一谈。是以对全县的市集，大概亦有了一个相当明了。至于研究和调查的所得，因很复杂，当须在专门报告里细述。在财政方面，我们费了差不多两星期的工夫，却做了历年收支的社会分析。这时期，我们两人的工作，以一身而兼任调查员、统计员与书记。时而忙于赶集，时而到各机关搜集材料，真是忙得恨无分身之术。在我们居住的学院里，时而有热烈的太阳照临，时而被狂风暴雨的袭击。但在我们的房间里，桌上满堆着各种公文与账簿，等着我们的抄写和统计。在工作紧张的当儿，只听见纸上沙沙作响，那时真管不了外面是晴是雨了。振光因要研究农村领袖问题，常要拨一部分时间，去拜访地方上各人物，或作应酬的闲谈，或时论有关系的事务。费时不少，足供研究的资料，虽不很多。但农村领袖的思想与见解，可借此约略窥见一斑。庆堃对市集方面，亦已研究出一般的纲领和原则，这种工作约费了四星期。

第三期——我们在县城内搜集到的材料已有好些了。我们自己从实际工作中，也找到许多有意思的事实，使我们对中国农村问题，发生许多感想。所惜者时期过短，不容我们对于每个问题作深刻的研究。但在这初步的概略的调查中，也颇是给我们一点农村问题的概念。于是我们便着手把县城内所得的材料整理一下，起草调查报告。特别是邹平教育研究，与市集分析两部分，最先动笔。在另一方面，我们又着手筹备到各区旅行调查的计划，故完整的报告书，尚有待于各区调查资料相继整理以后，方能脱稿。

以上不过是我们在县城内的工作概略情形，至于工作所得的结果和内容，均另有报告，则在下部分另述。

（三）旅程

我们完全在旅途上只有六天。然这六天中的天气环境是极其幻变苦人，很足令人追述。

我们在县城里将出发的基础预备妥后，随即决定在八月七号出发。七日晨，大雨如注，天空暗黯，沉沉欲坠。但我们一切工作都注重计划。计划的决定，就是我们一切行动的绝对指挥者。我们丝毫没有犹豫地披上了雨衣，跨上马背，在荒烟漫雨中冲向我们的目的地去。我们下半截的衣服都很湿润而凉快地沐着泥泞和雨水。三个钟头后，我们便到了明家集。到是地十分钟后，我们带着湿衣开始工作。我们除分头市集与区公所概况，联庄会概况等以外，适值那一天是区公所召集各里里长开区务会议，当他们会议完毕时，我们乘机与各庄里长会谈，并向他们解释研究设立的意义与工作计划，并对于邹平建设的关系。盼望他们能够了解，并与研究院公诚地合作与联络。特别对于我们农场试验的工作极力向他们解释，盼望他们到来参观，此外并与各里长畅谈五区地方和农业情形，他们均应为很多地方实有改良之必要，很愿意上我们研究院来观光和领教改良的方法。如是，从早晨十一时直至晚上十时，除了两顿饭外，我们在风幢阴晴的潮湿的低房里不绝地运用我们的脑子，在我们就寝以前，一身的湿衣是在我们的身体上自干了。

七日晨，雨更下得两个月来未有的大。天空更显得暗晦沉闷。但这些一切都绝未曾有我们心中唤起半点对于工作进行上的迟疑。我们从容地依着计划，跨上五区为我们预备的没有鞍辔的马——没有鞍辔的马和不惯骑的南方人！我们驰向旷漠濛漫、沈空低□的原野。大雨挟在斜风里，射着我们的周身，衣服为之透湿。经了一夜雨水的倾注，低洼的道路，水深至马腹，马蹄到处泥水常溅至面部。又因了水深路坏，无鞍无辔的马，不绝的前倨后恭，骑者感尽不便。然而这才是我们的生命之味，在崎岖困苦里，我们满足了我们的冒险和尝试的欲望，我们已经避开了生活的平凡和死板，而踏上了人生的显顿的旅程上去。

意外□在大雨滂沱中我们安抵王伍庄的区公所。所中上下职员，都以好奇的眼光注视着我们，但□我道达来意以后，便受着他们的热烈欢迎，并予我们的工作上以莫大的便利与援助。为着行程的轻便，我们的衣服只有身上穿着的一身。在三个钟的“水程”后，全身透湿至不可耐，于是我们向所里职员借了两条裤子换上。达到是地半点钟后，我们就开始利用宝贵的光阴，进攻我们的工作。次日九号，天晴，但气候又由清凉的雨忽变为猛烈的□热，当我们工作时，汗气如淋地把我们的衣服湿透了，下午二时，我们工作已竣。在烈日狂炙下，我们雇了几头驴子，复又登程。

因要避开雨潦淹的地方，我们迂回地绕道走着，行行重行行。天将晚。黄昏吻着大地。烈日已渐将威容放下，很慈柔地替大地加上一头金□。深绿的原野上的一切，都很安详地躺着，受他那黄金色的祝福。一切村舍，田陌，和林木，经了黄金，淡黑，和深绿的渲染后，便构成一幅色调极为美丽的暮景。在这将尽的黄昏里，我们的灵魂感到无限的美丽和诗意，我们更快乐而勇往地面着人生。在无论黑夜与黄昏，我们的生命是依旧的前进。无何，夜色四合，我们行抵田家官庄，投了逆旅，店中辽阔的院子，长而阴暗的马厩，住室中低与地平的土坑，以及一切极其古旧的椅桌器皿，令我们怀疑到自孔子到现在，这些东西曾否显著地变革过。我们感觉到我们是投身于十五世纪以前的社会生活着，在大都会的旅馆里，享受着铁丝床，电灯，热水管，电梯等。但经了几日的旅行，我们就已超越了时间和空间，回复到中古社会来。而一身尝味到两种不同的历史时代和社会演进上两种不同的文明。我们对世界的探求欲，至此又经一度的满足。

十日，我们在田家官庄调查半日以后，当正午十二时，骄阳正用尽它的威力鞭挞着人类的时候，我们无复进发。此次我们同伴间要分手了。周君为要完成七个区域的组织，故即单人上七区。杨孟二君因要保全市集研究的系统，故继续留在六区。于是周君骑驴向花沟进发，沿途经行各庄，都作简单的访问与调查，然后于清凉的黄昏，踏进花沟七区区公所。

翌日，在晨光□□中，周君个人自花沟乘马向田镇进发，承七区联庄分会特派骑兵二名，全副武装护送；只听得一声辛苦了，就此登程。在一片青绿田陇的夹道中，我们昂然策马加鞭，不一时许，即到了这个久著盛名的要镇了，道旁只见到几堆颓垣败瓦，数间鄙陋的土房，谁相信这是昔日煊赫一时的三府四县交通孔道市廛繁盛的要镇哩，父老们亦只得摇头叹息，略述地方上数年来受战事影响以致衰落的情况。经过半日的简单调查，即复登程，绕道县境西北青城地及仁七里境内。采问各庄的民间疾苦，和农业特产□条的种植与采制情形，虽于汗下如雨之际，仍尽力利用短促而宝贵的光阴，与各庄庄长首事们谈话，忙于记录。迄黄昏时分，阳光已逐渐收敛，大平原上呈现一片黯淡的深灰色；我们据鞍马上远眺南面会仙山巅高耸入云的雄伟形势，视着这大地的平坦与康庄，感觉自然之神秘与伟大，增加我们工作的势力。在夕阳道上，我们回到了龙虎庄。参观区立小学并与教职员学生畅谈顷刻以后，即返花沟歇息。

十二日上午调查花沟市集概况，正午适逢七区公所各里长开区务会议，遂即时向他们作简短的谈话，解释研究院在邹平建设计划的意义。下午，即向七区告别，在烈日下行了一程，渡小清河而至孙家镇，与旅途上的伴侣重逢了，我们虽然经过不及两天的别离，但在重逢的刹那间，都相互□视各人面上的风尘，与太阳的锐爪刻绘在我们身上的炭黑的痕迹，在我们的面上便浮出了胜利的微笑。

周君出发后，杨孟二君继着动身向辉李庄，下午三时抵埗，住小学，一切人员对我们都极轻慢而冷淡，工作方面因而很是缺乏援助，是日下午和晚上在万难中极力询问市集，地方概况，及教育情形，十一日晨调查该庄市集。

十二日下午二时离辉李庄住孙家镇，四时到达。我们先投公安分局，适局里一切职员都新从城里调查还不到十天，故各种地方情形不熟，我们见没法找材料，遂住庄立小学。小学教员是本地人，和他谈了些市集，经济和地方的情形。是住宿于小学，次日从清早到下午五时余，都是调查市集。因了市集过大，工作忙，从七时早膳到下午五时，我们的饥肠只进了几块饽饽。

下午五时许，周君自花沟到来，我们在孙家镇会齐后，仍做了点调查的工作，六时半，我们不顾小学教员和里长的警告，毅然冒着黄昏登二十五里的途程向韩家店出发，经了五天的极端的劳顿，直至现在苍茫暮色里，才初次朝着我们的老巢穴的方向走，落日反映着几头疏疏的归骑，景象是极悄然而肃索。无何，黑夜吞灭了黄昏，一切生命的活动都渐渐停息。死神似的静寂，紧锁着大地。蔚蓝的空际镶着无数闪烁的繁星。我们默然踏着大道，时常往前瞻望，只看见隐在一片黑暗里的很淡薄的道路的微影。但星光是很微弱，我们只知前面是通到我们目的地的一条道路，在未达到前面以先，我们不知那儿有些什么。这神秘之夜已经警示给我们生命之真谛了，假如我们生命的前途可以前瞻而一目了然，则生命将有尽头而枯竭，惟独在黑暗中有星光的微微的照耀，使我们看见相当的希望和实体；于是一切宇宙的生命永远在模糊中摸索前进。

是晚九时半安抵韩家店，投逆旅宿寓一宵。十三日晨调查集场和学校领袖等半日，上午十一时动程回县城。

十四日休息一天，又于十五日晨六时许骑驴自农场出发，往第四区区公所所在地的小店去。是日在小店调查市集及与该庄庄长等叙谈，并访问区公所概况，下午回农场。

十六日晨，调查西关集的粮食市。

十八日晨往第二区区公所之碑楼庄，调查了半日关于二区的农作、市集、领袖和机关组织等。下午二时步行回城。

（四）调查工作报告

（一）教育研究——调查邹平全县教育状况，如教育行政，学校教育，社会教育，及教育经费等各方面的情形，均蒙教育局给予许多材料，报告书现已起草，不日当可脱稿。

（二）市集研究

A. 研究市集的中心问题

1. 中国农民的消费生活状况

2. 中国内地经济是自给自足呢，还是已卷入了世界经济潮流里呢?

3. 中国内地市场的特点和组织

4. 以市集做一个标尺，去看农村经济的结构，发现它在社会经济演进史上的时期和部位，它与现代经济组织的距离，找出今后中国农村社会经济发展的途径

5. 研究中间人阶级在农村中地位

6. 研究中国农村经济的统一性和分裂性

7. 农村市集和现代市场的关系

对于以上的几个问题，市集的分析与研究或不能全部解答，因为这些问题多半关连到整个社会经济组织的全局，且固定市场在农村消费生活，已占了很大的势力。但是市集总能在问题里的重要部分给予一个解释。

B. 我们研究以上的问题是用以下的大纲。这大纲不过是最初草稿形式，将来在市集报告还有较缜密的增益改正。

市集研究大纲

一、时间

1. 赶集日期

2. 每集所占钟点

二、地点及地域之研究

1. 本集所在地

2. 本集所占地面积及各种摊子所占地位

3. 本集交通地势

4. 本集距离大城或其他有关系城镇市集

5. 本集经济活动范围

三、组织与历史

1. 成立年代

2. 成立经过及当时成立理由

3. 以后变迁

4. 组织状况

5. 各种市集规程

四、市集内人物分析

1. 买者人数

（1）男

（2）女

2. 卖者

（1）男女人数及各种摊类人数

（2）买者的经济生活背景及各种人数

五、市集上货物分析

1. 种类

2. 各种数量
3. 出产地
4. 购买地
5. 价格
6. 交易额
7. 各种货物总值
8. 批发货物的研究
9. 行市决定地点

六、变换制度

七、金融

1. 种类
2. 通行范围
3. 兑换率
4. 行市决定地

八、度量衡制

九、税制及负担

十、与集上店铺的关系和比较

1. 活动范围方面
2. 物价上
3. 货物的种类

十一、本集的交通系统和工具状况

C. 研究法。

为了研究以上问题，我们预备了较详细的谈话及观察大纲一种、市集货物表格一种，市集商人调查表一种，和一、二、三、四、五、六、七、八等项，我用观察与谈话大纲；对九项则用市集商人调查表，对等五项则用货物调查表；而十项则纯粹靠个人的观察力。

1. 我们材料的来源，可分四种

（1）乡村领袖及年龄长大的乡绅耆老的谈话，这里可知集的历史和其他集上一切情况。

（2）市集商人的调查，想得事实的真情，与此种人谈话极宜小心和讲求态度与方法。可惜我们旅行时，时间太短，我们的方法不能不变更而将我们的谈话内容，大为收缩。

（3）集上货物的统计

（4）文字碑碣的研究

2. 调查所得材料的内容

曾经较详细研究过的是县城的东西关集。在本集一共经过五次的调查。曾经次详细的调查有：

王五庄　明家集　田家官庄　孙家镇

辉李庄　韩家庄　小店

至于概略的访问，则全县市集俱在内。

在材料方面，大纲中全部材料都已大略搜得者有城关集。

孙家镇　王伍庄　韩家店　田家官庄

小店　辉李庄

至全县其余各集，以访问法得来的材料，有较充分的把握是时间和地域，度量衡制及税制等题；其余如人数、买卖种类及其他情形亦多有调查，然这种材料非经进一步的证实，不能写出。

此外，关系市集研究的调查如本县交通工具，交通系统，经济地域，农作时间，及男女乡民的全年生活月表等都有调查。

历史材料方面，在孙家镇发现了一面乾隆四十八年的立集石碑。对市集的起源方面，颇有参考价值。

此外，我们曾在周村一天半，对周村与本县市集的经济关系，也搜集一点材料。以上不过是一个略缺不定的叙述。详细处是要待于将来专门报告内写出。

（三）乡村领袖研究

在过去两个月内，极力研究全县地方上的各种各式领袖人物，无论为行政领袖，为思想领袖，均设法考察他们成为地方领袖之原因，对于地方工作上之贡献，及地方人士对于他们的批评。用个案方法，谈话的方式，研究他们各个人的简略的历史，和对于地方上的关系，以证明他们堪为地方领袖与否，这种研究，小之可以认识他们，作相当的联络，以为将来本县办理乡村建设事业时，足资一臂的助力；大之，我们可以借这种研究去搜讨中国农村社会的统治阶级问题。时间短促，工作成效不大，调查结果，将来另有详细的报告，故这里不复细说了。

（四）财政研究

A. 我们研究计划

一、国家财政

1. 收入——种类及数量

2. 余额——数量、方法

二、地方财政

1. 收入——种类，数量，比例，历史变迁等。

2. 支出——

3. 公产公款——

三、乡村财政

四、其他特殊问题

1. 农民个别或家庭担负总额

2. 捐税问题

3. 研究方法

我们研究财政，大概是依赖公文材料，我们参考县预决算，财政局的账目，乡村历年财政清单等。关于手续问题及其他历史上的变迁等，我们找主管财政的及有关系的人员谈话，至对于各种文件材料的分析，我们注意历史上的变化与归纳的研究，我们特别对以下几个问题，加以注意。

（1）财政收支的种类分析

（2）从财政活动去分析中国地方政治的社会功用和农村公共社会活动与形式。又从财政活动的历史的迁易上可研究地方政治功能和农村公共社会活动的变迁。

（3）税制问题

（4）农民能担负问题

（5）地方财政与国家财政关系问题

B. 研究的结果

（1）自民七至二十年的地方财政问题。收支状况，种类、历史的变迁等已共有了一个梗概的分析。

（2）乡村财政方面，搜得碑楼庄辉李庄等民九以后的材料。其后，因了无人代为抄录材料，又因市集研究，需要多量的时间与精力，故就将之搁下来。而且关于此项财政公文，甚难搜集。此后非由研究院方面下令搜集缴阅，这个工作怕很难继续进行。

（五）政府机关的组织

我们为要明了地方行政与农村社会之关系，不可不先研究地方政府机关的组织概况，尚举凡县政府及各局的组织，各区区分所的概况，联庄会的组织与农村自卫情形等，均在调查研究之列。

（六）人民团体的组织

调查县党部组织及全县党务概况，并其指导下之各种人民团体组织。惜因县内民众运动工作甚少，团体亦不多，仅略得教育会、商会、红十字会等的组织概况而已。

（七）全县灾况与救济的调查

数年以来，国民政府内政部，省政府民政厅与县政府等，对于地方人民所受的各种灾况，均极注意，迭有调查报告，特别是兵灾、土匪与天灾对于农民的损害，农村的损失，颇堪研究，报告材料均得自各区公所与县政府，数月统计，或未尽精确，但足令我们看见民间疾苦的一二。欲图将来的农村建设事业，当先为民众除去一切灾害，故这种研究至为重要。且国民政府与省政府均有赈务委员会的组织，各县又有赈务分会之设立，救济灾黎，颇能奏效，办理情形，亦会调查，至于以博爱恤兵为宗旨之红十字会，在本县成立亦已一载有余；对于解除贫苦民众之疾病痛苦，与战时之救护，颇有成绩，均在调查之例。

（八）农村纠纷之调查

农村中里长庄长之选举纠纷，或因账目上之纠葛，及其他民众之民情事项之诉讼，均足见农村生活之又一方面概况，且里长庄长纠纷，对于领袖问题，影响甚大，故曾略事调查。

（九）其他调查

经过十天的下乡旅行调查，颇曾从事于几个村庄的调查，但仅以采访谈话的方式，所得材料，未尽翔实，只堪作概况的调查而已。

对于各区的农业特产，如五区之西瓜，六区之棉花，七区之桑条，均略事注意，希望将来本院再作详细之村庄与农业调查时，加以注意。

此外，我们曾略调查各地的短工市区域概况。我们认为这种制度，实有类于体力劳动者的人肉市场，亦足称为近代工人职业介绍所之滥觞，为近代农村经济组织中硕果仅存之特有现象，应另有详细之调查与研究，对于中国农村社会组织之研究，当有很大助力。

以上各种调查资料已搜集到不少，以时间短促，整理尚须时日。将来当另有详细报告。

尾　语

我们在邹平一共两个月，其中有六个礼拜是埋葬在固定的工作里，有十天则作全县的旅行。在短短的十天之中，我们的所得虽不多，但在极困顿的环境里，我们食无定时居无定处。但我们并没顾累到一切。每日除了四小时至六小时的睡眠外，每分钟我们都用尽了我们的智慧与体力去应付环境，去满足我们的知识和与经验的饥渴。一个青年人，当他能将他的力量与生命贡献给工作以后，他便感到无限的慰藉，因为在不绝的尝试征途上，他已经尽了他的责任。我们用这种态度去对付我们十天的旅程，我们用同样的态度去看待我在邹平的二月。至于一切的成败和错误，尚希诸师长有以教之。

邹平教育研究

杨开道　周振光

邹平的教育行政，虽然是按照山东教育厅的法规，一种一种的组织，一步一步的工作；然而和其他的县分比起来，也有他特殊的地方，值得我们的注意和分析。全县的教育行政，不用说是包括在教育局组织以内，或是教育局组织以下，所以教育局成了全县教育行政的主脑，教育局长便成了全县教育行政的领袖。教育局的组织，按照法律的规定，是一以局长一人，县督学、市乡学区教育委员、及事务员若干人组织之。不过除了这几个正式职员以外，还有几个附属机关以及几个特殊委员会，都是隶属于教育局的。

鄒平縣教育局組織系統表

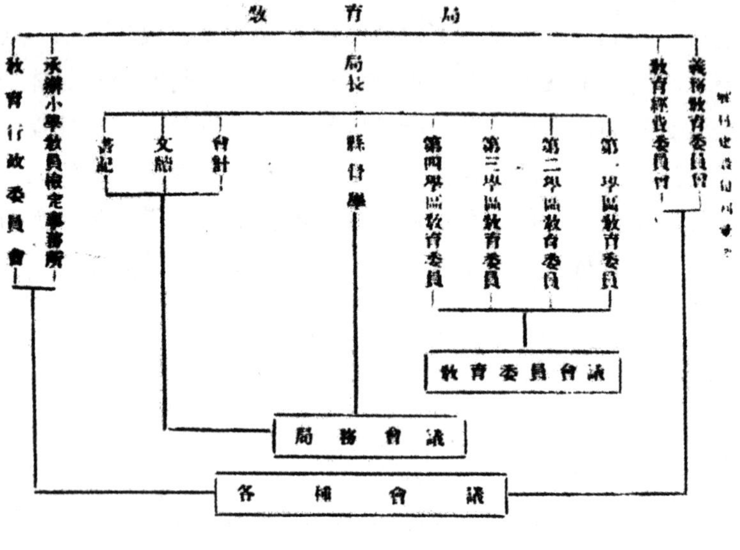

上面的图解，是教育局自己绘制的，很能代表教育局内部的组织，和各部的地位。不过教育局直辖的学校教育机关，以及社会教育机关，还都没有放在里面，我们不能不加以补充。至于这些附属机关的内容和工作，我们会在下面二章详细分析，自然不必在这里多所饶舌了。直辖的学校教育机关，有县立小学一所——男子小学——县立女子小学一所，县立职业补习学校一所。直辖的社会教育机关，有通俗讲演所一所，公立图书馆一所，公共体育场一所，民众读书阅报所一所，和公立贫盲改良新词传习所一所；不过上面的四种机关，依照教育厅的命令，已经在二十年七月合并为县立民众教育馆，所以只有两个社会教育的机关。

教育局的威权，自然是集中在教育局长身上，他是一直□于教育厅，秉承县长，主管全县教育行政事宜。他的资格，按照山东县教育局暂行规程，共有下列四条：

一、大学教育科、师范大学或高等师范毕业者。

二、师范学校本科、高中师范科或高等师范选科毕业，曾任教育职务二年以上者。

三、专门学校毕业，曾任教育职务三年以上者。

四、曾任中等学校校长或高级小学校校长三年以上，确有成绩者。

我们的教育局长韩式仪君，他是山东省立师范毕业的，并且在山东各县教育行政人员及高小学职员训练班受过特别训练的。教育局长的委任，由县长就具有前项资格之一者，推荐三人，呈请教育厅□委，遇必要时或由教育厅直接委任之；我们的教育局长，是由教育厅直接委任的。教育局的俸给，由教育厅依据各县教育经费之多寡，事务之繁简酌定之，邹平教育经费共有三万多元，按照薪俸标准，我们的教育局长，月薪是五十元。因为免除以后的重复申述，我们提前把山东县教育局职员薪俸标准引在下面，以备参考：

山东县教育局职员薪俸标准

全年县教育经费数	县教育局长月薪数	县督学月薪数	教育委员月薪数	事务员月薪数
五千元以下	三十元	二十元	十元至十五元	十元至十五元
五千元以上一万元以下	四十元	三十元	十五元至二十元	十五元至二十元

续表

全年县教育经费数	县教育局长月薪数	县督学月薪数	教育委员月薪数	事务员月薪数
一万元至二万元	四十五元	三十五元	二十元至二十五元	二十元至二十五元
二万元至四万元	五十元	四十元	二十五元至三十元	二十五元至三十元
四万元以上	六十元	五十元	三十元至三十五元	三十元至三十五元

一、以上所定薪俸，均包括膳费而言。

二、以上教育委员及事务员薪俸之差数，由县教育局长视教育事务之繁简，酌量伸缩。

三、县督学及教育委员应支旅费，由县教育局长酌定之。

教育局长的籍贯，并不限于本县，所以我们的教育局长是章丘人。教育局长职员，自然是十分繁杂。内则指挥本局人员，外则监督全县教育，对于教育厅和县政府，负计划实施本县教育改革的责任。

比县教育局长稍为低一点的人物，是由教育局长呈请教育厅委任，或由教育厅直接委任的一位至三位县督学。我们的邹平只有一位县督学，他是由教育厅直接委任的。他的资格比较教育局长宽一点，师范学校毕业曾任教育职务二年，及中等学校毕业曾任教育职务三年的，都有充当县督学的资格，我们的县督学便是山东一师毕业而久任教育职务的马方信君。他的薪俸自然也比教育局长低一点，标准上，实际上都是每月四十元。他的职责是指导并督进全县教育事宜，每学期中，至少须视察全县教育机关一周，并须编成视察报告。从前的视察报告共有三种，一种为社会教育，一种为县立小学，一种为区立或庄立小学，都是本县教育局自己计划的。后来山东教育厅颁行了一定的格式，本县自然也依照采行。（各种表格，将来另出报告专书时，自当引出）。

社会教育视察报告表项目简单，易于答复；县立小学视察报告表都系统计，尤为精确；区立或庄立小学视察报告虽然简单一点，然而也还实在。山东教育厅所颁行的表格，应有尽有，自然是煞费苦心，然而过于抽象，使视察员不易填写，尤其不易有客观的填写，所以讲到精神，便只好说“精神极佳”，讲到设备，便只好说，“设备大并完善”，讲到布置，便只好说，设备尤为适当。一方面自然我们可以怪视察员，为什么不详细一点，不具体一点；一方面我们又不能怪视察员，在“精神”“设备”“布置”那种抽象的，笼统的名词下面，又如何能有一定的标准。学校的改善，完全靠教育行政机关的指导和督促，教育行政机关的指导和督促，又要根照视察报告上面。一定要有科学的精神，科学的方法，使每个学校的利弊，一览无遗，才能改进中国的旧教育，才能建设中国的新教育。

除了间接监督的县督学以外，教育行政系统里面，还有直接指挥的教育委员。教育委员是每区一人，秉承教育局长，办理各该学区教育事务，由教育局就有下列资格的人物，呈报教育厅核准任用：

一、师范本科毕业而有教育经验者。

二、二年以上之师范讲习所毕业。曾任教育职务二年以上确有成绩者。

三、中学毕业，曾任教育职务二年以上，对于教育确有研究者。

四、曾任教育职务五年以上，确有成绩者。

邹平有四个学区和一个直辖学区，直辖学区包括城关区域，行政区划第一区，第一学区包括行政区划第二第三两区，第二学区包括行政区划第四区和第五第六两学区的一小部，第三学区包括行政区划第四第六两区，第四学区包括行政区划第七区。因为名词的混杂，教育区划近来才采用行政区划，以行政第一区为第一学区，行政第二区为第二区……依照向来的习惯，现在的第一学区，从前的直辖学区，都是由县督学自己兼任。其他六区由三位教育委员分列负责，张思孟君担任二三两区，张启杰君担任四五两区，任汝峣君担任六七两区。他们的资格、籍贯、待遇等等，不能一一解说，只好列在一个表内，同时也把教育局长和其他职员的情形列在里面，以备参考而资比较：

姓名	年龄	籍贯	学历	职务	就职日期	月薪元数
韩式仪	三一	章丘	山东一师毕业	局长	十八年六月	五〇
马方信	二九	邹平	同上	督学	十八年十月	四〇
张思孟	二九	邹平	正谊中学毕业	教育委员	十七年十月	二五改三〇
张启杰	三四	邹平	省立第一中学	教育委员	十七年十月	二五改三〇

续表

姓名	年龄	籍贯	学历	职务	就职日期	月薪元数
任汝峣	三一	邹平	山东大学法科	教育委员	二十年四月	三〇
柴念皓	四二	邹平	县立高小毕业	事务员	十八年六月	三五改三〇
娄兆森	三四	邹平	矿专预科毕业	事务员	十八年九月	二五改三〇
程秉理	二六	邹平	省立第四中学	事务员	十九年三月	二〇改二五

这些教育委员的责任，和县督学差不远，不过他们照管某一个或某两个学区小学的指挥监督，而县督学则需照管全县一切的教育机关，前者是分任其责，后者是独总其成，按照法律的规定，县督学每学期至少须视察全县一次，教育委员则至少须视察全区三次；不过实际上县督学不能二百多个学校个个跑到，各区教育委员也不能每校视察三四次。教育委员除了随时视察以外，还要驻局办公，并要参加每月一次的教育委员会议。其实驻局办公，因为他们实际上是区教育委员，实际上在村庄工作，集中太甚，反使他们和地方隔阂，不完全明了本区的教育，不容易指导学校的改进。

在上面那个履历表里，有三位事务员，他们分掌局内书记、文牍、会计各职，他们的资格又次一等，他们的待遇也是差一点，由教育局长就下列资格人士任用，薪金也用局长酌定，呈报教育厅和县长备查：

一、师范学校本科或一年以上师范讲习所毕业者。

二、中学校毕业者。

三、曾任教育职务三年以上者。

县教育局里面正式的职员，除了雇员以外，大约只有这几位，其他的各种委员会以及特殊工作，都是这几位兼任的。关于委员会的组织，最重要的自然要算教育行政委员会，因为教育行政委员会是教育局暂行规程所规定的，差不多和教育局长有同等或较高的权力。委员会的功用，虽然只是“筹议及辅佐全县教育”，然而委员会议决事项，局长必须“分别缓急，斟酌执行”，而且委员会开会时，局长只能出席而不能主席，并且不能参加表决。不过委员的聘任，还是由教育局长保荐，似乎教育局长又在委员会以上。委员会的组织，限定五人至九人，资格颇高，一时不易找出许多合格人物，所以邹平至今还没有教育行政委员会。这不能全怪教育当局的延误，也应怪邹平教育人才的缺乏，而加以积极的提倡，教育行政委员的资格共有五条，我们列在下面：

一、国内外大学教育科或师范大学毕业，曾任教育职务一年以上者。

二、国内外高等师范学校或高等师范专修科毕业，曾任教育职务二年以上者。

三、高中师范科或师范本科毕业，曾任教育职务三年以上者。

四、国内外专门学校毕业，曾任教育职务三年以上者。

五、县立师范或乡村师范毕业，曾任教育职务四年以上著有成绩者。

其实邹平也有几个念书的人物，不过人数不多，并且不一定做过二年三年的教育工作，也不一定都在本县居住，所以选择行政委员的工作，便感觉十分的困难了。并且委员是名誉职，只能空口说话，而没有一点实权，除了热心教育的人士，或是把持教育的人们，谁又高兴充任呢?

第二个重要委员会，大约要数保管经费的教育经费委员会，在十七年年终已经成立，不过工作甚少，一直到了十八年年底，才把教育经费的管理权，从财政局转移过来，完成教育经费的独立。委员名额规定为七人至九人，本县实额为八人，由下列各代表组成：

一、当然委员二人——县教育局长及县督学

二、县政府代表一人——尚未推出

三、县党部代表一人——尚未推出

四、财政局代表一人

五、教育会代表一人

六、城关小学代表一人

七、乡村小学代表一人

委员任期为一年，每半年改推半数，不过各机关的代表，大约不会有什么改变的。他们的职权，完全即审核预算决算，讨论筹款方法，监督经费用途。保管经费财产方面，每月有常会一次，由教育局长主席，会议时各区教育参员亦得列席。经费收支自然是由教育局会计担任，经费保管则由委员推选三人担任；至于收支手续还以保管方法，等到讨论教育经费时再为申述。

义务教育委员是新近在二十年一月成立的，由县长、财政局长、教育局长、县督学、教育委员和聘任的小学田校长，职业孙主任九人组成。委员会每两周开常会一次，由县长主席，事务则由教育局职员兼理，分为经费，调查统计，设计指导，宣传编辑四组办理，因为成立不久，各种计划还没有定妥，所以也没有具体的工作。据教育局的估计，全县学童共约一万八千人，就学儿童共六九〇〇人，失学儿童约一万一千一百人，约占百分之六十一。这一万一千一百个失学儿童，实在是义务教育上一个重大问题。尤其是女子教育方面，九千人里面只有一四四人上学，其余百分之九十八以上，还都未享受教育的权利。原来学校设备教师，固然是不敷分配，然而略为扩大，只要每校有六五人，全县二七四小学便可容纳一七八一〇人，几乎解决全部的义务教育问题。不过这个里面还有两个问题，我们不能忽略，第一是高级小学的缺乏，第二是十二岁以上儿童的教育。高级小学仅有城关男女各一所，区立三所，正在筹备区立一所，充其量不过可容千人（每所平均四班，每班四十人为限），而高级学龄儿童，应占六分之二，有六千人。十二岁以上的儿童，虽然不必人人上学，然而年龄尚小，不能担任工作，一定也有不少的人上学。十二岁到十五岁这三年中，大约有儿童八九千，只算三分之一上学，已便有三千学童了。八九千失学女生五千多高级儿童，二三千较大儿童，那都是义务教育的重大问题，义务教育委员会的重大责任。

承办检定小学教员事务所是奉厅令，在十九年一月成立的。事务所虽然号称为所，然而设立在教育局里面，由教育局职员兼任，仿佛是教育局一个委员会的组织，而办理教育厅所委托的工作，事务所职员七人，教育局长为主任，县督学及县府第一科长为副主任，教育委员四人为事务员，由县政府委任，表示并不是教育局内部的组织，也不是教育局内部的工作，检定的手续，在教育厅方面自然是十分烦琐，而在事务所方面，却是十分简单。凡现任小学教员及原受检定的他种人才，都可到事务所报名。同时缴纳志愿书、履历书、服务证明书、操行证明书、毕业证书等等，并检定费五角。报名人士登记后，事务所只负初次检查的责任，看报姓名目是否真确，随即汇呈教育厅，由检定小学教育委员会复审，分别“免试验”“免一部分试验”“受试验”三种，由厅令公布。免试验或暂免试验的小学教员，教厅由证明书由事务所发给，受试验全部或一部的小学教员，必须到指定试验地点分区考试，邹平属于第三十四区，指定五月十一日至十四日，和青城、齐东二县在青城考试，本县教育局长也在那里帮忙。试验录取后，由教厅发给许可状，并征收许可状费五角，印花一角，以后才能在本县正式充任教员。

此外还有一个半官式的教育会，虽然不属于教育局，也不在教育行政范围以内，然而章程是由政府订定，经费是由政府拨给，目的也在本县教育的研究和发展，凡现任公立或立案私立学校教职员，现任教育行政人员，中等学校毕业学生，及对于教科有研究的人们，都可以参加这个团体。本会会员共有三百人，内有女会员五人，多为小学教师，在十九年六月组织起来，成为山东省邹平县教育会。内部的组织，按照教育会法的规定，共有干事五人，事务员二人，需用经费每月五十元，由县教育经费项下正支开支。组织的完成虽然已经一年，而实际的工作还没有多大的成绩，除了照例春秋开全体大会，每星期开干事会以外，仅出一种学生文艺特刊。

邹平农谚

王在森　采集

1. 三月怕三七，四月怕初一。

2. 八月十五云遮月，准备来年雪打灯。

3. 湿了乌鸦毛，麦在水中捞。（相传四月二十日是乌鸦的生日，若是下雨就涝）

4. 红云日初生，劝君莫远行。

5. 云彩往东一阵风，云彩往北一阵黑，云彩往南水涟涟，云彩往西观音老母披蓑衣。

6. 白露麦，不用粪。

7. 东虹日头西虹雨，南虹出来卖儿女。

8. 重阳无雨盼十三，十三无雨一冬干。

9. 猫儿吃青草，虽旱不必祷。

10. 啄鸟叫一叫，大雨将来到。

11. 早看东南，晚看西北。

12. 行下春风望秋雨。

13. 火烧乌云尽，大雨来得快。

14. 太阳返照，水淹锅灶。

15. 有雨四边亮，无雨顶上光。

16. 春东风，雨濛濛，秋东风，一场空。

17. 小满三日见新茧。

18. 五月壬子破，大鱼漫山过。

19. 南闪大门开，北闪有雨来。

20. 蚯蚓唱歌，有雨也不多。

21. 秋不秋，六月二十头。
22. 麦立忙种谷立秋，豆过天赦用镰钩。
23. 光棍光棍，麦子莠穗；光棍夺锄，麦子就熟。
24. 春打六九头，穷人不烦愁。
25. 六月六，看谷秀。
26. 有钱难买五月旱，六月连阴吃饱饭。
27. 春打五九尾，穷人撅了嘴。
28. 冷在三九，热在中伏。
29. 七月八月地难筛，九月十月氾上来。
30. 七九六十三，路上行人剥衣衫。
31. 九九八十一，家里做饭坡里吃。
32. 刮了坟头土，大旱一百五。
33. 七月八月看巧云，九月十月冻懒人。
34. 羊马年，多种田，预备鸡猴年。
35. 八月初一下一阵，早到来年五月尽
36. 重阳十五皆无雨，单等十月二十五。
37. 四月芒种麦在前，五月芒种麦在后。
38. 三伏有雨多种麦。
39. 榆钱落地，不论干湿耩地。
40. 秋雷打败阵。
41. 日落翻黄，大水淹倒墙。
42. 先雷后雨，滴不得三滴麻雨。
43. 东闪西闪，没水洗脸。
44. 处暑打雷，荞麦有去无回。
45. 不怕初一雨，只怕初二阴。
46. 头伏有雨，伏伏有雨。
47. 今天火烧云，明天晒死人。
48. 早黄有雨晚黄晴。
49. 云烧火，没处躲，火云烧，晒死人。
50. 早雾晴，晚雾阴。
51. 重阳无雨一冬晴。

52. 月亮毛东东，不下雨就起风。

53. 南闪大门开，北闪有雨来。

54. 今夜鸡鸭早归笼，明早太阳红东东。

55. 雨中夹雪，刻不肯歇。

56. 早晨下雨当日晴，晚上下雨到天明。

57. 早上发霞，等水烧茶；晚上发霞，干死蛤蟆。

58. 虹吃了雨，下一指；雨吃了虹，下一丈。

59. 有虹在东，有雨落空，有虹在西，行人穿衣。

60. 早鸦阴，晚鸦晴，半夜里不到明。

61. 雨前雨毛没有雨；雨后雨毛不晴天。

62. 夜晴没好天。

63. 冷雨热雪。

64. 善晴必有恶阴。

65. □穿裙，大雨淋。

66. 门开风，关门雨。

67. 雨落二十九，雨伞不离手。

68. 先濛濛不雨，后濛濛不晴。

69. 日头出来吊孝，小孩出来蹦跳。

70. 今晚返照明天晴。

71. 大风不过三日。

72. 大风不过晌午。

73. 早日暮赤，飞沙走石。

74. 春南风，雨东东，夏南风，一场空。

75. 稀谷长大穗。

76. 七阴八下九不晴，十二连阴还有零。

77. 立罢秋，挂锄钩。

78. 蟋蟀斗，秋来到。

79. 大年初一头一天，遇了初二过初三，正月十五半个月，春到寒时六十天。

80. 猫三，狗四，猪五，羊六。

81. 桃三杏四梨五年，想吃胡桃等九年。

82. 麦收八十三场雨。
83. 小麦上了场，大麦快叫娘。
84. 房屋滴水雨二指。
85. 三月清明榆不老，二月清明老了榆。
86. 梨花开，杏花败，桃花开开做买卖。
87. 羊盼清明牛盼夏，吃嘴老婆盼麦吧？
88. 二月二，龙抬头，不义媳妇发了愁。
89. 有儿不过继，有钱不典地！
90. 芝麻叶，黄节节，有了后娘有后爹！
91. 饥不饥，带干粮；冷不冷，穿衣裳。

农品展览会专号

山东乡村建设研究院邹平试验县区第一次农品展览会宣言

父老兄弟们，和你表同情的本院，整日里想着怎样使我们乡村里，家家户户都能丰衣足食，过快乐日子。

我们现在所以不能丰衣足食的缘故，不用说是因为我们农业不振兴，农业不振兴缘故是由于没有改良农业，观摩的机会。怎么说呢？我农友们在乡间，都是各人种各人的地，庄稼的好坏，没有和人家比较的机会；耕种的方法，也没有和人家交换的机会，至于近来各方面，虽是对于新法农业竭力提倡，终究是空口说白话，谁也不去理会，所以明明有许多增进生产，改良农业的好方法，因没有比较交换的机会，看不到好的榜样，便不得采用，遂使农业不能振兴，落到现在民穷财尽的地步！

本院有鉴于此，所以在本试验县区工作实施之前，决定要开这个“农品展览会”，在这个会场里，陈列着将近一万种的农品，把这些农品分成表证展览和普通展览，表证展览是拿各种农业的好榜样，请农友们观摩，以便设法改良；普通展览是把农友们自己的农产拿来比赛，看看是谁种的好，成绩好的发给奖品以作纪念，更求进步；成绩差的，也可以得到指正，随后改进。

在这展览期间，请大家仔细地比较观摩一下；并且希望大家在这个高兴热闹的会里，打起奋发的精神，努力于最近农业的改良，好慢慢的达到我们乡村家给人足，过快乐日子的目的，这是举行这个展览会的本意，也就是本院所最希望的！

农品展览会的动机和筹备经过

于鲁溪

筹备动机

山东乡村建设研究院试验县区，开这一次农品展览会，叫我来报告筹备经过，我是拙口笨舌，不过草草的说几句。

本院在邹平试验县区，想从教育、农业、经济各方面去建设，很难在最短期间，一一实现；但无论哪样，我们觉得非从生计着手不可。所以本院虽成立不过五六个月，先开这个农品展览会。筹备这个会的意思，是想着考察这个地方的农业情形，因地制宜，对症下药。兄弟研究农业的，大家要解决农业问题，非先对这个地方的问题有点认识不可，所以开这个会的原因是：

一、农友们自己以为自己种的好，不知道效法旁人，开这个会就在彼此观摩，互相沟通。

二、本院想就各地不同的情形，施以适当的改良，如第三区的蚕，第二区的森林牧畜，第七区的棉，都是亟待解决。我们自己农场感觉能力薄弱，乃邀请各农业团体参加，共谋改良。

三、邹平农业，由城县到周村这段好，但这一段不能代表邹平全境。从县城往西，往北，往东，荒地□地都很多，而且经营农业的半是佃户，是差不多成了农业改良的致命伤，我们非竭力殚精去利用它，改革它不可。所以我们要开这个会，来宣明我们的旨趣。

四、中国农民普通习惯，上庙烧香，博赌饮酒，这种娱乐都很不对。我们以后，应当对农业下工夫，说要说农业，玩要玩农业，把农业一方作娱乐，一方要改良他。

有以上四个原因，所以开这个会。有两个目的：

一、是把农友们的好农产，加以宣扬推广，如青阳店棉花，和美棉的品质差不多，昌乐的大鸡，一个有十五六斤，我们都要去提倡种植喂养。

二、把我们的农品，及各农业机关的好东西，给大家看，作一表证展览。用我们的好方法，推广给农民们，好的加以勉励，不好的提起改良的兴趣，以求品质进步。

我们几个月前，组织了试验县区设计委员，议定了开这个农品展览会，前由县政府通知大家，送农产品。又蒙各区里庄长的努力，从十月二十八日到现在，送来的田艺有一千□百三十五种；园艺七百九十三种，家庭工艺二百七十四种，还有农具畜产等等，送的人非常踊跃，我们展览日夜筹备。本会展览共分两部：一、表证展览；二、普通展览。表证展览有大猪，二年能长六百磅。力行鸡每年能下二百七十个蛋。蜂能多产蜜，蜂种很纯，都比本地的好，获利很大，还有青岛商品检验局的血清展览，如有牛瘟、鸡瘟、猪瘟，可以清血注射，不致传染。大家都说养蚕无利，我们有好蚕种，能缫好丝，如果我们共同贩卖，自然能抵制外丝，能多赚钱。农场里有苹果，是外国种，而且很好。还有很好的菜种，都要介绍给大家。还有土壤问题：北乡里有一片土不长东西，很可惜的，有句俗话说："土换土一石五"，如要常常换土，那地也就慢慢的好了。如病虫害，牙虫黑穗病，是很厉害的了，我们有药治他，如石油乳剂，碳酸铜，并花钱不多。还有很多的农具，如玉蜀黍脱粒器，耘锄及本院新发明之畜力双管抽水机等，使用都很便利效率也大。还有凿井是北方农业上一大问题，因为北方农业最大苦痛，是天旱便不得了；然要兴水利，方法虽多，能普通施行且简易的，则惟凿井，知道要凿井的人亦很多，但许多地方凿不出水来，或花钱太多，现在本院请求一个李老先生，善能解除这种困难，大家可到城内文庙去看，我们教员学生，正在凿井哩。普通展览是：田艺、园艺、家庭工艺、牧畜、农具等；每类中尚各有许多种，都是农友们送来的，因为农友们送来的东西很多，所以我们还预备的有很多奖品，如韩主席的匾额实业厅长的对联，县长局长和本院院长的银盾，以及其他各机关学校个人送的对联、中堂奖物等。此外我们还可以赠送一个改良猪，匾和银盾不易得，猪更不易得，这都是希望我们的农业改进，对国家有益。总之，这一次的成功，一方是大家踊跃参加，一方是外边各机关帮助，我们都十分感谢，我们想本地的事本应自己去做，现在还有许多机关，来给我们帮忙，望我们改进，我希望大家得了这次的勉励，到明年开会时，还要比今年更好。

筹备经过

二十年九月七日，本院邹平试验县区实施委员会，开第一次会议。讨论由设计委员会，提出之农品展览会办法，议决：

一、名称定为山东乡村建设研究院邹平试验县区第一次农品展览会。

二、会期定为国历十一月五六七三日。

三、以委员七人组织筹备委员会。

四、推定梁仲华、梁劼诚、王中孚、于鲁汉、白莲村、高赞非、蓝梦九为筹备委员。

五、推定梁仲华、王中孚为正副主席；白莲村为总务股主任；于鲁汉、王中孚为征集股正副主任；高赞非、任少峰为游艺股正副主任。

九月十六日，农品展览会筹备委员会第一次会议议决：

一、推定漆德宗、刘昭楠为总务股文书干事；张继五、李清武为庶务干事；孔疏九为会计干事；崔浦孙、张吉山、阎一民、于伯良为招待干事；梁劼恒、于鲁溪、王中孚、蓝梦九、时济云、李柳溪、苏浩然、李子棠为布置干事。

二、推定苏浩然、金贵鼎、王光善、马培宣、王中孚、孟宪光、马毓民、王湘岑为征集股干事。

三、推定孟宪光、马培宣、韩剑虹为游艺股干事。

九月二十七日，筹备委员会开第二次会议议决：

一、规定奖状及奖章式样。

二、携带推广农事电影，到各区映演，并向农民说明征集农品之意义与办法。

三、请职业学校帮同征集蚕桑出品。

自九月二十七日以后，试验县区各局及各区公所，由筹备委员会分请帮同征集物品，一面由本院邹平籍学生分赴各乡村自行征集，并函请青岛大学农学院、青岛商品检验局、齐鲁大学农科、齐东县山东第二棉场，各机关参加展览，至十月三十一日止，各项物品均已征集完备。

十月三十一日，筹备委员会开第三次会议决：

一、成立评奖委员会，推定孙廉泉、王中孚、于鲁溪、时济云、蓝梦九、梁劼恒为评审员。

二、开会时工作分配

（1）招待股（2）说明股（3）指导股（4）演讲股（5）游艺股（6）武术股（7）文书股（8）统计股。

各股由教员担任主任，指导学生分任职务。

自十一月一日起，由教员指导全体学生，就各教室加以点缀布置，展览品至四日布置完备，五日上午九时举行开幕典礼。

开会秩序

主席孙副院长廉泉开会报告

此次山东乡村建设研究院邹平试验县区开第一届农品展览会，蒙父老同志们踊跃参加，我们很觉荣幸！

这次开会，有两层意思：

（一）乡村建设，经济方面最为紧要。要解决经济问题，非从农业改良入手不可。要改良农业，必先改进及推广土法中的好的产品。因为改进及推广土法，是比较容易的。

（二）一般农民，对于他旧有的耕作方法，及使用的农具，往往都自觉满意，不求进步。现在将全县的农品陈列于□处，使大家看看，还有比自己好的；此外还有各处的客来农品，如青岛商品检验局，青岛大学农场，山东第二棉业试验场等处，都有许多展览品来参加陈列，请大家观摩，比较，以便一天一天的向好处求进步。

这次是本院在邹平第一次的农品展览，事属创举，设备方面，难免有缺点，希望父老同志们，多多原谅和指导。

最后，希望来年再开展览会时，比今年更有进步，这是开这个会的意思。

青岛商品检验局王承钧先生讲稿

今天是山东乡村建设研究院邹平试验县区第一次农品展览会，兄弟得来参加，非常快活。兄弟是学农的，近十余年来，大都在农业方面，及农业教育方面工作，在此期间感到的困难约有两点：一、是农业研究机关，及学校努力研究的结果，虽得着很自信的成绩，但无法传到乡间去。其次是研究机关与农民太隔阂，不能打成一片，一方研究机关及学校，在农民眼目中，好像很大的衙门一样，不敢去接近。一方机关及学校的本身亦不设法与农民接近，结果愈趋愈远，隔阂愈深；所以近三十年来，吾国改良农业研究的结果，可以说成绩推广到乡间的很少，纵有一点，也不过是机关或学校附近周围的地方。以前兄弟曾参观过几处农业学校及研究机关，这些学校同机关，却有四五年的历史，但与附近的农民谈起话来，农民对这些机关和学校，仍是一无所知，其结果，农民不相信学校及机关，学校及机关与农民隔阂，有成绩传不出去，这是如何大的问题呢？

现在好啦！乡村建设研究院成立了，以上的问题由此得到了解决，各研究机关及各学校研究所得的好方法，由此可传入了乡间，与农民间的隔阂，由此亦可打通了；并且乡村建设研究院内，还有许多农业专家，却是实地的与农民结合在一块儿去研究，与其他教育机关完全不同，将来定有很好的结果贡献出来！

兄弟今天代表青岛商品检验局来参加，到各陈列室去参观，看到本县建设局的家畜统计表，全县有牛一万六千头，羊近二万余头，山东全省约有牛八十万至一百万之数，而邹平一县竟占一万六千余头，每头若按百元计算，值洋一百六十余万元，这样在农家资本中，占很重要的地位，我们不应单以畜生看待它，应以看待小孩的心理去看待它，时时注意去保护它，假设染了瘟病，便应特别去给它治疗，因为一牛得了病，其他牛亦将受传染而病死，这是很要留心的，其他家畜也是如此。现在本局研究的结果，对这种瘟病，已有了办法，据出口统计，本省的出口，以牛为大宗，每年约一千万元的数。若任牛瘟的传染，则少换外国人的许多钱，所以现在注意到此，专备有治瘟病的药，无论鸡、羊、牛得有瘟病即可治疗，诸位的家畜如得了这样病症，可即报告给研究院，本局得有研究院的函电，即来此帮同大家医治。以后并想同乡村建设研究院，联合起来，帮同大家医治该病。

金陵大学代表阎先生讲词

兄弟代表金大，对诸位说几句话：中国农业不发达的原因，最要紧，就是农民不识字；不识字很难发生思想，没有思想便不去研究。譬如现在乡村建设研究院举办农品展览会，一般人却是拿着看热闹的心理去参观，看见好的就说好，坏的就说坏，并不想一想为什么好，为什么坏。以前洛口修铁桥，农民都说绝对不可能，说河底有龙王，等到修成了，即满口称赞西洋人巧妙，但并不深刻的去想想其究竟，这是很大的弊病，现在希望大家去看时，不要只顾看热闹，无论看见好的坏的，都要细心地追求个为什么这样，才有点益处！

国立青岛大学农学院农场主任任济民先生演说辞

今天山东乡村建设研究院邹平试验县区，开第一次农品展览会，兄弟代表农学院参加，是很荣幸的。观察一切设施之后，并且是很乐观的。在山东省过去的农品展览会，大概有两种办法：一是把自己所有的东西，放在屋子里，算自己的陈列；二是征集其他机关团体的东西，和自己的东西，摆在一处，作一种比较，显出自己比人家的好。这种展览，虽是五光十色，虽是好看，究竟未能与农民打成一片。或者有的研究太高，不切实用，使农民不易接受。或者是滥竽充数，无关重要。这都是没有什么价值的。我们这个展览会，与以前不同，第一部是表证展览：是指示农民一个模范，使大家仿效实用；第二部是普通展览：是征集农民的东西，互相观摩。所以一方是指导农民，一方是鼓励农民，完全是为民众设想，并不是炫己之能，矜己之名的，所以很有价值。中国近二十多年的教育，都是离开事实去办，尤其农业学校，更是离开农民办的。所以普通教育，对于社会没发生好的影响，农业学校对于农民，也没造出多大利益。因之老百姓对于学农的，没有什么信仰。研究院是为解决农民的痛苦办的，青大农学院，是预备把学院和农村溶化在一块，使农学实实在在的贡献到农业上的。所以敝院和乡村建设研究院，都是站在一个视线上，来与大家表同情的，在十年以前，我在临清选了一棵好的美棉，现今在东临齐东和济南的敝院农场，已经繁殖的很多了。乡村建设研究院的棉花，也是这个种子，每官亩地可收一百六七十斤。因为它的品质好，所以价值也比普通的价值高，至于究竟好不好，大家可到展览会里边，或农场里边一看便知，用不着我细说了。这种棉花，各处集合起来，大概今年可以收到两万斤种子。大家如果愿种，我们也可供给的。还有好的品种，来年，我们也可供给几百张。因为本地茧的丝质不好，不受人家的欢迎，所以中国丝在外国的销路，一天少一天。于是丝价低落，我们养蚕的也吃了很大的亏。我们的好蚕种，丝质很好，人家如果都养这种蚕，茧价一定可以提高，那时养蚕的利益就大了。将来我还可以把这种蚕加以改良，不仅丝质好，还要使茧加大。大家不是喜欢要大茧的蚕种么，将来我把这大茧的蚕种制成以后，也可以分给大家来喂养的。现在我们对于到乡村去这条路，既是认为很光明，很重大，那么，我们所有的同志，就该在精神上一致团结起来。共同向这条大路上，切实努力前进！

邹平教育局韩局长讲演

今天是山东乡村建设研究院农品展览会开幕的一天，开会的意思，已经各位说的很详细了，我也是会中职员之一，可是我今天说话，不用这个职员的资格和教育局长的资格，而是代表财政、教育、建设，公安四局及全县大多民众来说几句话。

乡村建设研究院设在邹平，并将邹平划为试验县区，可说是山东全省农业中心。研究院开办已经数月，大家谅有认识，我仅代表四局及大多数民众向研究院感谢，此外我还有几层意思：

（一）我觉得现在乡村建设的首要在农业改良，农业改良的方法很多，农品展览会是其重要方法之一，因以此可以比较人我的好坏，以求改良。

（二）从此会中的展览，可使大家把农业上的旧经验，和这次在会里所得到新经验，合在一起，以求农业的改进。

（三）对新经验有得时，把陈旧不适用的方法除去，把以前的迷信心理完全去掉，用新法改良。

把以上三种作用，都能联用，则邹平的农业定能蒸蒸日上，由此推及邻县，扩至全省，乃至全国，都能如此，才不负今次农品展览会举行的意思！

农品展览会发奖仪式

主席孙副院长报告

这一次邹平试验县区第一次农品展览会，蒙各乡父老们送来好多农产物，大家参观的于此见出本县确有无限的富藏来，若再加以改良，则吾邹平产业的前途，更有好的希望。此次展览会上的奖品——各机关及本院所送的——谅大家都已见过，这些奖品都是奖励农品成绩好的人，现在已经本会的评奖委员会，分别等次，评定妥当，今在就把这些奖品，分别送给得奖的人。未得奖的，望各努力，准备来年得奖；既得奖的，盼望按此次成绩更求改进，我希望来年今日再开农品展览会时，农品要更好，得奖要更多！

在这次农品展览会中，见出父老乡亲们的游览的兴趣的浓厚，会期原定三天，嗣因游览的人多，各方请求展期，遂又展期一天——共四天，在这四天中间，参观游览者到了四万六千余人，按邹平全县人口为十六万，参加本会者几够全县人口总数的三分之一，于此见出大家对本会之有兴趣，我希望来年的今日，比这次更有兴趣。

评奖委员会于鲁溪先生报告

今天我们举行展览会闭幕，及发奖的仪式，到的人这样多，足见大家的兴趣很浓厚；所以我说一说这次评奖的经过，当初实在没有想到能得着很多的奖品与展览品；而这次所得到的，竟这样多，实出我们的预料之外，历来中国人的毛病，就是读书人与作庄稼的人太隔阂！读书的人多是瞧不起农人；同时农人也不敢亲近读书的人，而在今次会中，农人竟得到这些好的奖品，是何等荣耀？恐怕读书的人，要翻回头来羡慕我们农人了！

今次我们收齐了奖品之后，就成立了一个评奖委员会，是由研究院的先生们，各机关的代表，和青岛大学，青岛商品检验局，金陵大学，山东第二棉业试验场等处的来宾，以及其他的人组织成的，大家——评委会不知费了多少精神，经过若干次的商量，一开会就品评，总得到这点结果，是用过苦心了，并不是模模糊糊的评定的，现在我把得奖的人说一说。

特等奖　李伯辰　王象贤　王中孚　刘振业
　　　　张建信　夏刚芹　王新三

优一等奖　任小峰　郑长庚

唱名发奖

（一）李伯辰先生——韩主席匾额一架

中国的农村事业，向来无人重视，所以也无人注意到这个，而这次李伯辰先生竟能检了许多很好的种子，采集了许多农业标本，送到本会来展览，足见他是极注意于农村问题的，如此何愁不能与农民打成一片，而开乡村建设之先声？以培植乡村事业的基础？所以我们把这架匾赠给他。

（于先生讲）

李先生，能够注意到农业问题，这是乡村建设特好的先声，是我们作乡村事业的人最好的膀臂，所以我们把特奖中最好的，这架木匾，赠给他，并希望能继续努力。（孙先生讲）

（二）王中孚先生——银盾一座

在这次展览会中，王先生能于最短期间，搜集了很多很多标本来，供我们的展览，实在难得。其中如棉花蚕种以及各种图表等等都很好，虽然我们不敢说十分好，但在这种地方——邹平一切的设备都不完全，能如此，已是很难得了，而王先生竟能于此短期间给我们这样一个大的帮助，所以我们赠奖给他们。（于先生讲）

（三）张建信先生——奖银盾一座

张先生这次的展览品，是一件耘锄的模型，足见他对农具的改良很用心，中国向来是对于农具的改良太不注意，而今次张先生能造此模型，我们已经是很佩服他了！至于这个耘锄，能用不能用，在这里虽不敢保，但如果张先生能继续努力，将来的结果一定很好！所以我们同时也很希望张先生继续努力。（于先生讲）

张先生能这样注意于农具之改良，固然是很好了，我们也希望大家都注意到自己农具的改良，这次张先生好像已替我们开了先辙。（孙先生讲）

（四）王象贤先生——奖银盾一座

王先生的展览品，是一架自制的纺纱机，他是一个庄稼人，而能注意于家庭工业，试验各种铁轮子，发明这种新式的纺纱机，是多么可贵？或者在别处还有比这个更好的，但我们没有见到，像王先生这样，已足为家庭工业，开一先声了！所以我们要奖励他。（于先生讲）

（五）刘振业先生——奖银盾一座

刘先生是以棒子得奖，什么缘故呢？因为从周村到济南一带，最好是一年能得两季庄稼，刘先生这种棒子，能与麦子接成两季，并且他种的棒子也很好，所以我们奖他，并希望刘先生继续选种，努力推广！（于先生讲）

（六）夏尔芹先生——奖银盾一座

夏先生是以麦子得奖，不过因为路太远，没能来到，等他来的时候，请到院里去领，（孙先生讲）我们知道麦子的问题，是很重要，是我们北方主要的食料，今次会中送麦子来展览的，虽不算少，我们选而又选，总

没有选着很好的，惟有夏先生的还比较的好，所以我们奖他，并希望夏先生继续选种，同时也希望大家都注意选种。（于先生讲）

（七）王新三先生——奖改良猪一，对联一套。

王先生对于本会贡献的展览品很多，不但农产物非常得多，家庭工业的东西也很多，且是都很好，所以我们奖他。（于先生讲）

（八）任小峰先生——奖字画一轴

任先生此次对于本会的贡献很多，尤其是关于蚕业方面贡献的特别多，所以我们把梁式堂先生的对子，赠给他，并希望他们继续努力。（于先生讲）

（九）郑长宗——奖字画一轴

郑先生很能代表中国人的精神，以前中国人都练武术，都会打拳，像郑先生今年七十三岁了，偌大年纪，还能打很好的拳，多么可敬，望大家都快练武术吧！练好了除了保护自己身家以外并且也能打日本人！（于先生讲）

大家你看这几位得奖的多么荣耀，希望大家以后都要注意和努力，于各种改良，来年再开会时，尽把整株整套的好东西送来展览，比今年更荣耀，此次凡是送展览品来的诸位，都请到农场去领回展览品与奖品，此外还有三百多份奖品，不在此处发了！

山东乡村建设研究院试验县区第一届农品展览会参观人数统计表

类别 \ 人数 \ 时间	十一月五日	六日	七日	八日	四天总计
	第一天	第二天	第三天	第四天	
男子	六三五九	四四八三	八八六七	三四八四	二、三一九三
妇女	二一三三	一八六〇	三二七九	二二四六	九五一八
儿童	一七〇〇	三一二三	五〇六六	二七八二	一、二六七一
男子团体	三一	四〇七	九四	四一	五七三
妇女团体	〇	一〇一	四	〇	一〇五
总计	一、〇二二三	九九七四	一、七三一〇	八五五三	四、六〇六〇
说明	以上四天共计参观人数——四万六千〇六十人				

农品展览会得奖姓名表

▲田艺

特奖四名

姓名	出品	区别	村名
李伯辰	各种种子标本图表	六区	辉里庄
王中孚	棉花种子标本图表		城里
夏尔芹	小麦	四区	萧家庄
刘振业	棒子	二区	张家庄

优一等二名

姓名	出品	区别	村名
王新三	农品　份	三区	青杨店
王中林	美棉	五区	丁家庄

优二等共三十三名

姓名	出品	区别	村名
张化堂	高粱	一区	城内
田华序	高粱	二区	魏家庄
张隗兰	黏高粱	二区	陈家庄
张汉清	黏高粱	二区	吕家庄
杨守齐	高粱	二区	韩家庄
国继祥	棒子	淄川	
王玉凤	美棒子	第五区	仓廪庄
王子真	美棒子	第三区	周家庄
刘仲仁	黍子	第二区	车郭庄
景舜堂	小麦	第三区	黄山前
贾在之	大青豆	第三区	西阳地庄
张世太	大麦	第二区	代庄
刘庆一	谷子	第二区	耿家庄
王之文	红谷子	第一区	西关
鄢庆伦	红谷子	第三区	鄢家庄
李守本	青豆	第三区	周家庄

吕生福	黑豆	第三区	南遥家庄
宋绍江	谷子	第七区	花沟镇
郭一为	麦子	第四区	马庄
陈凤五	芝麻	第六区	小阵家庄
程何朴	生		
魏振东	白豆	第六区	之家庄
张尊汉	黑豆	第三区	张家庄
王月兴	虎眼豆		
陈守峰	花豆	第三区	时家庄
冯子杰	地瓜	第六区	冯家庄
刘春秀	黑豆	第六区	梁三里曹庄
李景燐	小金黄豆		梁四里西南四庄
赵慎吉	旱棒子	第二区	西窝陀庄
王作梁	红稻子	第五区	上口庄
王鸿安	大黄豆	第五区	二辛庄
李洪安	大黄豆	第五区	长七里辛庄
张维动	高粱	第四区	城子庄

优三等共十名

姓名	出品	区别	村名
刘录周	高粱	一区	西关
季继祥	棒子	五区	大王陀庄
植宗赵	棒子		城内
张木上	猫眼豆	一区	西关
李允升	棉花	三区	东范庄
牛继之	白棒子	七区	胡家套
孙亮	白高粱	一区	东关
李鸣章	红棉花	七区	花沟镇
成玉孺	小麦	城内	职业小学
张纬桐	兔眼豆	五区	张家庄

一等奖共二十名

姓名	出品	区别	村名

成彦福	棒子	二区	
田玉庆	黑豆	二区	魏家庄
韩志勤	高粱	六区	蔡家庄
杜守耐	红谷子	三区	东杨堤庄
贾连三	黑芝麻	三区	景家庄
李永业	小麦	二区	杨家寨
陈奉五	高粱	一区	南关
夏树橘	麦子	四区	萧家庄
杜景诘	高粱	三区	东杨填庄
张魁轩	高粱	五区	景家庄
刘凤明	高粱	二区	代庄
张连元	毛眼豆	一区	西关外
刘光三	谷子	二区	苏家庄
高仲俭	棉花	二区	耿家庄
崔林虎	棉花	七区	胡家庄
苏殿宗	皮硝	六区	五户庄
阎起彪	桑叶	四区	小店
隗振珠	棒子		章丘大沟□
崔明云	小棉花	第七区公所	
蔡志芹	高粱	六区	蔡家庄

二等奖共二七名

姓名	出品	区别	村名
王新水	棒子	第三区	范庄
李营业	大麦	第三区	杨家寨
王永贞	高粱	第一区	西关
刘眉田	大青豆	六区	陈家庄
韩明德	高粱	一区	安家庄
范立刚	高粱	五区	牛家官庄
王宝庆	棒子	一区	北关
刘学禹	大麦	五区	景家庄
高英魁	棒子	七区	高旺庄

马希珍	棒子	三区	七里堡
辛为荣	高粱	三区	周家庄
袁吉山	谷子	四区	伏十四里
徐光祥	高粱	四区	西颜里庄
李韶荣	大豆	四区	左家庄
耿秉法	黑豆	五区	耿家庄
王一中	黑眉大黄豆	四区	小王陀庄
孙鸿兀	大青豆	三区	郭家庄
释秉明	豆子	四区	释家套
张香坡	谷子	二区	陈家庄
侯振明	白谷子	三区	刘家庄
贾在之	黑豆	三区	杨堤庄
刘怀德	蒜□	一区	伏三里赵家庄
王兴煜	黄豆	三区	东范庄
高永清	芝麻	五区	耿家庄
吕云怀	芝麻	三区	耿家庄
刘一善	芝麻	二区	刘家庄
徐伯衡	棉花	二区	郭庄

三等奖共三十六名

姓名	出品	区别	村名
王玉圃	白棒子	七区	东左庄
刘佩瑔	高粱	章丘	回材
孙秉衡	麻楷	五区	醴四里西闸子
张守田	苇子	二区	醴一里浒山铺
张青云	苇子		
郭以忠	高粱	四区	长一里马庄
李家动	芝麻	三区	伏一里东范家庄
孙原立	谷子	五区	醴五里牛家官庄
朱守谟	棒子	三区	伏三里段家庄
张启福	棒子	三区	伏三里柳家庄
张念宽	高粱	三区	伏七里见埠庄

马文齐	黍子	六区	梁一里孙家镇
蔡志勤	黑豆	三区	梁一里
张荣身	黏高粱	二区	醴二里代庄
颜景升	棒子	二区	伏四里韩家坊
石方炳	青豆	二区	伏二里孙家庄
杨继贤	兔眼豆	三区	伏一里东北范庄
杨岱峰	棒子	四区	伏十一里官庄
孙亮	白高粱	一区	东关
朱凤恩	高粱	三区	孟家庄
朱昌营	洋玉蜀	一区	城内
张连三	棒子	一区	西关
李居仁	高粱	五区	二辛庄
夏芳洲	高粱	四区	萧家庄
杨德恒	花豆	四区	官庄
刘学孟	黍子	五区	景家庄
王允执	棒子	五区	仓廪庄
李世义	棒子	五区	大王陀庄
李绍九	棒子	三区	南范庄
李思荣	黍子	六区	小陈家庄
阵德圃	黄豆	五区	宋家庄
赵怀堂	高粱	一区	北关
孙维堂	高粱	五区	牛家官庄
孙教五	谷子	五区	牛家官庄
王献宝	紫棉花	六区	大陈家庄
姜震东	兔眼豆	一区	北关

▲园艺

优一等共三名

姓名	出品	区别	村名
耿茂宏	柿子	二区	伏五里香山前庄
李云亭	南瓜	二区	伏四里李家庄
蔡志芹	地瓜	六区	梁一里蔡家庄

优二等共十七名

姓名	出品	区别	村名
李毓尚	柿子	二区	伏三里贺家庄
刘来亭	柿子	二区	醴一里刘家庄
刘方德	白罗卜	二区	伏四里十里铺
李子英	青罗卜	二区	伏三里贺家庄
张玉峰	罗卜	三区	伏二里乔木店
李英华	葫芦	二区	伏三里石家庄
王继东	王瓜	五区	长七里仓廪庄
景德齐	地瓜	五区	醴三里高家庄
刘光澄	地蛋	二区	伏四里马家庄
刘延华	地蛋	二区	伏四里刘家庄
王继荣	茄子	三区	伏七里鄢家庄
王云峰	山药		职业小学
刘毓珩	大葱		章丘回村
崔福慎	玄□	四区	长一里成子庄
贾照海	香圃	三区	伏二里乔木庄
时传山	芥菜		伏十二里太和庄
冯焕宁	蚕	二区	三里郭庄

优三等共四名

姓名	出品	区别	村名
李文武	葫芦	四区	长一里马庄
崔宜成	白菜	三区	伏七里石家庄
高振纬	芋头	三区	伏六里韩家庄
李恩亭	红罗卜	三区	伏一里北范庄

一等共十二名

姓名	出品	区别	村名
王庆祥	葫芦	三区	伏六里杨家寨
赵振德	丝瓜	二区	伏三里抱印庄
赵灵云	大架爪	三区	伏一里北范庄
张秀坡	葫芦	二区	醴一里陈家庄

孙玉江	托柿	二区	伏四里孙家庄
崔义中	南瓜	二区	伏三里崔家营
张以注	柿子	二区	伏五里太和庄
宋希宏	地蛋	三区	伏六里段家庄
安玉秀	麻秆	二区	醴六里浒山铺
贾连三	丹桂	三区	二里景家庄
李贵信	丹桂	三区	伏二里代庄
成广滨	水□□	二区	伏四里成家庄

二等共八名

姓名	出品	区别	村名
王�青	南瓜	三区	见埠庄
孙清源	柿子	二区	孙家洼
郭念礼	水罗卜	三区	伏二里景家庄
刘灌夫	吊瓜	一区	西关
李允芳	罗卜	二区	伏四里小李家庄
韩光瑞	□	五区	长七里刘楷家庄
张福才	水罗卜		伏十二里太和庄
吕其明	南瓜	三区	伏六里大杨堤庄

三等共五名

姓名	出品	区别	村名
韩景盛	南瓜	一区	南关
王晋三	玄□	三区	伏七里南禄家庄
隗振乾	红水罗卜	章丘县大沟岸	
李树有	丝瓜	二区	伏五里象伏庄
张锦堂	木瓜	三区	伏四六里北木家庄

▲家庭工艺

特等一名

姓名	出品	区别	村名
王象贤	纺穗车	第三区	东莒家庄

优一等共五名

姓名	出品	区别	村名

张继宗	紫棉布	第五区	张家庄
张寿亭	捻线山绸	第三区	南禄家庄
职业学校	蚕具及各种图表	第一区	城内
格玉鲸	牛毛毯子	齐东县	
宗成宝	黄丝	第二区	郭庄

优二等共十七名

姓名	出品	区别	村名
赵玉纯	七丝罗	第三区	樊家庄
王世桐	棉绸	第二区	郭庄
成延坦	布帽	第二区	郭庄
石深山	土布	第六区	霍家坡
徐光清	生丝绸	第四区	姚家庄
张李氏	花棉线毯	第七区	沙高家庄
孙梅村	小花方格布	第五区	牛家官庄
赵成济	兰绸	第三区	石家庄
王永贞	紫花布	第五区	王家寨
马维杰	白布	第六区	孙家镇
恒丰	毛头纸	第七区	花沟镇
赵兰谱	干粉条	第三区	樊家庄
刘嫦娥	绣花枕头	第一区	北关
赵允中	铁锁	第三区	樊家庄
本县监狱	口袋		
张立功	口袋□子	阳信县	
刘玉娘	黑白线布	第七区	石门庄

优三等共三名

姓名	出品	区别	村名
时尚宽	花布	第六区	时家庄
张志伦	家庭女工	第一区	西关
刘一善	青麻	二区	刘家庄

一等共十四名

姓名	出品	区别	村名

王焕中	□鞋	二区	会仙庄
王玉圃	褥面	五区	东左家庄
赵思绅	绵网	二区	东窝陀庄
张宝安	□鞋	三区	乔木庄
孙紫宝	小方格花布	五区	牛家官庄
王中孚	紫花土布	五区	仓廪庄
赵世楷	花布	六区	冯家庄
张永官	花布被面	五区	张家庄
杨遇春	枕头	一区	南关
孙荣琳	麻绳	二区	韦家庄
邹平监狱	草垫		
广济蜂场	蜜	二区	贺家庄
高景嵴	柳条花篮	七区	双柳树庄
宋照棠	□□	一区	西□里

二等共七名

姓名	出品	区别	村名
王馨三	口袋	三区	青阳店
彭修德	条线	二区	韦家庄
王喜标	络线车	三区	樊家庄
贾连三	穗车子	三区	贾家庄
曹志真	牛笼嘴	四区	曹家庄
李冠南	络线车	三区	禄家庄
张长吉	制穗机	城内	

三等共三名

姓名	出品	区别	村名
赵怀荣	鸭蛋	三区	西窝陀
恒丰	细挂面	七区	花沟镇
邹平监狱	兜肚子		

▲畜牧

鸡鹅

优二等一名

姓名	出品	区别	村名
贾□堂	鸡蛋	三区	丁家屯

优三等共三名

姓名	出品	区别	村名
慎德堂	灰色鹅	三区	樊家庄
曲永德	白绒毛双冠五爪鸡	四区	旧口庄
孙荣琳	小绒毛鸡	三区	韦家庄

蜂

优二等一名

姓名	出品	区别	村名
广济农场	蜂蜜	二区	贺家庄

▲农具

特等一名

姓名	出品	区别	村名
张建信	耕锄	七区	仁马寨

优一等一名

姓名	出品	区别	村名
刘思庆	鸳鸯灌	三区	吕家庄

优二等一名

姓名	出品	区别	村名
薛秉锟	飞叉	一区	东关

山东乡村建设研究院邹平试验县区第一次农品展览会农品集征簿

（一）征集办法

（1）县政府发出征集通告着各区里长征集并帮助学院学生征集之

（2）请各机关职员及各小学教员征集之

（3）征集员须将征品分别填写于登记表内

（4）征集簿务于旧历九月十日以前送交山东乡村建设研究院农场或本县建设局

（5）应征农品须请产主加以整理或装饰再行送会

（6）应征农品可暂由产主保存俟开会时再行通知送会展览

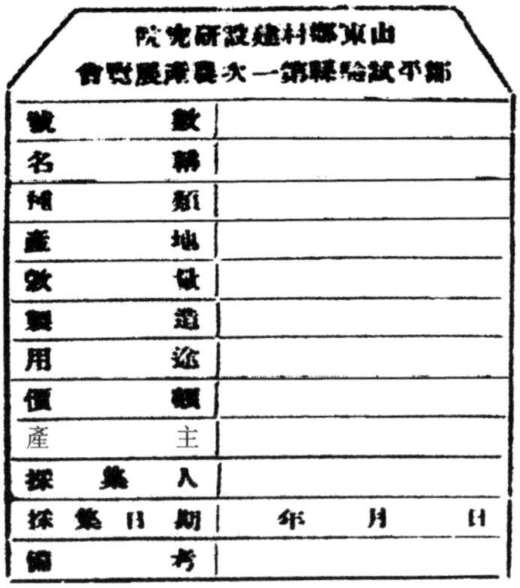

山東鄉村建設研究院
鄒平試驗縣第一次農產展覽會

號數	
名稱	
種類	
產地	
數量	
製造	
用途	
價額	
產主	
採集人	
採集日期	年 月 日
備考	

（二）征集种类

（1）五谷——谷子、黍、稷、□子、棒子、豆子、大麦、小麦、芝麻。

（2）桑棉麻蚕丝茧种林产

（3）蔬菜果品

（4）花卉

（5）家畜家禽及其品产

（6）农产制造品

（7）农作物病虫害及其药剂

（8）农具

（9）家庭工业用具及其产品

（三）征集数量

（1）以穗计者三穗至五穗

（2）以株计者二株至四株

（3）以个计者十个至二十个

(4) 以量计者半升至一升

(5) 以重计者一斤至三斤

(6) 以件计者一件至二件

(7) 以套计者全套

(四) 奖励办法　分个人奖与团体奖两种

(1) 个人奖励办法

甲、展览品等级分上中下三等

乙、奖品分头等奖二等奖三等奖及特别奖

(2) 团体奖励办法

奖状

(五) 征集品登记表

里庄	出品人	展览品	数量	征集人	备考

大会中的零碎消息

(一) 开幕情形

本月五日上午九时半在民众大会场，举行开幕典礼后，首由主席孙廉泉院长报告开会宗旨，继有青岛商品检验局代表王承钧，青岛大学农场主任任济民，县党部及各机关相继演说，末并由试验县区主任梁劫诚致答词，亘时两点有余，参加者除各机关外，并有农民五六千人欢欣鼓舞，备极热烈。

（二）展览概况

展览品种类极多，有由本院学生自行采集者，有由农民送往陈列者，并有青大农学院之棉花表证展览，山东第二棉业试验场各种农具，以及青岛商品检验局之牛瘟血清治疗等等，共计万余种。此外并加入各项游艺活动，如金陵大学之农业电影，本院之讲演团，国术团等，尤能惹起一般农民之注意，故四日来，每日前往参观之农民不下二万余人。

竞呼大猪　本院为改良猪种起见，曾由定县运来波支猪数头，有大如小犊者，体重六百余磅，自开学后，城区附近猪种，多已改良，现在展览会中，即挑选最大者陈列于畜牧场中，一般农民，见者莫不惊讶，故会场中竞赞大猪之声不绝于耳。

奖品满室　本院为鼓励农民起见，购有奖品多种，凡农民送往陈列之农品，具依照品类优劣分别给奖鼓励，并组有品奖委员会，专司评定奖品事宜。所有奖品，共计数百种，省府各厅及县内各机关，皆备有奖品。韩主席送有匾额一方文曰“地不爱宝”，其他若银盾，锦标，字画等物，极多，五光十色，琳琅满目，北房二间，陈列已满，农民前往参观者，多欣赞不止云。

老当益壮　国术场中，忽来一不知姓名之乡人，年已八十余，须发皆白，突然入场，自言能技击，径去枪架上取棍棒一条，且舞且讲，意殊恳挚，或怜其老，劝其稍事休息，不愿也，表演约两小时之久，始徜徉去。

闭幕及发奖式　自五日开幕以来，参观者真是人山人海，倾山倒谷而来，每日都有一万多人。原来是规定的七日闭幕，因要求展期的人多，改为八日闭幕，啊！这一日真不得了，参观者竟达两万余，会场秩序，既各项游艺活动，均极整而不紊。而国术场之技击，讲演团之反日宣传，尤能惹动一般农民之注意；听到暴日在东省之酷行，率皆擦掌愤慨。其他各种展览室中说明员亦殷殷向农民解释，参观农民，亦絮絮询问，若津津有余味然。九日上午十时，在城内民众大会场，举行发奖仪式，其给奖等级，事前业经奖品委员会，数度磋商评定，计得奖者四五百名，特将七名，第一名获得韩主席匾额一方，其次得有银盾及改良猪等物。所有奖品，除省府各机关，既本院师生赠送者外，尚有县府四局合制之奖章多方，其给发特奖之标准，多以含有普遍性，及创造性者。借此可使得奖者，推广及创造之性，益形奋发，故此次特奖中，有以废轮制成之纺□机，有早熟多收之玉蜀黍，有改良耕锄之模型等。并为鼓励起见，所有特奖，悉在民众大会场当众唱名发给奖品。委员会，并随时说明给奖之理由，发奖仪式，极为隆重，参加观礼民众，约万余人，国乐悠扬，倍极热烈云云。

山东乡村建设研究院
农业改进实施报告

山东乡村建设研究院编印

山东乡村建设研究院
农业改进实施报告

本院附设农场于二十年夏间筹备就绪，一面为棉麦猪鸡等育种之试验，一面即从事农业之推广与宣传。为经济与人才所限，极鲜可以报告之成绩。惟因本院办有乡农学校以教育的方式引起人民对于改进农业之注意，以故在推广方面颇为顺利，除正在试验进行中各事项，俟有结果再为报告外，兹将已经试验与办理各事项简单报告于后。

（壹）推广脱里斯美棉种子

二十一年

一　推广之缘起及实施办法

邹平县北境，向系产棉区域，近因品种退化，品质低劣，农村经济，大受影响。本院有鉴于此，遂划定四五六七区为棉业改进区推广改良脱里斯美棉，以期增加生产，而裕民生。兹将进行事项，略举如下：

1. 目的——提倡普及种植纯良美棉，代替一切不良棉种，造成美棉纯种区。

2. 区域——推广区域，现因纯良种子数量之关系，先以孙家镇附近村庄为起点，渐次扩展。

3. 棉种——规定以脱里斯美棉为推广品种，其种均经驯育多年。第一年先贷给表证农家种植，秋后所收之种子，用作翌年普通农家种植，普通农家连续种植数年后，经鉴定种子退化时，再行更换新种。

4. 表证农家——就每一庄村全棉田地积所需纯良棉种数量之多寡，择定表证农家若干户，其户数以所繁殖之种子，足供本村普通农家作种之用为标准。表证农家之择定，须以中产集约之农家，棉地接连成片段者为合格。表证农家择定后，逐年贷给纯良棉种，俾其栽培繁殖，秋后所轧取之种子，除照原领数归还以便续增表证农家外，余者议定价格，供给本村农户作种之用。兹附表证农家领取棉种规约于后：

表证农家领取棉种规约

（1）表证农家领取之棉种，以脱里斯美棉棉种为限。

（2）领取棉种表证农家暂以邹平试验区第六区各村乡农学校成绩优良学生为限。其他普通农户欲作表证农家者，须向本场另行接洽，由本场审查认可后，方行发给，但包装费及转运费由领种人自备。

（3）凡领得棉种之表证农家，须声明愿照本场种植方法实行，当下种匀苗除草等重要工作时，本场有派员指导之责任，表证农家亦有服从照行之义务。

（4）本场开农品展览会时，表证农家有出品陈列之义务，成绩优良者，酌给奖品或名誉奖励。

（5）表证农家，得享受请托本场轧花及代销花衣之利益，轧花不取工资，只保留种子，借补损失；但另由本场发给更良棉种，以备下年种植之用。

（6）表证农家，所收获之新棉种，除偿还发给之种量外，余种由本场备价购买，或代为设法销售，以便推广。

5. 栽培及选种——领种农户，每户发给种棉浅说及选种浅说各一册，以作参考。指导员随时巡行乡间，实行田间指导，表证农家如遇棉作上之问题，并当协助解决。

6. 轧花及运销——各村表证农家所产之籽棉，为保持纯洁起见，以各自轧花为宜，所轧出之花衣，共同销售之。俟其全村美棉普及，而一村之美棉运销合作社成立时，各项问题可共同办理之。

7. 种子交换所——各表证农家所产之优良棉种，照议定价格，悉数送交其本村种子交换所收存，种子交换所将此项种子，照公议办法，分配本村各农户种植，各普通农户所轧出之种子，经鉴定尚属优良者，代为出售，供给他村种植之用。

8. 宣传指导及调查——春季赴乡村宣传种植纯良美棉之利益，择定表证农家，登记需用纯种之数量。分发棉种后，即宣传植棉方法，并指导粒选棉种法。播种时巡行田间，实地指导。五月调查各户出苗情形，指导补种及匀苗手续。六七月间，指导锄草中耕及施用新农具，与驱除病虫害法，并施行去伪去劣之手续。八月指导打尖，整枝，及选种抬花等手续，并调查棉花生育状况，估计产量，同时宣传运销合作之利益。九十月指导留种，合作轧花，并棉业贷金之通融。十一月指导合作轧花，保留纯种，并介绍纯良花衣之出售，同时调查各户确实产量。十二月将各户栽培状况，详查填表，比较研究其成绩。

9. 棉产品评会——秋收后，征集各种植棉农之产品，开棉花品评会，参照田间调查表，评定优劣，择优给奖，以资鼓励，并借此扩大宣传改良棉作之方法。

10. 取缔轧花户及棉商掺水作伪等弊端——年来各乡镇轧花户及棉商，为侥幸牟利计，花衣中掺水作伪等恶习，甚为盛行，以致市场无干纯真货，棉价贬低，纱厂棉农，多受其害，各地改良棉业，功效难著，此实为重要原因。本院已在推广区内，对于轧花户及棉商，随时宣传掺水作伪之流弊，并指导其组织公会，共同设法取缔，以期增高市场声誉，而利棉花销售。

二　成绩状况

本年计推广美棉种子四七八八斤，散布二七村一七四户，种地八七四·二亩，共收籽棉九七七二二斤。

附　改良棉作推广计划表

第六区美棉表证农家分布图

第六区各村美棉表证农家种棉面积比较表

各村表证农家户数比较表

产量比较表

山東鄉村建設研究院農場

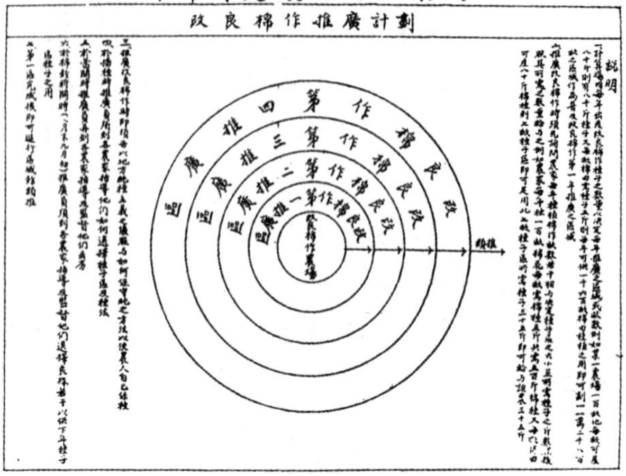

第六區美棉表證農家分佈圖

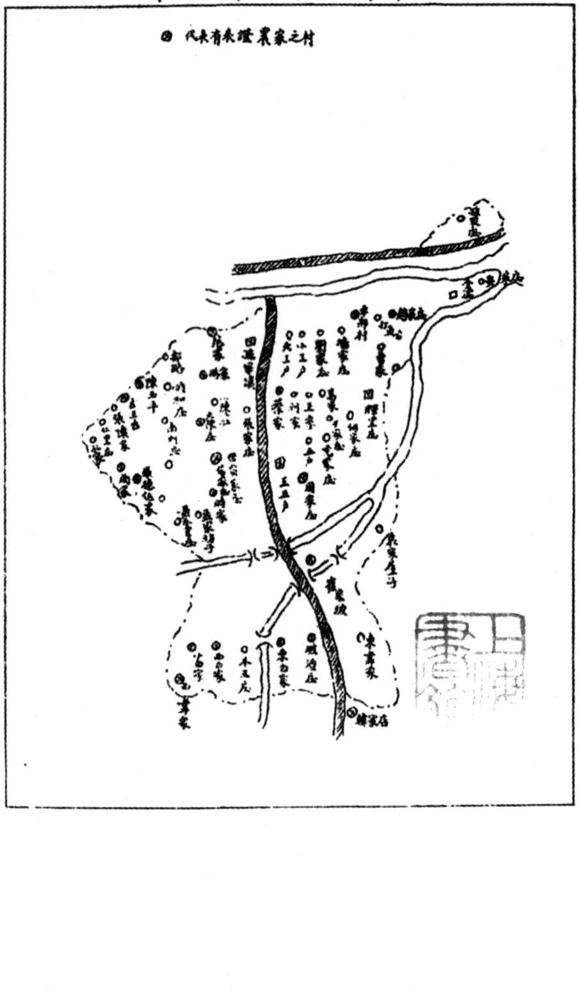

第六区各村美棉表證農家植棉面積比較圖

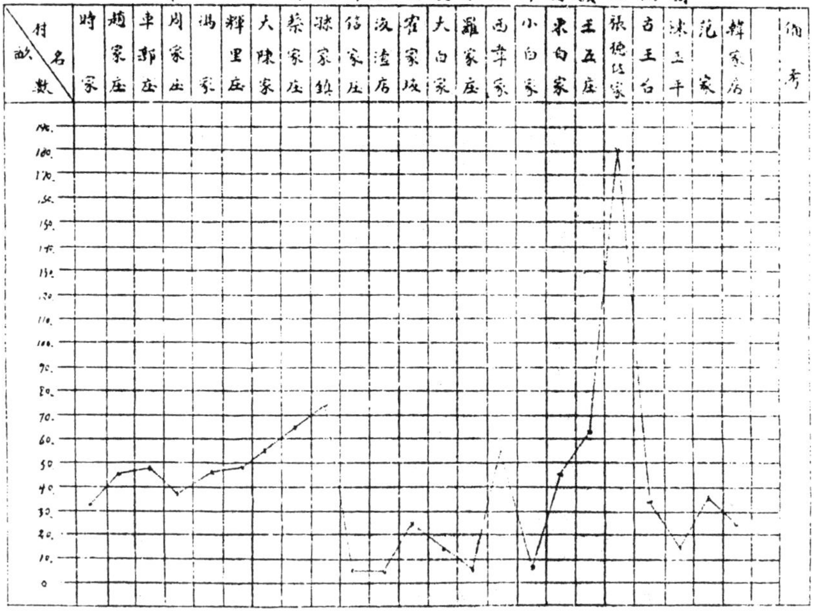

各村改良美棉表證農家户數比較表

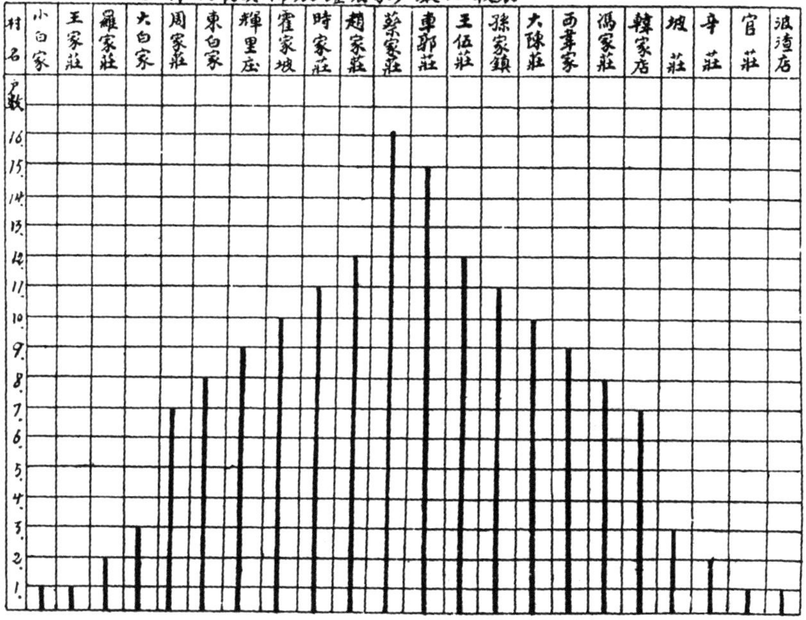

產量比較表

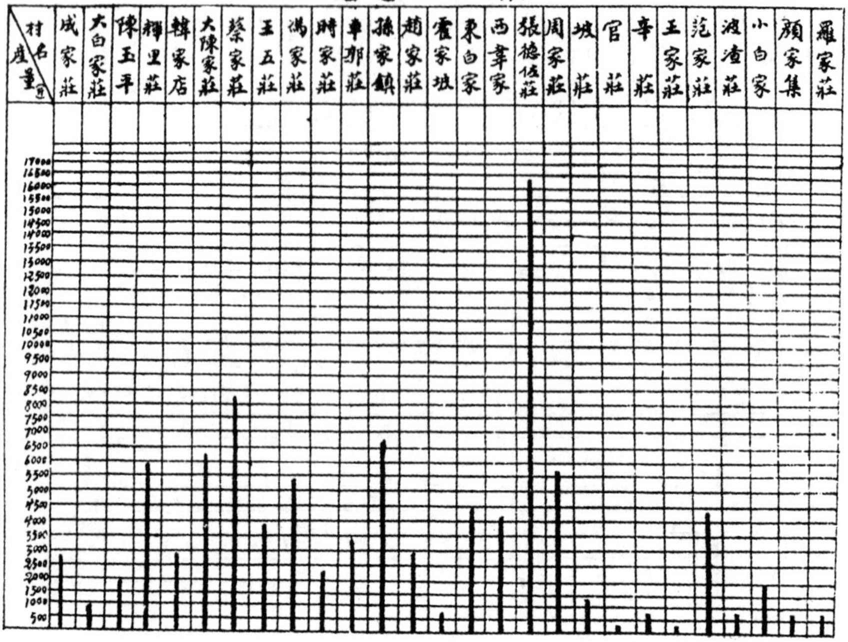

（贰）倡办梁邹美棉运销合作社

一　倡办缘起及实施办法

曩者梁邹（考邹平第六区，为古梁邹地，合作社命名梁邹，即本此义。）美棉，因日本纱厂，每年秋后设庄收买，棉农固甚有利。近因中日感情恶劣，到处抵制日货，日本纱厂顿形荒凉，而此地棉花销路大受影响；更兼棉农识浅，不善保种，坐令退化，所出棉衣，不合纱厂需要；以及奸商稗贩，不讲信用，从中舞弊（据当地棉商云：十成美棉，掺三成中棉，百斤花衣，使上四五个潮，尚不为过，此外如掺棉籽，使粉子等情，也是有的，）以致将梁邹美棉旧日声誉扫地，而市价大跌矣。虽有本院推广之良种，纱厂亦不肯轻易试用，因此乃由乡农学校宣传运销合作之利益，几经酝酿，遂有梁邹美棉运销合作社之成立。兹将合作社简章细则录之如下：

（甲）梁邹美棉运销合作社各村分社通用简章

第一条　定名：本社定名为梁邹美棉运销合作社某某村分社。

第二条　社员：凡本村忠实勤劳之农民种有棉花者，皆可为本社社员。惟入社后，社员有违犯本社章则者，经社员大会议决，得与以警告，或除名之处分。

第三条　资金：本社无固定之资金，需用款项时，由社员大会议决，得临时集摊，或向总社请求借款。

第四条　职员：本社社长一人，干事五人，得由社员大会推选之，任期一年，连选得连任。

第五条　会议：

一、社员大会由全体社员组织之，每月开会一次，遇必要时，得由社长随时召集。

二、干事会，由社长及干事组织之，会期由社长于必要时，随时召集之。

第六条　营业：

一、采集事宜　各社员棉花收成后，俱须交付社内，以便共同送交总社运销。

二、收存事宜　社员送交棉花时，本社得按户分等收存，如发现社员棉花有使水掺假诸情时，得即时退回其棉花，并得酌量情形，提交社员大会议决，与以警告，或除名之处分。

三、运送事宜　棉花收集后，即由社内运交总社评定等级，本社并得按棉花质量，向总社请求借款。

四、贷借事宜　交来棉花之社员，如急须用款时，得向本社请求借款，社内得按总社借与数目，及该社员棉花之质量，与以相当借款。

五、分配事宜　总社将贷品销售后，发来货价，社内除扣除各种用费及公积金外，余俱依各人所交棉花之质量分配之，惟先期向本社借款之社员，得扣除其借款之本息，发还其余额。

第七条　种植：

一、本社社员俱须一律种植改良脱里斯美棉，不得混种。

二、本社社员所用种子，概由本社供给。

三、本社社员须于播种前两月，将所需要量，报告本社，以便汇报总社，请予发给。

四、本社社员须依照总社所颁布选种方法，施行选种手续，其所产之棉子，作价留社，以便推广。

第八条　公积金：

一、本社公积金按红利十分之二提充之。

二、本社公积金由干事会保管，其用途由社员大会决定。

（乙）梁邹美棉运销合作社简章

第一条　定名：本社定名为梁邹美棉运销合作社。

第二条　宗旨：本社以办理事业区域内各村美棉运销合作事宜以促进乡村经济之发展为宗旨。

第三条　区域：本社暂以邹平县第六区及其附近各村庄为事业区域。

第四条　社址：本社社址暂设于孙家镇。

第五条　社员：本社以事业区域内各村分社为当然社员，但如有自请出社经社员大会之认可，及有违犯本社之章则，经社员大会之决议，认为必须除名者，得取消其社籍。

第六条　资金：本社资金无定额，得按需要随时由社员大会决定向本社社员融借，或向外举行借款。

第七条　职员：

一、本社设社务委员三人，总理全社之事务，由社员大会推选之，任期一年，连选得连任。

二、各社须互推一人为主席，负社务提挈之责。

三、各委员俱系义务职，但得由社员大会决定提出红利若干为奖励金，其在社内办公时，所需膳宿费等数目，亦由社员大会决定之。

四、社内事务繁忙时，各委员得斟酌情形，雇用短期之雇员一人至二人。

第八条　会议：

一、社员大会：社员大会为社务决议之最高机关，以各分社之社长或其代表人为法定出席人，每两个月开会一次，遇必要时，得由社务委员随时召集之。

二、社务委员会：社务委员会由社务委员组织之，每半月开会一次，遇必要时，得由主席随时召集之。

第九条　营业：

一、收集事宜：各分社采集棉花，俱须送交社内销售，送社日期由社务委员先期通知之。

二、评定事宜：棉花收入时，即由社务委员，当同该分社之社长或其代表人，评定等级，如发现有使水掺假等事，得即时退回其棉花，并得斟酌情形，提交社员大会议决，与以警告或除名之处分。

三、整制事宜：棉花评定等级后，本社得应用租借或制备之轧花机、打包机、打油机等设备，将棉絮棉籽加以相当之整制，使之便于销售。

四、贷借事宜：各分交来棉花有即时需用款项者，得按其棉花质量，酌与若干之贷款，但至多不得过货品市价之七成，利息由社员大会酌定之。

五、销售事宜：棉絮棉籽整制后，须共同销售，其销售地点时间及方法，由社务委员决定执行之。

六、分配事宜：货品销售后，所得货款，除扣除各种费用及公积金外，余俱依出售等级及数量分配之，惟先期向本社借款之社员，本社得扣除其借款之本息，发还其余额。

七、选种事宜：本地试验成功之适宜棉种，得由本社采集分配于各社员，以期本社产品标准化。

第十条　公积金：

一、本社公积金按照纯利百分之十提充之。

二、本社公积金由社务委员保管，其用途由社员大会决定之。

第十一条　责任：本社如有意外损失，其责任由全体社员共同负担之。

第十二条　本社各种办事细则另定之。

第十三条　本简章自经社员大会议决公布之日施行。

第十四条　本简章如有不适宜处，得由社员五分之一人数之提议，提交社员大会议决修改之。

附　梁邹美棉运销合作社采集棉花标准

（1）合作运销棉花以干白纯净美棉为限。

（2）改良美棉均以籽棉送社共同轧花选留种子为原则，其籽棉概不许掺杂普通美棉或中棉，如有拾花不清洁而杂有殭瓣着色花朵及草叶等者，须各自剔除净尽，符合甲等标准棉样时，方得过称入社。

（3）普通美棉均以花衣送社，不许杂有中棉及霜后棉花，更须轧花干净，不得杂种籽叶片砂土及其他夹杂物，符合乙等标准棉样为合格，否则不得过称入社。

(4) 送社棉花不论籽棉花衣，均以原干为标准，不许加潮，(其原干公允之含潮量规定为百分之十)，如有含潮过大者，由原主晒干俟与标准符合时，方准入社。

(5) 改良美棉及普通美棉，由委员会妥制标准棉样（籽棉、花衣）三份，以二份分存于霍家坡王伍庄两收花处，作收棉标准，以一份封存社内以备对照。

二　成绩状况

共组成村分社十五处，计社员二百一十九名，收集改良美棉花衣一万二千二百九十四斤半，于十月间卖于济南中棉历记，每百斤花衣价值四十八元。按当时当地市价，每百斤花衣至多不过售洋四十二元。则本社每百斤花衣多卖洋六元。除价格提高外，尚有利益数端，开列于后：

(甲) 免去剥削：花栈代客商所卖之棉花，概按百分之十二抽收经手费，缝包扛力每包收费四分，存栈棉花保险以一个月为单位，一个月零一天按两个月计算，其费用由客人担负，花已到栈后，每包收栈租六分。花栈除以上各项对本社概予免除外，对本社所出之改良美棉照青岛最高价值加两元代为出售。

(乙) 流通金融：棉农困于经济，新花收获之后，势须急售，价值因而低廉。本社因能向中国银行低利（八厘）借款，转借于社员，经济问题解决则棉花自可存社待价出售矣。

(丙) 恢复市誉：严厉禁止使水掺假等事，俾棉花完全标准化，则易招纱厂之光顾。

(丁) 保持良种：棉质优良，售价方高，则棉农必均种良种，而在社内轧取之棉子，处置适当，又可免去与不良棉种混杂也。

(戊) 组织农民：经此一番合作，向来散漫恶习，除去不少。

附　梁邹美棉运销合作社职员一览表

梁邹美棉运销合作社各分社一览表

梁邹美棉运销合作社各村分社分布图

梁鄒美棉運銷合作社職員一覽

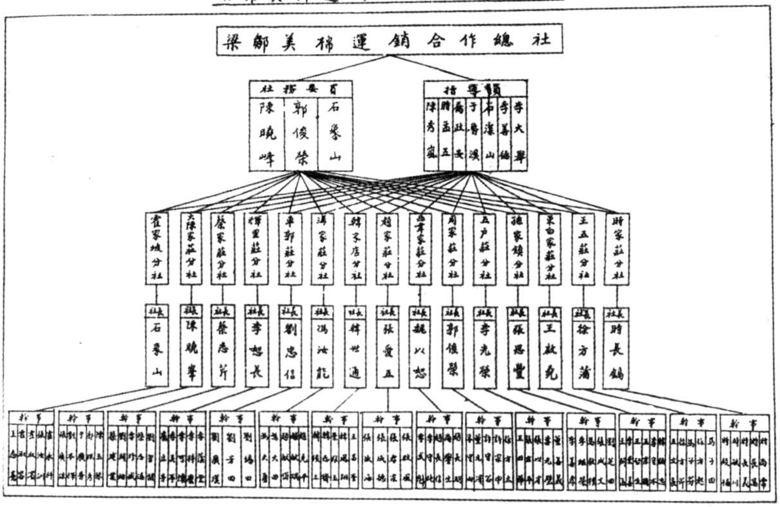

梁鄒美棉運銷合作社各分社一覽表

分社名稱	成立 年	月	日	社長	幹事	社員人數	備考
霍家坡分社	21	9	23	石象山	王志亮 霍淑吾 霍淑濱 張汝訓 霍永升	35	
大陳家分社	21	9	24	陳曉峰	張廣譚 劉本輝 尹廣譜 郭維秀 陳玉琴	15	
蔡家莊分社	21	9	25	蔡志芹	蔡建業 劉同緒 李珍威 蔡克超 劉曾盟	15	
輝里莊分社	21	9	25	李恕長	盧立亭 李美亭 李可讓 李梓慶 李蔭堂	16	
東郭莊分社	21	9	26	劉忠信	劉廣沅 劉方田 劉錫田	12	
馮家分社	21	9	26	馮汝能	馮大勇 馮大田 趙献儀 趙献瑞 趙克平	8	
韓家店分社	21	9	26	韓世通	韓俊三 韓志喬 景維王 韓獻翔 王昌奎	14	
趙家莊分社	21	9	27	張愛五	張盛海 張盛臨 張孝宗 張献鳳	11	
西韋家分社	21	9	27	魏以恕	李緒武 尚鑾生 李守純 趙長信 趙長明	17	
周家莊分社	21	9	27	郭俊棨	宋守田 董元澤 許守谷 許宗申 徐方太	11	
五户莊分社	21	9	27	李光棨	王田華 張若平 張以才 李光璧 董善義	18	
孫家鎮分社	21	9	28	孫思豐	李善孝 李繼棠 馮啟模 張成文 劉芝田	10	
東白家分社	21	9	28	王啟堯	王殿生 韓德忠 李守永 王同孟 李景善 王宗國	12	
王五莊分社	21	9	29	徐文蒲	徐方芹 馬芝芬 徐方超 馬之田 王文長	13	
時家莊分社	21	9	30	時長鎬	時啟福 時毓川 時長義 時長高 時孟五	12	

梁鄒美棉運銷合作社各村分社分佈圖

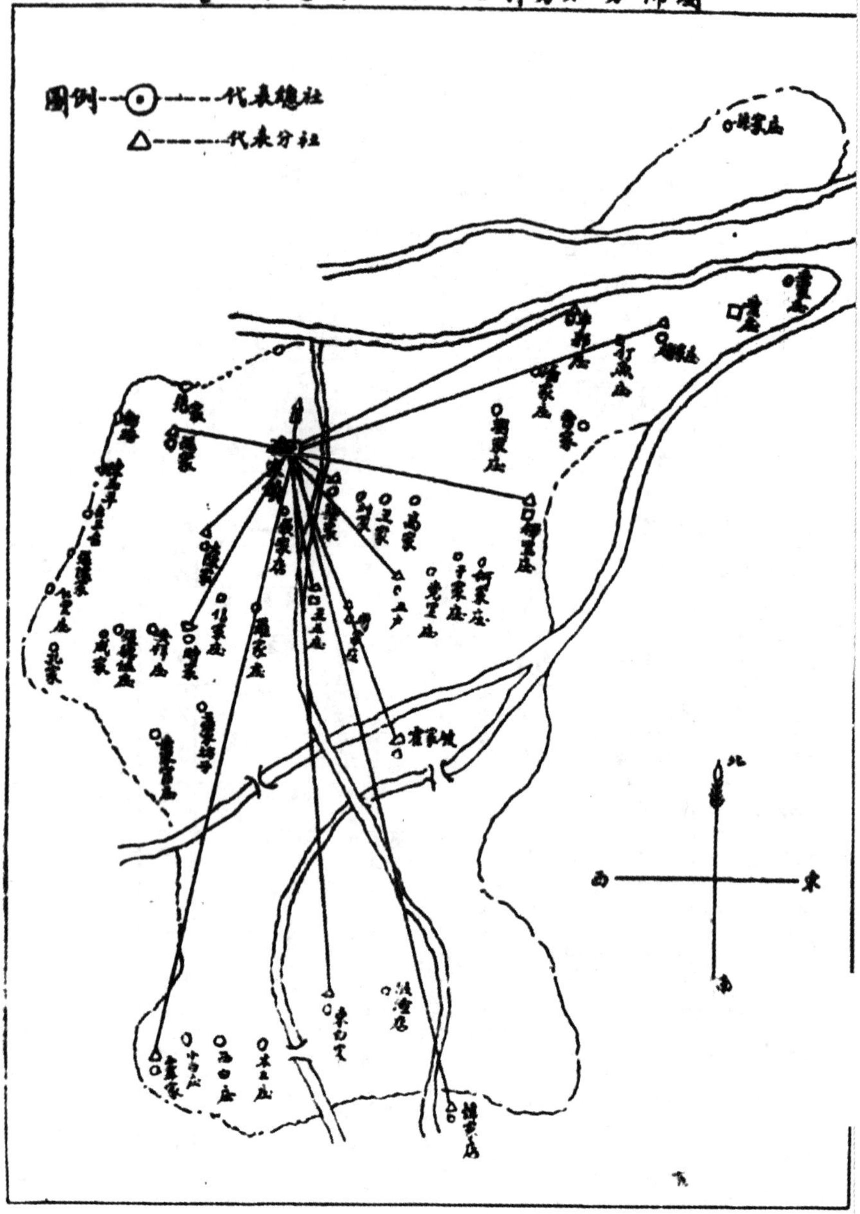

（叁）改良蚕桑

民国二十一年

一　改良缘起及实施办法

邹平一二三三区，农家副业以养蚕为大宗，据往年（五年前）情形估计，蚕茧丰收之年，每村平均产茧在三千五百斤左右。其最低茧价，约抵全耕地面积二分之一之麦作收入之丰；是农民生活之赖于蚕业者，实不在少数。但近几年来，因虫害，病害，蚕茧销路三大问题之发生，已致蚕业于破产之地位，兹将其情形分别述之如下：

（甲）虫害问题　该三区之桑树，于春初发芽时，即生一种专食桑叶之害虫，名为尺蠖，（状如小蚕，俗名蜓子，）食桑叶甚快；若置之不理，六七日间，便可全树皆空。据老农言，此种害虫之发生，距今已将近三十年，而其为害之烈，乃近八九年事也。普通农家，每于其初生四五日后，以木杆打落地上，然后杀之，此法为效极少；甚至有打四五遍而仍未除尽者，桑树每年受此重大之摧残，衰枯极快；故最近一两年间，农民伐桑之举，无处无之。

（乙）病害问题　据调查所得，该三区近几年来农民养蚕，往往至四龄以后将近结茧之际，即发生一种病害，二三日内，全体死去，其或较轻者，能余十分之二，已为万幸。如七里铺等村，往年产茧三千斤者，今者仅产二百余斤。农民以防治乏术，无不寒心，致有桑不养蚕，伐树作柴者，比比皆是，良可惜也。

（丙）养蚕之销路问题　周村（在邹平城东南三十里许）为旧济南道属各县茧丝汇聚处所，往年（民国十七年前）丝厂林立，机房极多，各县运往之丝茧，除当地销用外，尚有外客设行收买，茧丝之销路，本无问题之可言。乃近几年来，人造丝兴，土丝之销路，（大框丝）几尽为所夺，土丝出口之道塞，丝厂亦因之倒闭；日人驻周收茧之洋庄，复从中把持操纵，上下茧价，但农家之蚕茧既熟，恐其出蛾，价虽甚低，亦势必忍痛出售，如此，何人再肯白费心血，徒耗资财而从事养蚕耶？本院为振兴实业起见，不得不为之解决以上各问题，兹将实施办法叙述如后：

（甲）解决虫害问题　对于桑树之害虫——尺蠖生活史，加意考察之，而施以防治。防治之方法，以容易，省费，无害于桑，不妨于蚕为原则。兹将合以上条件之方法，略述如下：

1. 整枝　当养蚕将结束时，桑树枝条，完全剪去，致虫卵于死地，以免来春孵化。所剪去之桑叶，既可饲蚕，而树形又可美观也。

2. 除杀虫卵　冬季将桑树老皮用刀剥去，使虫卵完全冻毙。或用石灰水刷树皮，将附着树皮裂缝内之虫卵杀死。

3. 驱除幼虫　如桑叶上发现尺蠖幼虫时，在两三天内，用清水冲洗之，颇有效力。

（乙）解决病害问题　解决此项问题，有以下各事：

1. 换种　本县近五年来，蚕养至四龄以后，往往病死，是由于蚕种有病毒。必须去掉本地土种。以优良新种代之，既可免去病害，复可得优美茧丝，而售高价。其换种办法，系于催青期间，向各村乡农学校学生及村民，说明蚕业改进之办法，示以钱蚁所需之桑量，使各蚕户自由报名订种。

2. 催青合作表证及讲习　因农民自行催青，保护不易，且不合法，以致多病。兹由指导员主持合作催青，极其便利而且经济，蚕种既得适当之保护，而同时新法催青之表证农民，可得亲眼目观，既可转变其默守旧法之习惯，又可增加其新法催青之知识。其合作催青之办法，系于每四五村或十余村，选择一中心村庄，觅定房屋一所，作为催青室，由指导员主持其事；并由各村蚕户中各选干事一二人协助实习。催青用具，由本场借给，其属消耗物品，亦由本场代为垫款购买，俟蚕结茧售出后，按分蚁之多少，由茧价中扣除。其催青讲习，于蚕种催青之前，召集各村蚕户所选之干事，及乡农学校高级部学生，讲习蚕种催青及蚕具消毒等。兹将蚕种催青合作规程列下：

蚕种催青合作规程

（一）蚕户欲饲养改良蚕种并加入合作催青者，须将姓名住处及有桑叶若干等，报告本社。

（二）本社接收蚕户报告后，随时登记，支配种量给予合作社社员。

（三）本社合作时期，在清明节至谷雨节前后，凡十四天至十六天之间。

（四）合作催青室中，应用灯油煤炭等杂费，按分种多寡，平均计算，由社员负担之。

（五）催青期中，每上午九时至十一时，本社派员讲演催青收蚁及养蚕等方法，凡为社员，一律到社听讲。

（六）催青期内，每日酌派社员数人，在社轮流工作，归指导员指导之。

3. 表证蚕室及农民自有蚕具之合作消毒　蚕具消毒，为预防蚕病传染唯一之途径，农民养蚕连年失败之原因，即为不知消毒之故。但令其各自消毒，手续既属不便，费用亦极浩繁，故于催青期间，搜集各家蚕具于各村推蚕饲育合作表证室，共同消毒，事既简，而收效又广。

4. 饲育讲习　蚕之病死，与饲育亦有极大关系，故于催青期内，由指导员分别召集各庄乡农学校普通部学生，及村民，作蚕儿饲育之讲习，俾养蚕新法，普及于一般农民。

5. 稚蚕饲育合作及表证　所谓稚蚕，乃指一龄至三龄之小蚕而言，蚕在幼稚之时，饲育保护，稍有不当，身体即罹虚弱，于将来发育及抗病，大有关系；为饲育经济及便于管理计，合作饲育，最为必要。其办法：

（子）稚蚕饲育，只限于第一龄至第三龄眠起。

（丑）各村自觅大房三间，作为稚蚕合作饲育及表证室。

（寅）各村稚蚕合作饲育及表证，由指导员负责主持，由院派训练部学生二人，协助管理，各村蚕户推选干事一二人协助实习。兹将稚蚕饲育合作规程列下：

稚蚕饲育合作规程

（一）本社合作期限，自催青着手，至蚕三龄眠起为止。

（二）在催青前十天以内，蚕户须将姓名住址，及欲订蚕种张数，报社先行登记。

（三）登记之蚕户，即为本社社员，在合作期内，一切工作，须受本社指导员之指挥。

（四）合作期内，应用蚕具，暂由本社设法借用。

（五）蚕种催青及稚蚕饲育，皆以本社规定之种为限。

（六）支配蚕种时，以蚁量计算，不限张数。

（七）收蚁期限，约为三天，本社须视该日发生多寡，按次收蚁，分给社员，不得争先恐后。

（八）稚蚕用桑，由社员自给，每日应需多寡，由本社预先通知社员按时采入存记。

（九）合作期内，应需薪炭，油烛，净糠等类，均由本社代办，至合作期满按蚁量多寡，支配费用，由社员照数缴还。

（十）在合作期内，由本社导师及指导员，随时讲演催青及饲育等方法。

6. 大蚕饲育表证　于一龄至三龄稚蚕眠起，分散各家，即以该村之稚蚕饲育合作表证室，改为大蚕饲育表证室，前所用之蚕具，亦一概不动。即以各该村干事自养之蚕，应用新法，常育其中，直至结茧为止，以作全村蚕户大蚕饲育之表证。并由本院农场于中心村庄，自设饲育表证指导室十处——郎君庄，北逯庄，抱印庄，崔家庄，李家庄，乔木庄，景家庄，南逯庄，石家庄，见埠庄，作为各村表证蚕室之表证，及指导一切，而资彻底解决病害问题也。

（丙）解决销售问题　蚕既结茧，各蚕户以生蛾关系，必须急于出售；又加以各茧各卖，为数甚微，不足以引起顾主之注意；而顾主亦同时从中操纵，降低茧价。为解决此问题，乃组织运销合作社，共同干茧，缫丝，而运销之。为数既广；品质又好，故得顾主之乐于收买，而获善价也。而干茧所用之烘茧灶，则由本院备款建设一较大之烘茧灶，以供本院农场及合作社之应用。兹将蚕茧合作运销办法，录之如后：

1. 合作运销之蚕茧，以本社社员饲育改良蚕种（诸桂·新元）所结之蚕茧为限。

2. 合作运销之蚕茧，酌分上中下三等，于蚕茧收集时，由本社蚕茧品评会评定之。

3. 由社员中公推评判员三人，并聘请本社蚕师及指导员共同组织蚕茧品评委员会。

4. 合作运销蚕茧之品评标准，约分四项：（一）纯净，（二）色泽，（三）重量，（四）厚薄百分比。

5. 合作运销之蚕茧，得借用山东乡村建设研究院农场设置之烘茧灶，烘干后，再为运销。

6. 合作运销之蚕茧，未售出前，得应社员之请求，以蚕茧市价之八成，请山东乡村建设研究院代为借款；俟蚕茧脱售后，正式清算。

二　成绩状况

本年成立蚕业合作社者，计十村，共用改良蚕种五百九十三张，概括二百七十一户。

此次蚕桑推广，系属创举，所有蚕户，虽不无多少失败；但经数次之讲习，及蚕具之共同消毒，指导员之指导等，饲养成绩，实较往年大有进步，兹将其影响及成绩足资报告者分别略述如下：

甲、关于气候者：农民养蚕，虽知气候之影响于蚕儿者甚大，但从未施以若何之救济方法；此次合作社之蚕户，经指导员之指导，竟有不少自行购置寒暑表，或向本场借用，以观测气候，并有用炭火调节室内温度者。

乙、关于用桑者：农民养蚕用桑，从不加以选择，泥桑，濡桑，随意饲育，且有喷水于叶上，以免干燥者，此次合作社之蚕户，则均能革除斯弊，至稚蚕给桑多而回数少，壮蚕给桑少而回数多之有害习惯等，亦多能改正。

丙、关于蚕座者：蚕座宜于清洁干燥，而疏密适度，且忌积沙过多；农民养蚕适得其反，因指导员之指导及讲述，而合作社各蚕户之留意扩座，勤于除沙者，实居多数。

丁、关于眠起者：蚕儿就眠，农民多听其自然，以致眠起参差不齐，饲育多费手续，经数次讲习，及指导员指导之后，合作社各蚕户多知用火及糠催眠之法，并知于蚕儿未眠之前，适宜减少给桑之量，使无残桑之堆积，且能预先扩大蚕座。

戊、关于蚕病者：蚕病宜先事预防，故首重清洁及消毒，此次举行蚕具共同消毒及禁止室内吸烟等，均有相当效验，他如蚕病之鉴别，弱蚕之淘汰，除沙用桑之注意等，亦多能遵行。

己、关于用糠者：用糠能使蚕座清洁及干燥，且便于除沙，又能防止蚕病之传染，农民以先盖未知也，即经此次表证及讲习之后，农民多乐为之。

庚、关于上簇者：农民所用蚕簇，全系墩簇，簇枝过密，且碍空气之流通，所耗材料亦多，此次合作社之蚕户均稍有改良。

卒、关于销售者：往年农民对于茧之销售，既无合作组织，又不能自行干茧以待善价，此次因办理合作，共同干茧，缫丝之结果，较诸茧初上市时，每斤鲜茧能多售洋六分。

附　蚕业合作社组织系统表

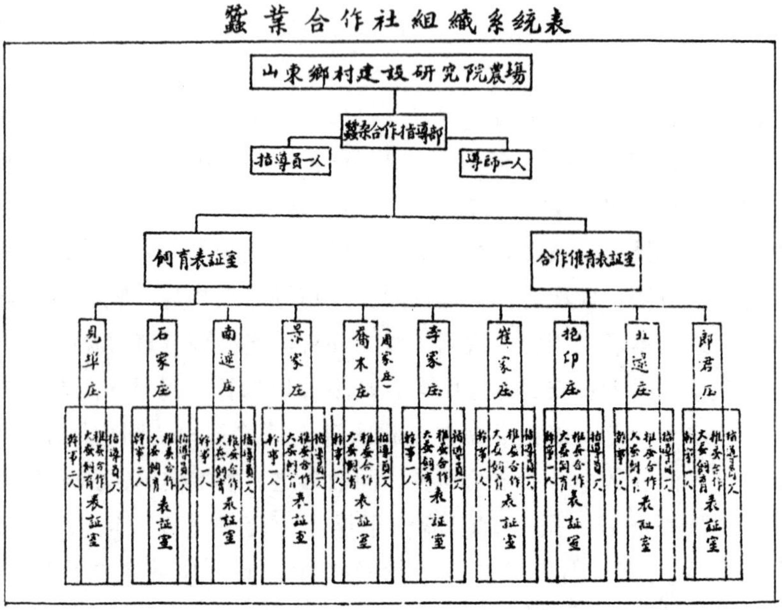

（肆）改良猪种

一　提倡缘起及实施办法

养猪本费少利多之良好副业，奈中国猪种血统太老，体质日渐退化，邹平猪种尤甚，本院有鉴于此，遂于民国二十年七月购买纯种波支猪牝牡各三头，一方从事纯种繁殖，一方举行与土种杂交，并以纯种波支猪，邹平猪，及一代杂种猪，作饲养比较试验，任人参观，复由农品展览会及各区乡农学校表证宣传一代杂种猪之利益，使农民家喻户晓，悉愿将其牝猪来场或就近赴各该区乡农学校交配（公猪三头，一存农场，其余二头，则运往各区乡农学校，巡回交配）。至于费用，除在各区乡农学校者，由乡农学校担任饲养外，余则概予免除。

二　成绩状况

1. 杂种猪肉质细嫩，较本地猪为优。

2. 本地猪年仅产肉八九十斤，杂种猪年可产肉一百三四十斤。

3. 本院农场自购入纯种波支猪之日起（二十年七月中旬）至现在（二十二年六月中旬）止，计交配六百九十三头，每头平均生产小猪九·五头，共得杂种猪六千五百八十三头，按本场试验之结果，一代杂种猪饲养一年，较本地猪可多产肉五十斤，就目下每元四斤计算，每猪可增加收入十二元五角，则六千五百八十三头，可共增加收入八二，二八七·五元。

附　猪种改良图

邹平猪波支猪与杂种猪比较表

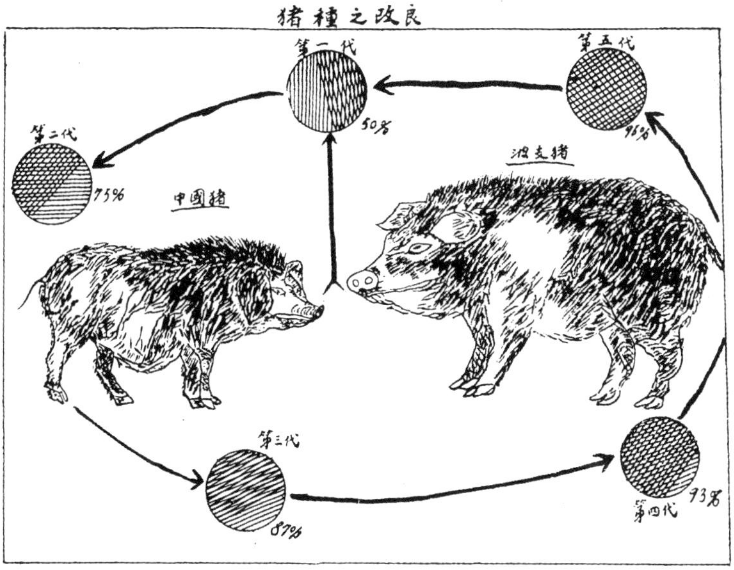

邹平猪波支猪与杂种猪比较表

项目＼种类	邹平猪	波支猪	杂种猪
形态	小	大	中等
颜色	黑	黑而有白块	黑而有白块
体重	最低	最高	中等
性情	蠢	活泼	活泼
生长情形	劣	最优	中等

续表

项目 \ 种类	邹平猪	波支猪	杂种猪
成年期	特早	早	早
生子数	最多	少	中等
骨骼	粗笨	壮而灵活	壮而灵活
肉质	粗	细嫩	中等
脂肪	少	多	多
面	粗	平	中等
鼻	长而直	直	直
耳	大而下垂	小而前耸	中等
背	窄而凹	宽而平	宽而平
腹	短而澎大	长而厚实	长而厚实
腿	短	长	长
鬃	最长	最短	中等
产肉量	最少	最多	中等

（伍）创办林业公会及林业合作社

一　创办缘起及实施办法

邹平二三两区，山陵甚多，无奈童山濯濯，无人植树，坐令旷废，良足深惜，但查山上造林，实非私人资本，所可胜任，即勉强造成，而偷盗砍伐，亦非个人势力所能制止，本院有鉴于此，乃就该两区乡农学校积极宣传造林利益，从而创办林业公会，而资合力保护，兹将其简章及公约分列如后：

（甲）公会简章

第一条　本会定名为〇〇县〇〇区〇〇庄林业公会。

第二条　本会以实施造林并保护原有森林树株促进林业发展为宗旨。

第三条　本会设于〇〇县〇〇区〇〇庄并以〇〇山〇〇山为造林地点。

第四条　凡为本庄居民，不论性别、年龄，愿遵本会章约加入本会者，均得为本会会员，其后期加入者须得本会会员二人以上之介绍。

第五条　凡关于本会造林、灌溉、保林等工事及用费，本会会员均有均摊及对外宣传造林利益之义务（其有对会中工事力不胜任者得雇工代替）。

第六条　凡本会会员对于本会均有提出议案及平分收益之权利，惟后期加入者只能分得其加入后应得之收益。

第七条　本会会员于入会之始均得纳入会费银元一元，其后期加入者倍之。

第八条　本会设正副会长各一人，共同计划本会一切，会计一人、林场管理一人，分掌本会收支及林场内部之管理等，由会计中互选之，任期二年，连选得连任。

第九条　本会每年开会员大会一次，于废历二月初二日行之，商议本会一切进行事宜，但于必要时经干部会议之通过得由会长召集临时大会。

第十条　本会设干部会议，由本会正副会长、会计及林场管理及会长特约之会员二人组织之，每年开会一次，于废历十月初一日举行，计划本会次年之进行事宜，但遇必要时亦得由会长临时召集。

第十一条　本会之经营如下：

（一）造成新林其计划另详。

（二）共看会中公有会员私有及其他外人之森林树株办法随时议定。

（三）共看本庄桑坡、麦坡、秋坡、麦苗坡等，其办法随时议定。

第十二条　本会之禁规会约另行拟订。

第十三条　本会之收益每年清算一次，于会员大会中宣布之，以其半作为次年继续造林扩充本会林业之用，以其半于麦秋季后购储谷麦各丰，于冬春乏食之季按会员名额发散各会员（冬散麦春散谷），于麦秋季后按散粮之数加收十分之一，若遇饥馑之年，经会员大会之通过得缓期收还。

第十四条　本会对破坏本会规章者之处罚办法依林业公会规则行之。

第十五条　本简章如有未尽事宜得由会员大会之通过，呈请县政府转呈实业厅修正之。

第十六条　本简章经发起人大会通过呈请县政府转呈实业厅备案后施行。

说明：本简章之待于说明者计有五项：

a. 本简章第四条关于会员之规定，系本一庄一会一人一份之意而成；其所以不分居民之性别年龄者，则为预留扩充会员之余地，以免有人向隅也。

b. 本简章第七条规定后期入会会员之会金加倍者，所以示戒乡人难始乐成之不当，勉其勇于办理新事业之意也。其事虽微而此意则不可不明白表示。

c. 本简章第九条会员大会于废历二月初二日行之者，取其便于记忆故也。且此时人多休息，趁间开会，其势甚顺，再者一般植树时期，多于此后开始，临期开会，较易办事。

d. 本简章第十条有干部会议之组织，以确定本年造林之计划者即以少数人较多数人易于召集也。其于废历十月初一日行之者，以废历旧节便于记忆也，且此时树多落叶，采种，收条，适当其时，随议随办，其势甚便。又特约会员二人，即本地原有之看坡者。

e. 本简章第十三条存粮之办法，实寓有造成乡村农业仓库之深意，为乡村百年计也。

（乙）公会规约

一、凡属本会林场之〇〇山〇〇山地表，无论其为已垦、未垦，下起山根，均为本会林场之面积。

二、凡属本会林场之面积，分为已垦、未垦两种，于本会第一次会员大会开会之日划定，并将其已垦者记录存查，仍归原主占有，种植作物或造林，二者听其自便，并于距其种植作物之垦地边界五尺内，公会不得植树。

三、凡属本会林场面积内划归原主之垦地，不得连荒三年，（即不种作物，亦不植树。）若遇此限，该垦地得收归公会植树。

四、凡属本会林场面积，或虽非林场而在当地习惯上向归本庄占有之荒山，任何人不得施放野火。

五、凡属前条所列面积及本庄附近，凡为本庄居民所有之树株，桑叶，麦坡，秋坡，麦苗等任何人不得盗伐损毁。其非属会员所有，而又未委托本会代看者，本会可不负看守责任。

六、凡属本会林场之面积，本会得择其一部或全部，禁止放牧牛羊或刈草；但于牛羊出入内山必经之处，须留出牧道，以利放牧。

七、凡属本会林场之面积，仍得任人推其石块；但起石者须于择定起石地点后当即报告本会，并不得任意向山下投掷石块，损毁树株。

八、凡本会会员发现有前列第四、五、六、七各条情事者，须当即报告本会，否则经本会查明，该会员得受加倍连坐处罚。

九、凡有犯前列第四、五、六、七各条情事者，无论何人均须依法处罚，或送县政府究办，不得徇情。否则本会负责人须受二倍连坐处罚。

十、凡本会会员对本会工事不得懈怠推诿；否则得由大会通过令其退会。

说明：

a. 本公约（二）项之规定系特别尊重所有权于其种植作物之垦地边界五尺内，公会不得植树者恐有碍于贫苦乡民之耕作也。

b. 本公约（三）项之规定，所以掖进个人植树以补公会力量之不远也。

c. 本公约（八、九）两项之规定，所以预防保护山林之困难为会员及会中办事人预留地步也。

二 成绩状况

因会员乐于从事，坚忍、努力之结果，所植树苗大都成活，所播种子，亦均出土，兹将二年来倡办之林业合作社、公会一览表列下：

附 林业公会及林业合作社一览表

名稱	林場地址	承領面積	開辦年月	會長姓名及住址	入會人數或村數	林業公會或合作社所在地	本年春造林面積	本年春共植樹株數
南馬山林業公會	[illegible]	一百七十畝	二十一年三月	正 劉世道 副 孫石言	十一莊	[illegible]	一百七十五畝	一萬株
賀家莊第六段林業公會	[illegible]	三十三畝	二十一年四月	[illegible]	二十五人	二區賀家莊	一畝	五百株
李家莊林業公會	[illegible]	六十畝	二十一年三月	韓相桐	五十人	二區李家莊	六畝	二百五十株
抱印莊林業公會	[illegible]	三百九十畝	二十一年三月	趙希禹	三十一人	二區花印莊	二十六畝	一千二百余株
韓家坊林業公會	[illegible]	二十畝	二十一年十月	魏子貴	韓家坊一村		十二畝	五百株
石魯林業公會	[illegible]	五十三畝	二十一年三月	石秀峰	西石家莊一村	二區石家莊	二十畝	一千二百株
喬木莊林業公會	[illegible]	七十畝	二十一年三月	張瑞符	喬木莊一村	二區喬木莊	八畝	三百株
郭家莊林業公會	[illegible]	[illegible]百八十畝	二十一年三月	劉[illegible]	[illegible]五人	二區郭家莊	八十四畝	五千五百株
崔家莊林業公會	[illegible]	三百三十畝	二十一年三月	崔永義	崔家莊一村四十七人	二區崔家莊	六畝	二百五十株
周德森林公司	[illegible]	三十畝	光緒三十四年	董貢三 韓發璞		二區李家莊	四畝	一百五十株
土山林業公會	[illegible]	五畝九分	二十二年三月	張景尚 二區喬木莊	會員六十六名	二區西王氏家	五畝九分	五百二十株（萬猶[illegible]）
會仙林業公會	[illegible]	一百二十畝	二十二年三月	趙士一 東窩駝	東窩駝一村	二區東窩駝	十畝	七百株
郭庄林業合作社	[illegible]	十五畝	二十二年三月	王在森 二區郭庄	郭庄全村	二區郭庄	七畝	四百株
西河鄉林業公會	[illegible]	二百畝	二十二年三月	趙會卿 二區西河駝	西河駝全村	二區西河駝	三十畝	一千二百株
耿家鄉林業公會	[illegible]	七十畝	二十二年三月	耿玉文 二區耿家庄	耿家庄全村	耿家庄	二十畝	六百株
黃花林業公會	[illegible]	一百五十畝	二十二年三月	王暢之 二區青陽店	會員四十名	青陽店	三十畝	一千二百株
興龍林業公會	二區興龍山	三百五十畝	二十二年三月	李鳳翔 賀家庄	賀家庄全村	賀家庄	二十畝	八百株
農民教學校紀念林	[illegible]	三百畝	二十二年三月	孫潤生 二區韓家坊	會員四十名	二區韓家坊民校	十畝	五百株
義合林業公會	[illegible]	三十五畝	二十二年三月	[illegible] 碑樓庄	碑樓庄全村	碑樓庄	十畝	五百株
苑公林業公會	[illegible]	二百畝	二十二年三月	趙增生 張味蘭	二區四十八庄	二區孫家庄	三十畝	九百株
鳳凰山林業公會	二區鳳凰山	二百畝	二十二年三月	孫子玉 韓家坊	會員五十名	韓家坊	八畝	四百株
東花鄉林業公會	[illegible]	七畝（全村公產）	二十二年三月	王錫五 東花莊	東花庄全村	東花庄	二畝五分	一千五百株
霍家坡林業合作社	[illegible]		二十二年三月	石秦山 霍家坡		霍家坡	約十二畝	二千二百株

（陆）举行农品展览会

一　举行缘起及实施办法

物有比较，方知优劣等差；事有竞赛，才能鼓励改良。我国农业退步，产品低劣，实由于缺乏比较机会。本院为求农业改进起见，曾举行农品展览会二次。第一次举行于民国二十年十一月初旬，征集农品之范围，虽仅限于邹平一县，但外县自动参加者亦不少。第二次举行于民国二十一年十月末旬，征集范围，则为旧济南道属二十七县。兹将一二两次实施办法录之如后：

（甲）第一届农品展览会

（子）征集办法

（1）县政府发出征集通告着各区里长征集并帮助本院学生征集之

（2）请各机关职员及各小学教员征集之

（3）征集员须将征集品分别填写于登记表内

（4）征集薄务于旧历九月十日以前送交本院农场或本县建设局

（5）应征农品须请产主加以整理或装饰再行送会

（6）应征农品可暂由产主保存俟开会时再行通知送会展览

（丑）征集种类

（1）五谷：谷子、高粱、黍、稷、糁子、玉蜀黍、豆子、大麦、小麦、芝麻

（2）桑、棉、麻、蚕丝、蚕种、林产

（3）蔬菜果品

（4）花卉

（5）家畜家禽及其产品

（6）农产制造品

（7）农作物病虫害及其药剂

（8）农具

（9）家庭工艺用具及其产品

（寅）征集数量

（1）以穗计者三穗至五穗

（2）以株计者二株至四株

（3）以个计者十个至二十个

（4）以量计者半升至一升

（5）以重计者一斤至三斤

（6）以件计者一件至二件

（7）以套计者全套

（卯）奖励办法　分个人奖与团体奖两种

（1）个人奖励办法

（勹）展览等级分上中下三等

（攵）奖品分头等奖二等奖三等奖及特别奖

（2）团体奖励办法

（勹）褒奖

（乙）第二届农品展览会

（子）征集办法

（1）本届农品展览会之农品征集限于旧济南道属二十七县。

（2）试验县由县政府发出征集通告着各区里乡镇长征集之，并由本院通告本县同学征集。

（3）呈请省政府通告二十七县代为征集交由本院同学送院，并由本院通告各该县同学征集之。

（4）征集员须将征品分别填写于登记表内。

（5）征集簿于十月十日（即旧历十月十一日）以前送交本院农场。

（6）应征集农品须请产主加以整理或装饰并填写标签再行送交本会。

（7）开会日期定于十月二十五日，（即旧历九月二十六日），应征农品须在开会前三日送到以便登记编号展览。

（丑）征集种类

（1）田艺

（勹）谷子、高粱、黍、稷、糁子、玉蜀黍、豆子、大麦、小麦、芝麻、棉、麻等。

（攵）农作物病虫害及其药剂。

（2）园艺

（勹）蔬菜类

（攵）果木类

(宀) 花卉类

(3) 畜产家庭工艺及农具

(勹) 家畜家禽及其产品

(攵) 蜂蚕及其产品

(冖) 农产制造品

(匚) 农具类

(万) 家庭工业用具及其产品

(寅) 征集数量

(1) 以穗计者三穗至五穗

(2) 以株计者二株至四株

(3) 以个计者十个至二十个

(4) 以量计者半升至一升

(5) 以重计者一斤至二斤

(6) 以件计者一件至二件

(7) 以套计者全套

(卯) 奖励办法

(1) 凡展览品中有特别改良或有推广价值者本会给予相当之奖品以资鼓励。

(2) 奖品分头等奖章，二等奖章，三等奖章，褒状屏联银盾匾额等。

(3) 凡应得奖者于本会闭幕之日除在会场前用榜公布外并函各县建设局通知其本人。

(4) 应领奖者接到通知后即携带出品收据及图章来院领取或托人代领。

(辰) 展览品退还办法

(1) 本会闭会后所有征集品除有特别价值可供研究者征得本人同意后本会与以相当代价留存外其他一律照数退还。

(2) 本院领取征集品之人出品人应携带收据。

(3) 领取地点在本院农场。

(4) 领取时间在闭会后半月内。

二 成绩状况

(甲) 第一届展览会中陈列之展览品计分二大类（一）表证展览品

（本院农场及外方农林机关出品），有土壤、肥料、病虫害、选种、蜂、蚕、棉花、畜牧、凿井、农具、牛瘟、血清治疗等，共计五百余种。（二）普通展览品（乡间农民出品），分田艺、园艺、家庭工艺、农具等。田艺共一千六百三十五种，园艺七百九十三种，家庭工艺三百七十四种，农具畜牧共二十三种。奖品有匾额、银盾、锦标、字画以及奖章奖状等，共计千余件。此外复有农业电影及有关农业改良之各种讲演，尤给农民以改良农业之深刻印象。展览四日，统计参观人数，四万六千零六十人。

（乙）第二届展览会中陈列之展览品，共分三大类，（一）表证展览品，计为棉花、蜂、蚕、选种、土壤、肥料、病虫害，农具、畜牧、凿井及各种图表等，皆系本院农场出品，共计八百余种。（二）客来展览品，共计四百七十一种，皆系各农林试验机关出品，（按参加本会者共五十四团体）。（三）普通展览品，计分田艺四千二百一十八种，园艺七百零四种，家庭工艺五百二十七种，畜牧三十九种，农具二十二种，悉为各县之出品。此外各种奖品共计二千五百余件，并有金陵大学之农业电影及济南民众教育馆之活动电影与化装讲演等，尤使民众称赞不已，而奋志改良也。展览三日，观众五万七千二百八十四人。

附　展览会组织系统表

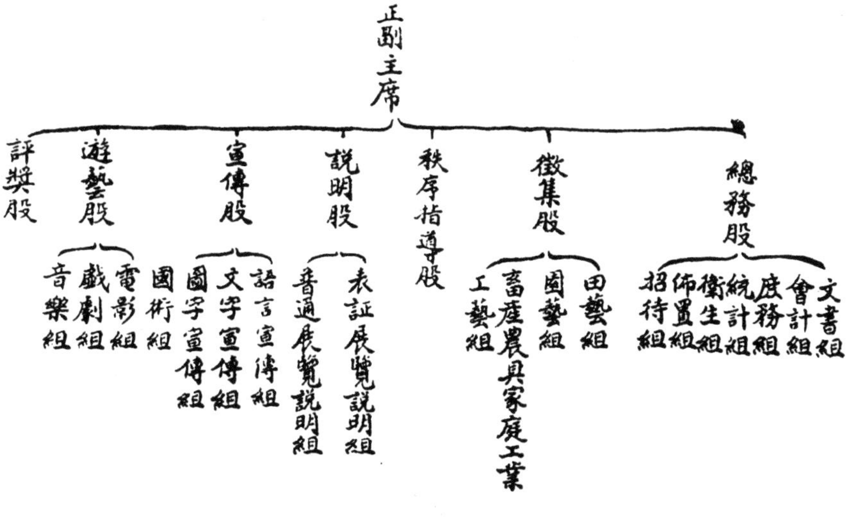

（柒）推广炭酸铜

一　推广缘起及实施办法

高粱谷子之黑穗病，系一种黑穗病菌寄生。此种病菌，在邹平一带，极为普遍，每年农民，损失颇巨，本院为防治起见，特运购炭酸铜六千袋，交由各区乡农学校，分发农民，俾其用以拌种，杀灭病菌，以期减轻病害，增加生产。而农民每月炭酸铜一袋，即交大洋五分，盖如此，则可以继续运购，普遍推广也。

二　成绩状况

共计推广九十六村，二千五百四十四户，售出炭酸铜共五千六百九十二袋。现仍有不少来场询购者，足征效力之大也。

（捌）提倡凿井穿泉

一　提倡缘起及实施办法

凿井灌田，增加生产，已为人所尽知，邹平一带，连年苦旱，除二三两区靠山之地及七区硷地，不宜凿井外，其他各区，均有急应提倡凿井之必要，本院于二十年冬，聘请李子棠先生来院教授凿井方法，并指导学生实习。凡乡民有愿在其田内凿井者，则按其请求之先后，由凿井技师率领学生，前往穿凿，而乡民则除自备工料及为凿井人员聊具茶水外，其他则概归本院担负。盖如此办法，乡民既可得受实惠，而学生又可借以实习也。

二　成绩状况

开始先在本院院内凿饮水用井一眼，计深七丈六尺三寸（裁尺），农场门前灌田用井一眼，其深度与院内井相等，均系应用马拉抽水机者。井既省工；机价亦廉，较诸旧法穿井及应用水车者，不惟省费四分之三；而出水量且多一倍。其在乡间所凿者，则多系旧井穿泉，现已完成五十八眼，水量皆十分充足，乡民莫不称便云。

（玖）举行农业巡回讲演

一 举行缘起及实施办法

数千年来，我国农业，不见进步，由于农民过于守旧，鲜知应用新法改良，非经剀切讲解，无从革旧布新。本院因此而有全试验县区农业巡回讲演之举，第一区讲演地点在本院内，其余各区择适中地点，由乡农学校召集农民到场听讲，每区讲演一日，共巡回三次，尔时并演改良农业电影，农民参加者颇为踊跃。重要讲题为：蚕子选种，棉子选种，猪、鸡种改良，棉蚜虫，栗白发病，蝼蛄之防治驱除，及造林与植树法等项。

二 成绩状况

共计讲演五十四次，听众一万五千余人。

（拾）倡办机织合作社

一 倡办缘起及实施办法

邹平一、二、七三区农民，向来以织布为副业，当洋货未侵入时，每年进益为地方收入之大宗，惜近年以来，海禁大开，洋布充斥，土法织布，方法既笨，布面又窄，当然不能与之竞争。而无形中归于淘汰。本院有览于此以为有急于提倡改良之必要，乃聘请专门技师三人，分赴各该区乡农学校指导，组织机织合作社，利用合作组织以从事改良。兹将其简章录之如后：

邹平第○区○○○机织合作社简章

第一条 定名：本社定名为邹平○区○○○机织合作社。

第二条 宗旨：本社以办理社员机织上之购买及运销事宜，促进乡村工业之发展为宗旨。

第三条 责任：本社责任为无限责任。

第四条 区域：本社以邹平第○区○○○村附近各村为事业区域。

第五条 社址：本社社址暂设于○○○村内。

第六条 社员：

（甲）凡事业区域内品行端正，勤苦耐劳，有志机织者，皆可为本社社员。

（乙）本社成立后请求加入者，须有社员二人以上之介绍，经干事会同意，提交社员大会认可后，始得为本社社员。

（丙）凡社员有下列情形之一者，经社员大会之议决，得予以除名。

1. 不遵守本简章之规定者；

2. 破坏本社之名誉及信用者；

3. 假借本社名义以图私人利益者；

4. 沾污不良嗜好，妨碍社务进行者。

（丁）本社社员之自请出社，应于事业年度六个月前，请求本社干事会，经干事会提交社员大会认可后，始得出社。

（戊）凡除名及自请出社社员，须将对于本社应负之责任完全终了后，始得与本社脱离关系。

第七条　资金：

（甲）本社社员购机购线应用资金，均由各社员自行负责筹集。

（乙）本社社员织机，如抵押或转让时，须经干事会提交社员大会认可。

第八条　职员：本社设社长一人，干事若干人，其规定如下：

（甲）凡本社织机所在庄村，每村推选干事一人，其织机在三张以上者，得酌量情形，加选一人。

（乙）社长干事均由社员大会选举之。

（丙）社长干事任期均为一年，但连选得连任。

第九条　会议：

（甲）社员大会　社员大会，为社务决议之最高机关，每月开会一次，如有特别事故，得干事会议决随时召集之。

（乙）干事会　干事会由社长及全体干事组织之，每十日开会一次，有必要时，得由社长或干事二人以上之提议，随时召集之。

第十条　营业：

（甲）购买事宜

1. 凡本社社员机织事业需用物品皆由本社社员共同集资购买之。

2. 社员所交机织物品，应由干事会评定等级，以为货品售出后物价分配之标准。

3. 本社机织物品售出后，所有货价除扣除各种费用及公积金外，余具依评定标准分配之。

（乙）事业年度，本社自○○年○月○日起至○○年○月○日为事业年度，每年度结算一次。

第十一条　公积金：

（甲）本社公积金按照纯利百分之五提充之。

（乙）本社公积金由干事保管，其用途由社员决定之。

第十二条　附则

（甲）本简章自社员大会通过后施行之。

（乙）本简章如不适宜处，得由社员三人以上之提议，经干事会同意，交大会议决修订之。

二　成绩状况

当社员初次改换新机之际，手术方面，不免发生许多困难，至出品少及欠佳，亦为意料中事；迨后机织习熟，而营业骤形起色。盖因此系家庭工业，房价伙食人工，均不在开支之列，较诸工厂出品，成本自然低廉，故同一物品价目，工厂虽亏本，而合作社仍可赚钱也。

附　邹平七区信义机织合作社职员一览表

邹平印台机织合作社职员一览表

邹平第一区无限机织合作社组织系统表

邹平七区信义机织合作社六月份各机产额比较表

邹平七区信义机织合作社六月份每匹盈利百分比较表

邹平第一区无限机织合作社每户四个月内带子产量比较表

邹平第一区无限机织合作社每户四个月内布匹产量比较表

邹平印台机织合作社各村机数比较表

邹平第一区无限机织合作社各分社机数比较表

邹平七区信义机织合作社各村机数比较表

邹平七区信义机织合作社每户全年产量比较表

鄒平七區信義機織合作社職員一覽表

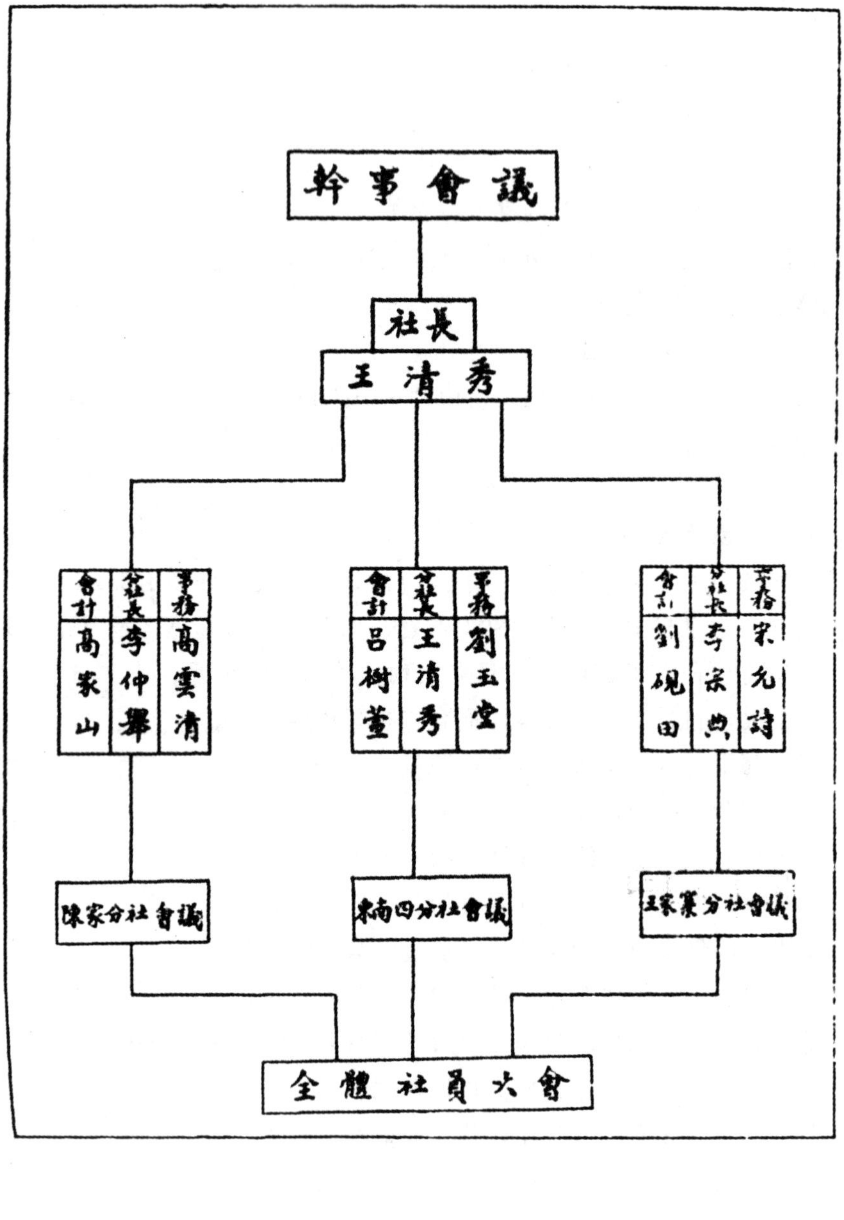

鄒平印台機織合作社職員一覽表

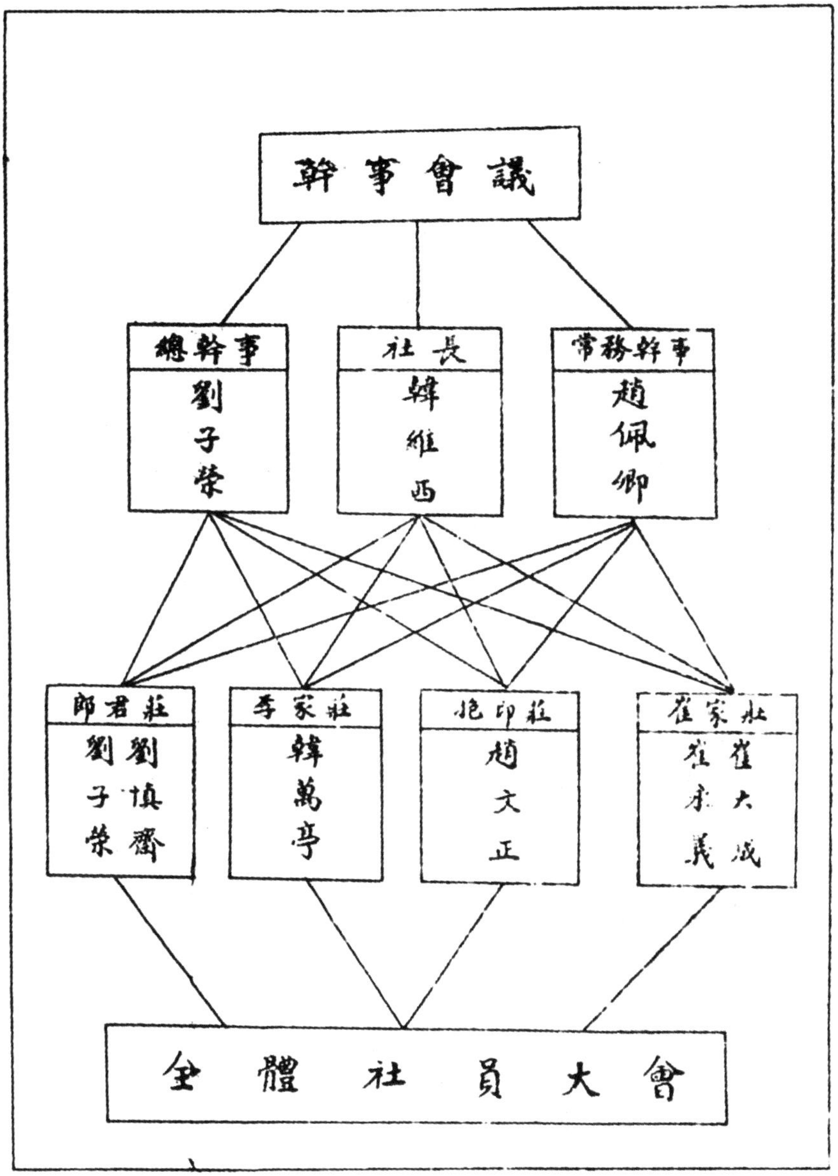

鄒平縣第一區無限機織合作社組織系統表

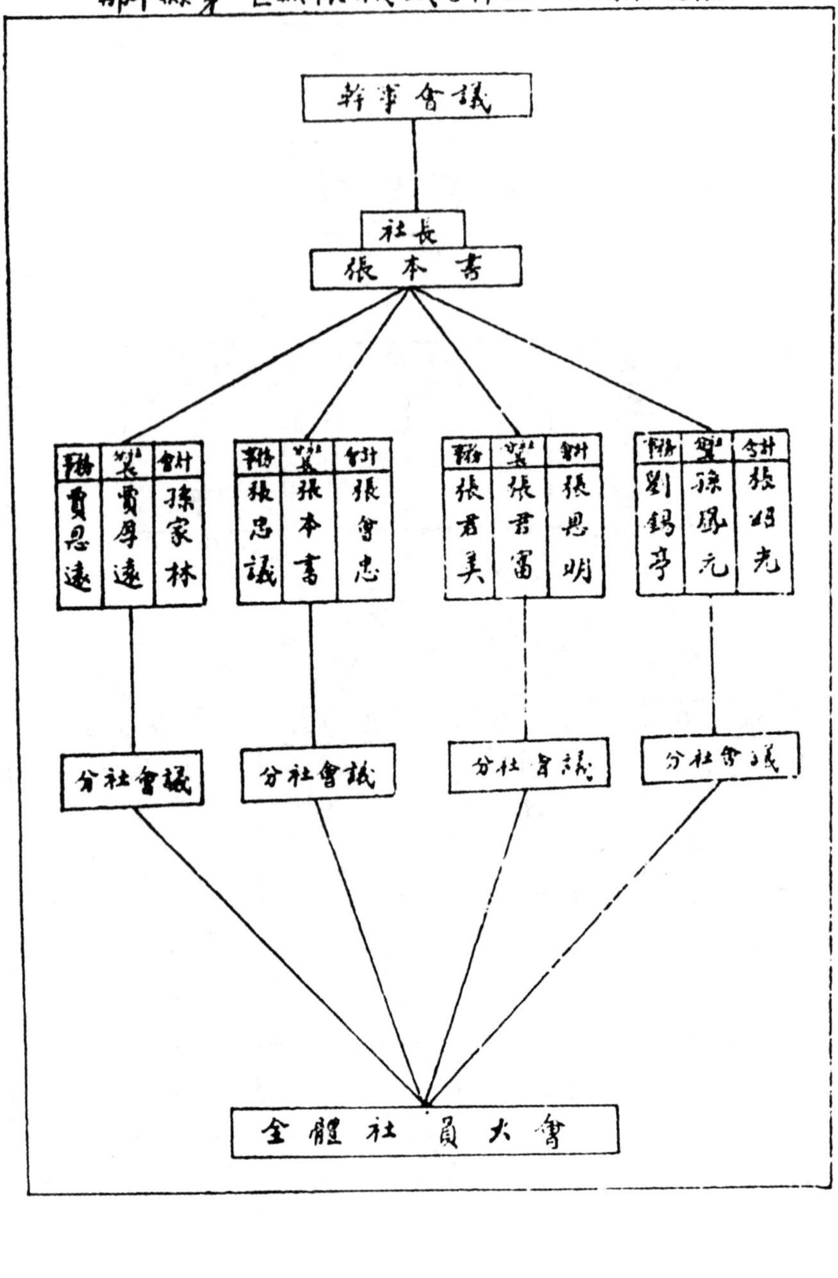

鄒平七區信義機織合作社六月份各機產額比較表

社名	總計	百分數	平均數
宋高四分社	91尺	%32.2	7.7
陳家分社	76尺	%33.3	9.3
王家寨分社	51尺	%26.8	12.7

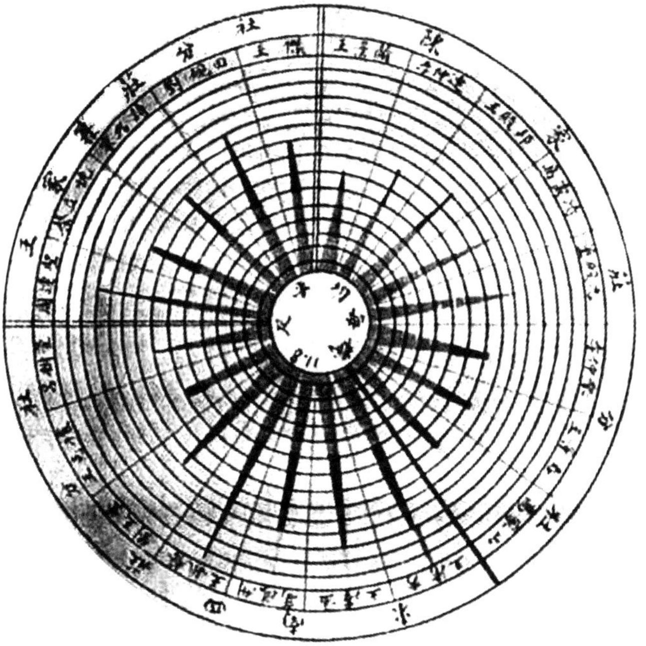

每隔單位一尺

布條柳爲色線	說	紅色爲提花布
布條柳斜紋爲色點	明	黃色爲白粗布

邹平信义机织合作社六月份每尺盈利百分比较表

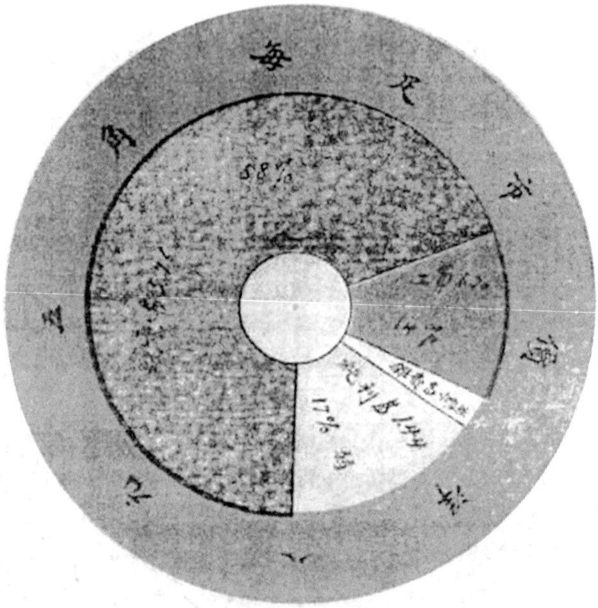

鄒平縣第一區無限機織合作社每户四個月内帶子產量比較表

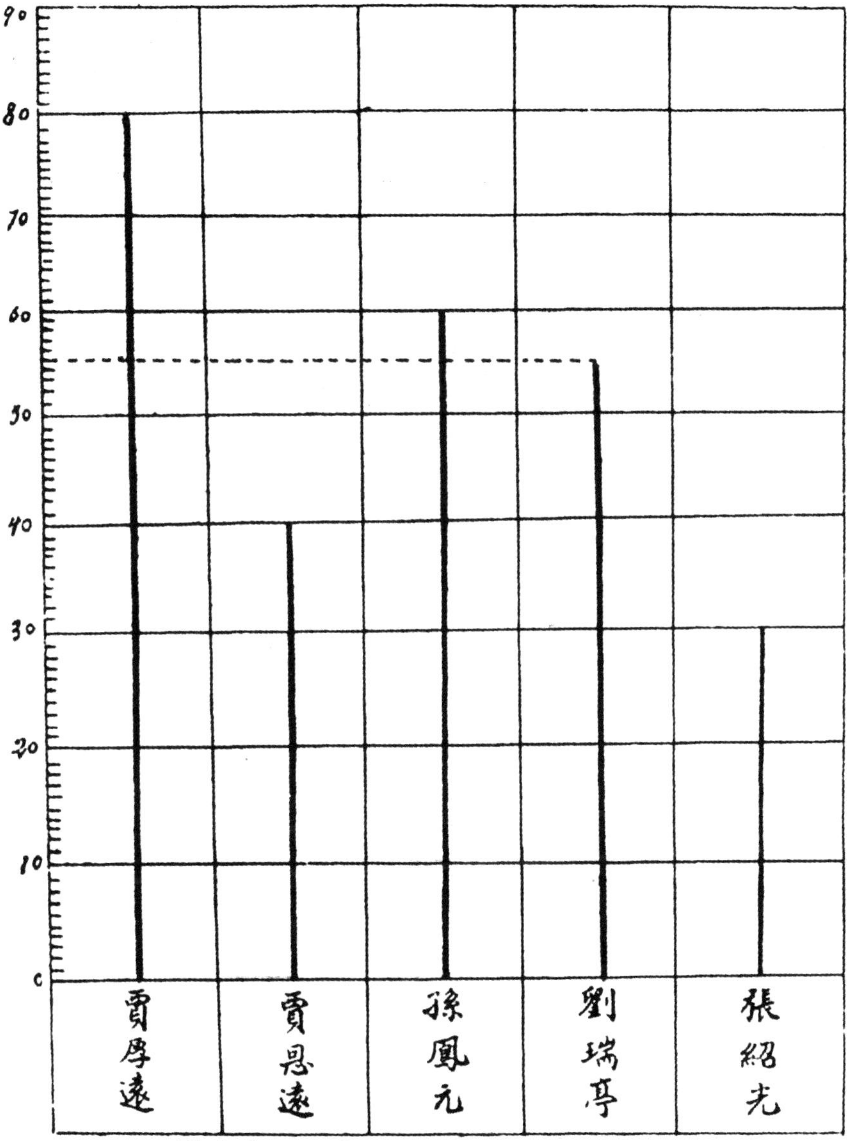

說明：每大格代表一百打 每小格代表十打

鄒平縣第一區無限機織合作社每戶四個月內布疋產量比較表

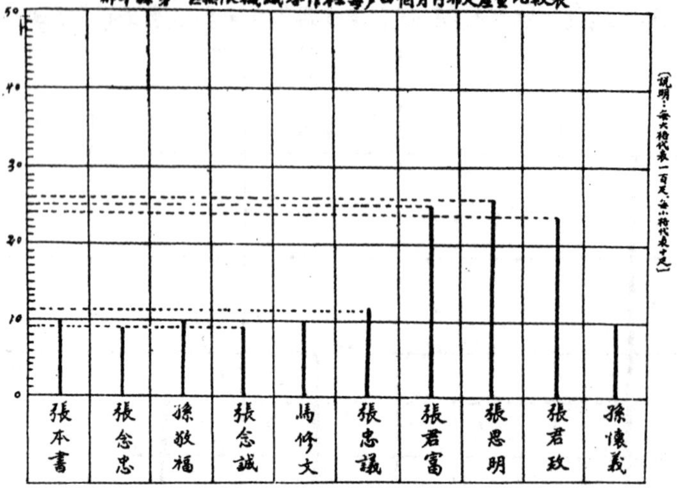

鄒平印台機織合作社各村機數比較表

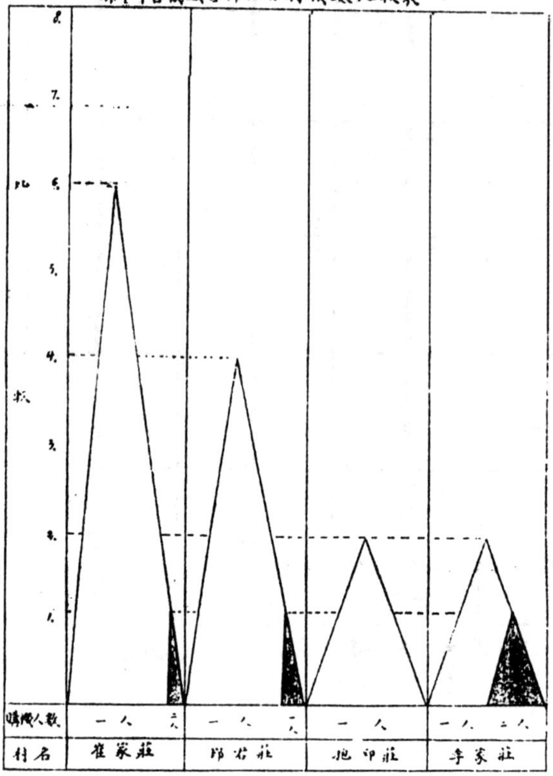

鄒平第一區無限機織合作社各分社機數比較表

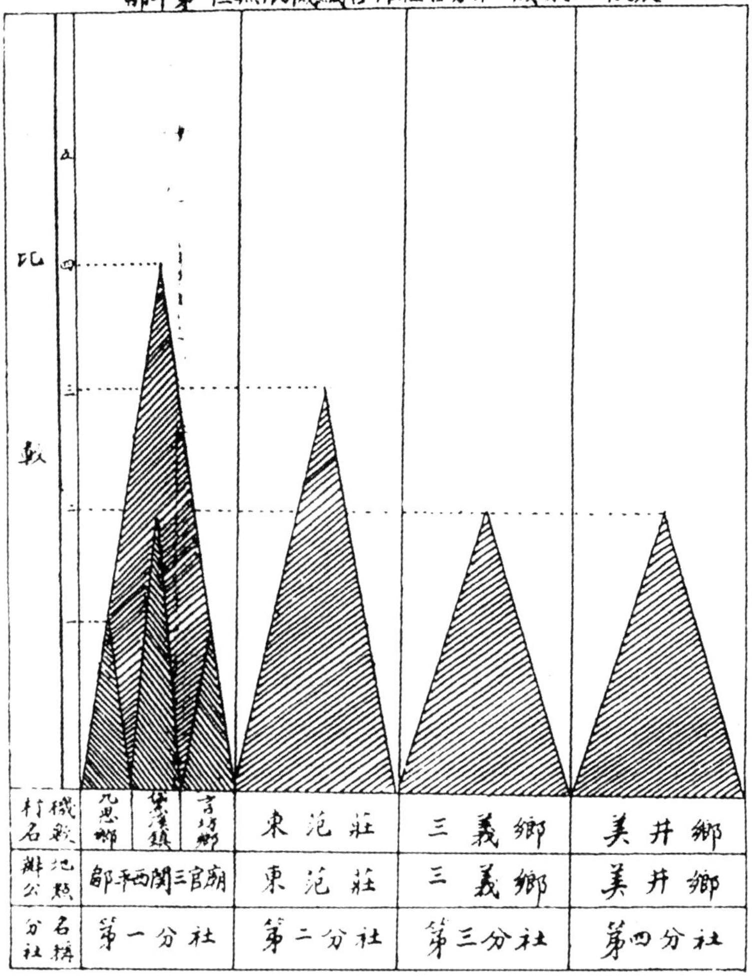

鄒平縣第七區信義機織合作社各村機數比較表

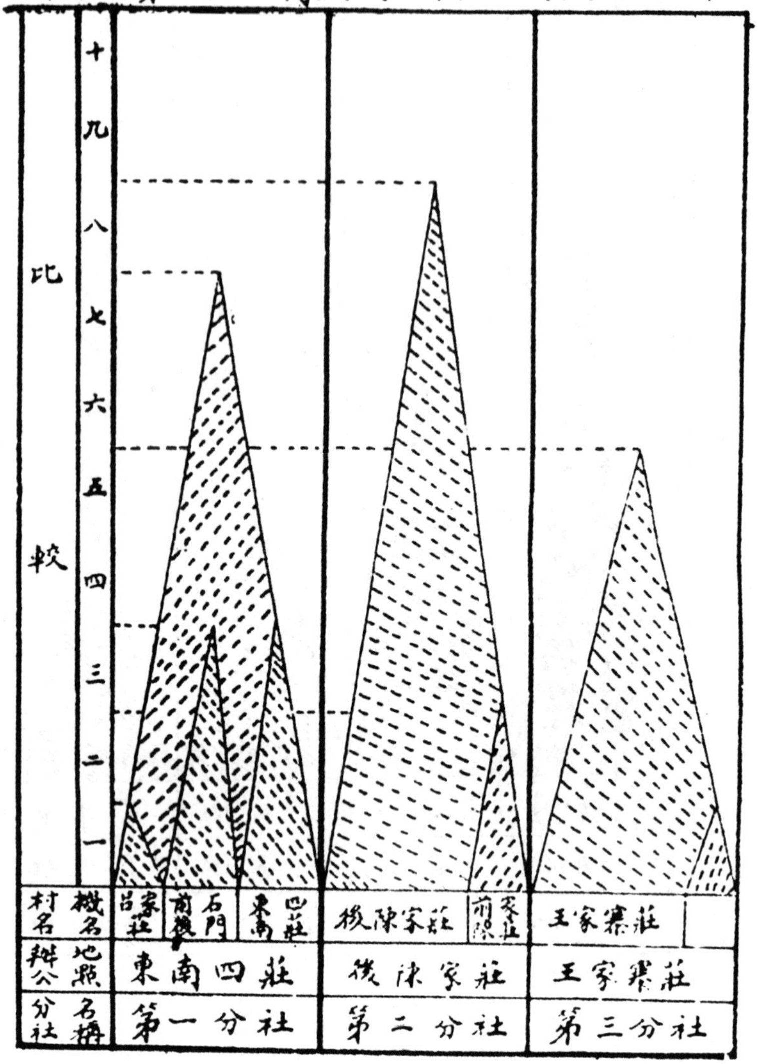

鄒平縣第七區信義機織合作社每户全年產量比較表

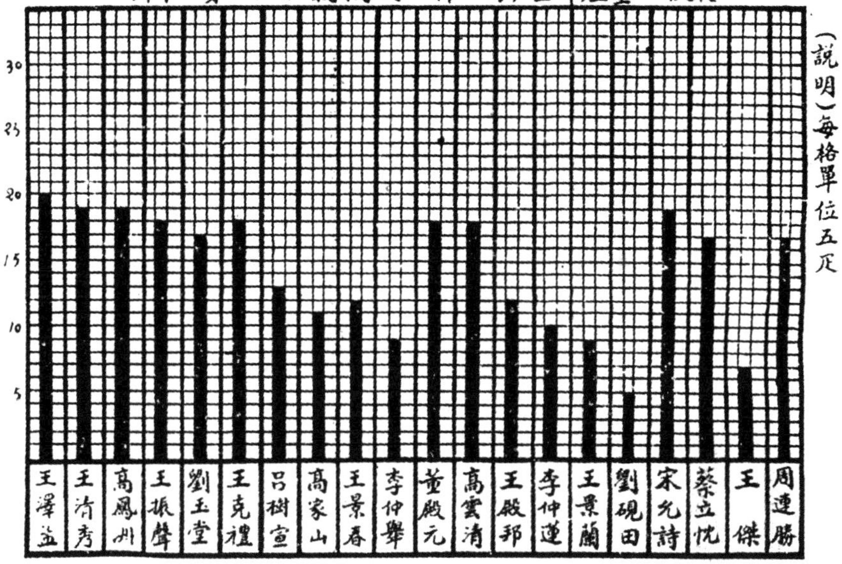

山东旧济南道属
农村经济调查

黄孝方　著

山东乡村建设研究院

山东旧济南道属农村经济调查

中国农村经济破产，时至今日，已达于最后阶段。近年，因此问题之严重，已引起举国人士之注意。于是“乡村建设”“复兴农村”等名词，遂亦喧腾上下。此非主观上之理想，实客观事实之紧迫，促之不能不憬悟耳！

中国问题为世界问题之一部，当此世界经济大恐慌之今日，各国经济枯窘亦皆疲于应付，中国尤难例外，中国以政治不上轨道，内外交侵，加以苛捐杂税人祸天灾等关系之辗转相因，遂致农村之破坏，层加深重无已。

山东久处于日人经济势力威胁之下，尤以胶济铁路沿线一带，完全为日人所把持；况以历年军匪战事摧残、官绅灾荒之剥削侵袭，人民元气已丧失殆尽，又际此经济局势最严重之今日，自然尤感困难。据申报所载关于山东农村经济破产调查：“山东近因外货倾销关系，每年金钱流往外国者，达四万万元以上。因农产收入之减断而损失者，二十二年当在一万一千万元以上。因东三省被日人强占，每年应有之收入一万三千万元，亦皆化为乌有。又加农村破产，五谷堆积，推销不动，而一方面应有之关税地方税及一切担负仍须照旧缴收。以价值极廉推销不动之粮食土产品，而欲以抵抗必须品之外货倾销，焉得不败。”由上面不精确之统计数字观之已足惊人，况事实上尚有甚于此者乎！山东近年虽被称为政治清明区域；然问题皆为整个的，连系的，非单独力量所可解决，故在整个中国混淆散乱之今日，山东固亦无力以脱此危局！

乡村建设最浅近之意义，即为救济乡村。然如何以救济乡村、是必自彻底认识事实了解事实处着手不可。自事实所得出之办法，方不致陷于隔靴搔痒之弊；故理解事实，实为从事于乡村运动者之最初步切要工作，本院对乡村工作之理想，亦完全以此为鹄目；而更进一步之形式，即为以乡村运动者作为一广大的文化运动团体，即以本院作为后方较大之研究机关，而更上连系于大社会中之各种专门研究机关。前方即以本院毕业学生，作为攻入乡村之先锋战士，实地加入乡村工作、与农民打成一气。一面将所学得之新知识、新技术，渐渐移之于乡村；一面更将在乡村中所感到之疑难问题，上达之于后方研究机关。研究机关从事于解决方术之探讨，再转之于乡村。如此循环不已，此整个工作始有活力，始可落于实际。

本院第一届训练部结业后，仍回旧济南道属各县办理民众学校，所感之问题殊多，尤以农村经济之破产，为最当前剧烈之问题。本文即系根据于各县同学之关于农村经济通讯汇集而成。但以各县情形不同，尤以度量衡及币制之不统一，书函往返，颇费时日，再则各县对统计制度几无所有，即有亦为伪造臆测，不足取信，故求对一县之输出输入等得一确实数字，实为不可能之事；以故，亦只能就农村最切实际处着手搜集。惟土产价格及销路问题，若无输出之整个统计，似不能表示销路迟滞至若何程度；然以此项材料无法寻得，亦只有从缺。但此亦非甚大缺点；盖以价格与销路实有最密切之关系，（物价廉当然其销路不佳，销路佳则价格必昂）由价格之低落，已足证明销路之迟滞也。

调查日期：为二十二年十二月。表中所列二十一年之比较数字，亦皆为最确实可靠之记载。唯一县中情形又多不同，兹将各县民众学校所在地列下，以示调查范围：

桓台——一区田镇　　博山——七区太河
泰安——四区山口镇　莱芜——二区口镇
高苑——三区寨子　　利津——三区西坡庄五股道
无棣——二区三白杨　济阳——一区中山村
沾化——四区季姜堂　惠民——五区刘家集
青城——三区八里庄　阳信——五区
淄川——九区洋水镇　长山——五区
滨县——二区五区　　齐河——八区
长清——二区董家岗　章丘——八区
肥城——五区　　　　乐陵——五区王家集
齐东——六区兴文镇

调查事项，计分五类：（一）农产品之价格；（二）日用品之贵贱；（三）农民之负担；（四）地价之涨落；（五）人工之贵贱。兹依次分列如下：

一　农产品之价格

农产品系指农产主要者而言，但各县情形不同，如肥城之桃，乐陵之枣等，皆极有关于农村经济者，故本表中亦含有副产品。农产品之最主要者为：麦、豆、花生、谷子、棉花等，其中除棉花外，任何农产品之价格皆狂跌甚剧，而销路亦异常迟滞。如花生一项，青岛则多日无行情。即棉花一项，亦仅少数县份价格较高，或能保持平衡。但此亦非正常状态，仅由交通不便，或其他特殊情形使然，不足以示棉业之尚能维持也。兹将各县报告之意见，分述如次：

甲、农产品价格跌落及滞销之原因　谷贱伤农实为中国之普遍现象；而销路之迟滞，尤足以影响于农产品价格之低落。总合各方对此问题之意见如下——

1. 因丰收关系：近年来各地丰收，均在八成以上，家给户足，供过于求，自然因过剩关系，而致价格低落。况产量虽激增，销路反形锐减；向外运销既不可能，本地更无路销售，遂形停滞状态。

2. 农民之担负过重：农民大多皆积债累累，无法偿补，故新谷登场，即急于求售；求售愈多，销路愈减，价格亦愈低。

3. 外国粮食大宗倾销：外国农产品亦呈过剩现象，争向我国抢夺市场；即以小麦一项而论，青岛一埠二十年度计为三四，六七六，一五四海关斤，二十一年度为三五，九六一，五九四海关斤，二十二年度自一月至六月已达四四，九六五，九〇八海关斤之多。其他粮食入口之数，当亦不在少数。外国粮食施行其强霸倾销政策，中国农产品，只有甘受凌逼。

4. 棉麦借款之影响：政府与美国缔约借款，以棉麦抵价运销中国，一切商业家及专门粮食贩皆心怀警惧，以致影响粮食销路。

5. 商人操纵：一般商人见粮价不稳，故意扬言恫吓，使囤粮者不敢囤，卖粮者又卖不出，乘机操纵市场，从中牟利。农民既不明了外面形势，又散无组织，无法以少量生产向外运销，只有干受剥削。

6. 交通不便运费昂贵：各县交通颇多不便，以汽车载运粮食既不可能，而大车载运亦极麻烦，更以火车运费亦高于外国粮食运费，故颇难与外商竞争。

7. 苛捐杂税影响：粮食出境，须受检查，多有假借名义，故意留难，借故勒索，更有无赖小窃，敲诈偷盗；遂致加重成算，更或大蚀原本，一般小商人不敢再问津矣！

8. 人民之购买力薄弱：农村破产，金融枯竭，农民以清偿债务，每售罄其所有，度其最低级之生活；故一方则粮食充斥，而另一方则不免于饿殍也。

9. 外国高筑关税，使我国农产品不能输出；如花生一项实为农民经济之命脉，农民全年之花费几完全凭赖于此。据尹喆鼎先生“山东之落花生”一文所言：“山东落花生之栽培面积约三，二六七，〇五二亩，约占全省耕作地面积百分三·〇八，约占全国栽培面积百分之十六强；其出产是假定平均每亩以三担计，亦当六〇，九四八，〇〇〇担之多。”花生及花生油每年出口额至少应在三千万元以上，今年则因外税提高致农产品绝无行市，堆积不销。

10. 因粮食之销路停滞，需要麻袋之路，日渐减少，故影响麻价之低落。

11. 因外货之倾销，致土布及茧丝无法发展。

12. 至枣、桃、梨、韭、蒜、葱等，非日常生活之必需品，粮价低落，而人民之购买力又低，自亦不能不低价滞销；况此类果品无新式方法装置运输，欲得高价，尤属不易。

（以下表略）

二　日用品之贵贱

日用品之范围甚广，在本表中所述及者为油类、纸类、洋纱、炭类、糖类、食盐、布类、火柴等项；以上各项物品，每因各县之环境不同，价值颇不一致，——贵贱不能取同一比率。如靠铁道近者，货价自较离铁道远者之物价为廉；山川阻塞，交通不便者，自较交通便利处之物价为贵。更或商人操纵市场，利用一般人喜用洋货心理，假冒欺骗，故虽在洋货倾销之际，间有洋货价涨者；然此仅为特殊情形。依一般而论，则为洋货之价值低；本国货之价值高。洋人与中国同有之物品，如布类等，则物品之价值同低；只中国有之物品（指外人此项物品未向内地倾销者言），则价值高。更归结言之，日用品价格之提高者，固与农产品之价格相距过远；即日用品价格之低落者，亦未能如农产品价格之比例的低落：两者不能相应，故农村经济逐日就枯竭。兹将日用品价格贵贱之原因，述之于下：

A、日用品价格昂贵之原因　价格昂贵之物品，大多为本国货，如食盐、煤炭、火柴、纸类等——

1. 苛捐杂税过重：即以食盐一项而论，据刘有良先生“中国人民之盐税的负担”一文所言：“盐税与成本比，则盐税当在成本数十倍以上；盐的售价中，至少有86%为盐税，以人计之，则中国人每人每年须纳盐税在二元以上。盐税总数仅以中央所征收的计算，近年已超出一万六千万元。其他杂税之总计，当更庞巨。至于盐税所以会这样繁重而巨大的，实因需分配盐税的地方太多，……许多方面都在仰靠着盐税，盐税安得而不重。”盐价又安得而不高！山东盐税自民二至民廿一年间每担约缴总数（正附税皆在内）为六，三六六元（见同上文），而工捐食户捐尚不在内。至于其他统税，各省关卡林立，处处勒索，步步要钱，以致物品之成本增高，价格不能不贵。

2. 中国无机器及大工厂制造，所费成本过高：如纸类、糖类、尚多半为手工业，费时需工，故价格不能不贵。所幸者在中国乡村完全用毛笔书写，洋纸极不适用，日本所造毛边品质俱劣，故纸类在乡村尚能维持其生命；至于糖类在山东仅有半数为中国制造者，其价格亦以成本重而致高昂。

3. 运费过重：如糖类、炭类等，每因运费关系，而致价格益增。

4. 交通不便：如煤炭一项，各县本多价格低减者，但亦有四五县因交通梗阻，运输困难，以致运费增加，价格不得不昂贵者。

5. 包装不精，损失太大：如火柴、纸类，时有受潮霉腐，或燃烧之虞，以此，亦加重物品价格。

6. 商人贪利，提高市价：一般商人以洋货无利可图，故多经营中国货，利用爱国排外，以提高本国货物价格。

7. 以外人无此种物品向内倾销，而此种货物又为日常生活所必需，故商人得以恣意垄断剥削。

8. 商人以有放外货，适逢外人倾销，大蚀成本，故多欲于本国货捞本。

B、日用品价格低减之原因　价格低减之物品，大多为外国货，如煤油、洋纱、洋布等——

1. 外国生产过剩，将剩余货物输入倾销，故洋货之价格陡落。

2. 金元跌价，故物品亦同时跌价。

3. 各国互争市场，互为抵制，故物价下落。

4. 排日影响：九一八事变后，国人排日之风甚盛，日本经济颇受打击，故不能不尽量落价，以运销我国。

5. 因外货价格低减、影响于本国货物价格之低减：如土布及本国丝绸等不得不随之狂跌；但外货系大规模制造，而又以整个国家力量倾销，零散单弱之中国小工业生产当然不支，即周村小市镇，亦倒闭丝线工厂至四十余家之多。

C、其他特别情形致物品价格低昂之原因

1. 山东各县所用之糖，大半为日本货。糖在中国乡村销路最为普遍，日人自夺我产糖区域之台湾，即竭力培植、运销我国。西洋南洋之糖不能输入中国，而中国自造之糖又以成本运费交通等关系不得畅行，故日人对糖业不感过剩；又无竞争，遂得安然增高价格。

2. 中国之酒油，因粮食价低，所需成本较少，故亦同时落价。

第二表　日用品之貴賤表

附註：本表價格以元為單位

類別	品名	價格	桓台	博山	泰安	萊蕪	高苑	利津	無棣	霑化	濟陽	惠民	青城	陽信	淄川	長山	濱縣	齊河	長清	章邱	樂陵	肥城	齊東	總計	備考
油類	豆油	廿一年價格	6.0	5.4	5.2	5.0	7.5	5.5	6.0	6.0	4.8	6.0	4.8	5.4	6.5	5.5	5.5	6.9	4.0	6.0	4.0	5.5	5.5	117.1	油類除豆油以桶計算外餘均以斤計算
		廿二年價格	3.5	4.5	3.7	3.3	4.1	3.8	3.5	3.7	3.8	4.2	3.8	3.7	6.0	4.0	4.0	4.8	3.3	4.2	3.8	5.7	4.0	85.5	
		百分比	-19%	-17%	-29%	-34%	-45.4%	-31%	-41.7%	-38.4%	-20.6%	-30%	-21%	-31.5%	-9.1%	-27.3%	-27.3%	-30.5%	-17.5%	-30%	-5%	+3.6%	-27.3%	-27%	
	花生油	廿一年價格								0.18				0.22										0.4	
		廿二年價格								0.09				0.09										0.18	
		百分比								-50%				-59.1%										-55%	
	芝麻油	廿一年價格												0.4										0.4	
		廿二年價格												0.16										0.16	
		百分比												-60%										-60%	
	棉子油	廿一年價格												0.2										0.2	
		廿二年價格												0.15										0.15	
		百分比												-25%										-25%	
	[illegible]油	廿一年價格												0.22		0.24		0.19						0.65	
		廿二年價格												0.16		0.16		0.12						0.44	
		百分比												-27.3%		-33.4%		-37.9%						[illegible]	
紙	毛邊紙	廿一年價格			3.0	3.2			2.5												2.0			11.0	紙類除大紙以塊計算外餘均以刀計
		廿二年價格			3.2	3.5			3.0												2.1			11.7	
		百分比			+6.3%	+8.6%			+16.7%												%			[illegible]	
	粉連紙	廿一年價格			2.8									1.1										[illegible]	
		廿二年價格			3.0									0.9										[illegible]	
		百分比			+17%									-18.2%										%	
	大	廿一年價格	4.2	4.0	4.1													2.38		4.8				[illegible]	
		廿二年價格	4.2	4.0	4.1													4.36		4.3				21.46	
		百分比			[illegible]													+34%		%				[illegible]	
食鹽	[illegible]	廿一年價格	0.082	0.12	0.075	0.09	0.1	0.08	0.07	0.08	0.08	0.08	[illegible]	0.085	[illegible]	[illegible]	[illegible]	[illegible]	[illegible]	[illegible]	[illegible]	[illegible]	[illegible]	[illegible]	
		廿二年價格	0.125	0.15	[illegible]	0.11	0.1	0.13	0.11	0.11	0.1	0.12	0.11	0.1	0.11	0.1	0.1	0.12	0.16	0.1	0.12	0.1	0.11	[illegible]	
		百分比	+34.4%	+20%	[illegible]	+18.2%	%	+38.5%	+36.5%	+45.5%	+20%	+33.4%	+18.2%	+15%	[illegible]	+30%	+30%	+16.7%	+31.3%	+25%	+33.4%	[illegible]	+1%	[illegible]	
布疋	洋布	廿一年價格	0.22	0.13	0.07	0.09		0.08		0.12	0.12	0.12	0.15	0.15	0.15	0.1	0.12	0.08	0.1	0.075	0.1	0.12	0.12	2.215	布類價格以尺計算
		廿二年價格	0.17	0.12	0.07	0.07		0.08		0.07	0.1	0.08	0.13	0.15	0.12	0.08	0.08	0.08	0.08	0.068	0.08	0.1	0.1	1.898	
		百分比	-23%	-8%	%	-22.3%		%		-41.7%	-16.7%	-33.4%	-13.4%	%	-20%	-20%	-33.4%	%	-20%	-9.4%	-20%	-16.7%	-16.7%	-17.5%	
	土布	廿一年價格	0.12			0.12	0.1		0.07	0.08	0.035			0.13		0.1		0.08	0.1				0.08	[illegible]	
		廿二年價格	0.08			0.09	0.12		0.075	0.06	0.028			0.12		0.08		0.08	0.1				0.08	0.878	
		百分比	-34%			-25%	+16.7%		+6.7%	-25%	-20%			-7.7%		-30%		%	%				%	-10%	
	外國綢緞	廿一年價格												1.0										1.0	
		廿二年價格												0.8										0.8	
		百分比												-20%										-20%	
	中國綢綢	廿一年價格												0.35										0.35	
		廿二年價格												0.3										0.3	
		百分比												-14.4%										-14.4%	
	本國產[illegible]	廿一年價格												0.35										0.35	
		廿二年價格												0.4										0.4	
		百分比												+12.5%										+12.5%	
火柴	[illegible]	廿一年價格	0.035	0.035	0.03	0.035	0.04	0.035	0.035	0.035	0.03	0.04	0.04	0.05	[illegible]	0.032	0.032	[illegible]	0.03	[illegible]	[illegible]	0.035	0.035	[illegible]	火柴以包計
		廿二年價格	0.045	0.035	0.033	0.032	0.05	0.045	0.05	0.05	0.04	0.05	0.05	0.04	[illegible]	0.04	[illegible]	0.04	[illegible]	[illegible]	0.05	[illegible]	[illegible]	[illegible]	
		百分比	+22.3%	%	+9.1%	-8.5%	+20%	+22.3%	+30%	+30%	+25%	+20%	+20%	-20%	+30%	+20%	+20%	%	%	+3.15%	+20%	+30%	+30%	+17.1%	

第六圖　各縣煤油價格比較圖

附註、——為二十一年煤油之價格
……為二十二年煤油之價格
旁側數字以角為單位煤油價格完全以桶計算
此本格以五數進

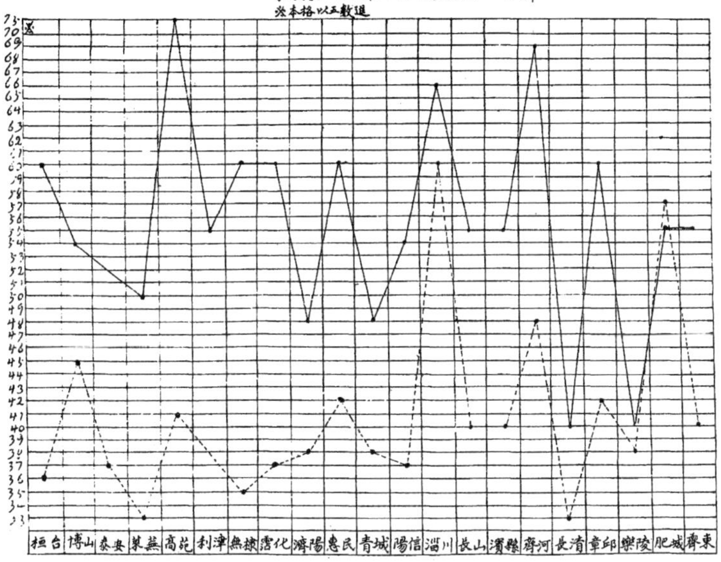

第七圖　各縣洋紗價格比較圖

附註、代表二十一年洋紗價格
代表二十二年洋紗價格
旁側數字以角為單位，洋紗完全以"塊"計算

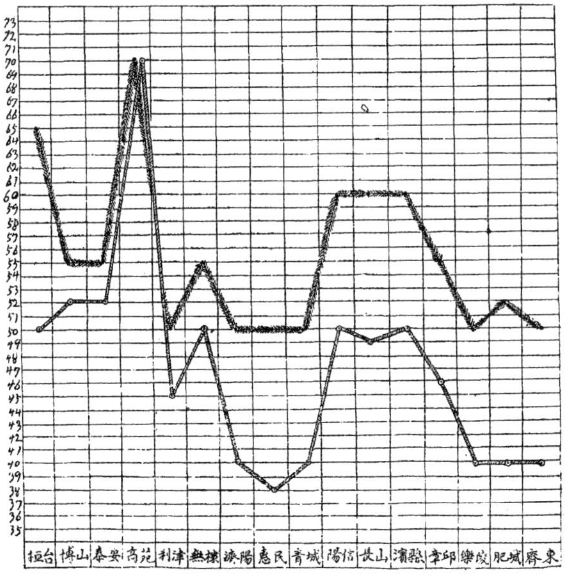

第八圖　各縣煤炭價格比較圖

附註：▨ 代表二十一年煤炭價格
☰ 代表二十二年煤炭價格
中間數字以角爲單位煤炭價完全以百斤計算

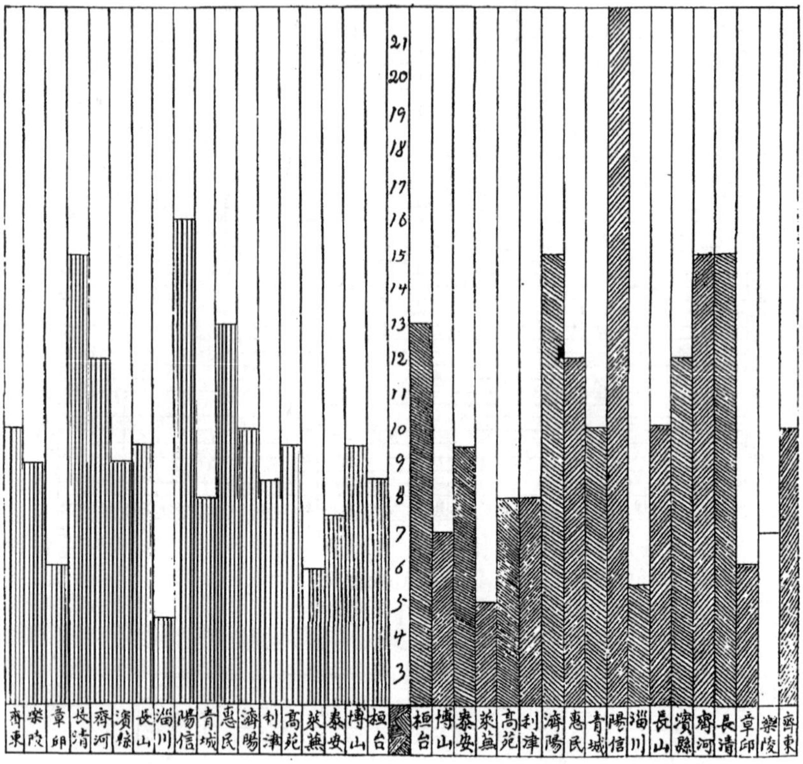

第九圖 各縣糖類價格比較圖

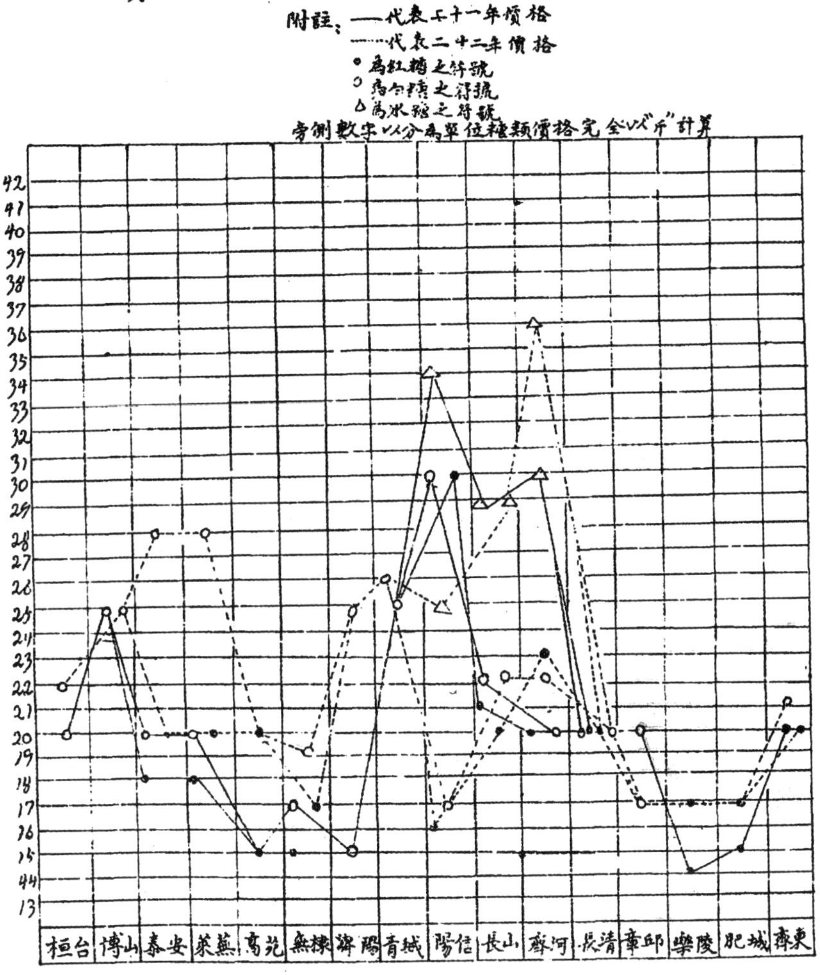

第十圖　各縣食鹽價格比較圖
附註：黑色條代表二十一年價格
橫紋條代表二十二年價格
旁側數字以分為單位，食鹽價格完全以斤計算

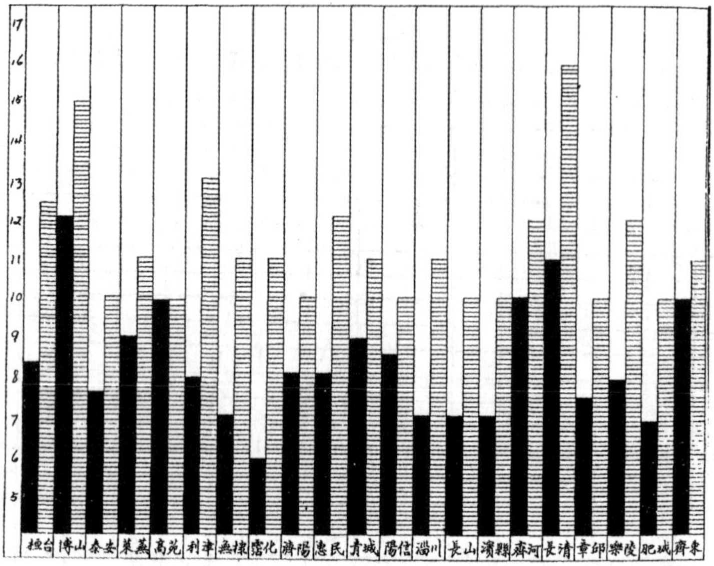

第十一圖　各縣布類價格比較圖
附註：一代表二十一年價格
代表二十二年價格
○為洋布符號
•為土布符號
旁側數字以分為單位布類價格完全以尺計算

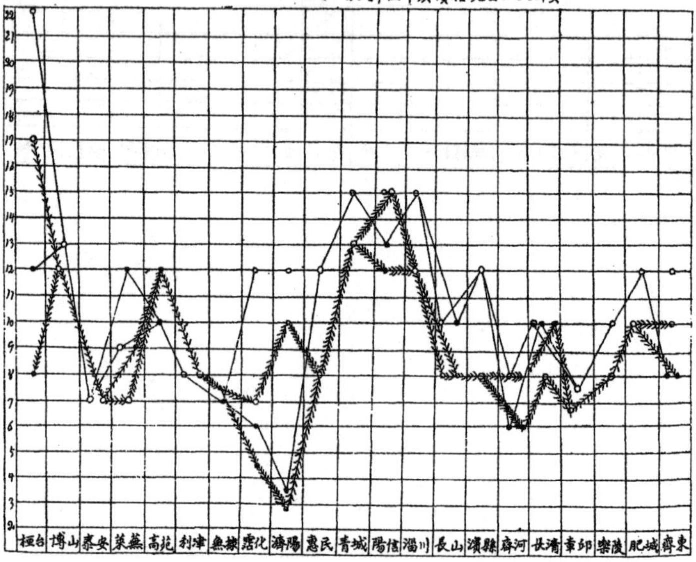

第十二圖　各縣火柴價格比較圖

附註：•—•代表二十一年價格

•-‐-•代表二十二年價格

旁側數字以厘為單位。火柴價格完全以"封"計算

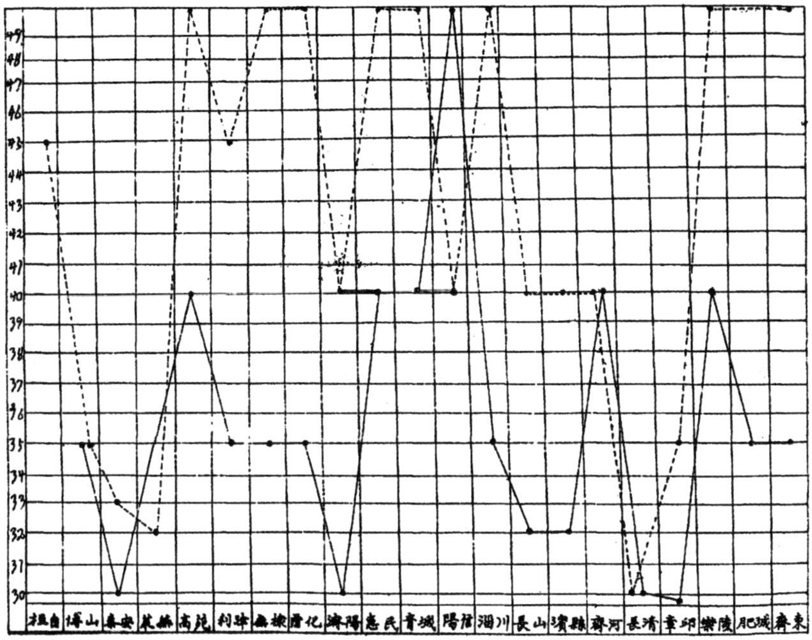

三　农民之负担

农民负担在山东亦綦重多。在表面上虽似较好，然就实际言之，固亦内幕重重也。本表所及者，仅田赋之正税及附捐，至于其他捐税，则未述及；兹于表外，略为一述：

本省捐税据调查者言，约有十七种：

1. 牲畜税——（此行税系单指牲畜行而言，猪羊除外）在一县之内，所有各市镇集场，皆有牛驴骡马市，由县政府预测集市大小，取投标办法，招令地方人前往投标，以出价最高者为标准；出价最高者胜利后，具书合同，缴纳行款，即取得行主权。凡属牲畜市买卖权皆得操之于手。每一牲口交易，买卖双方皆数目中增（减）若干元为行税。再则经纪（当中

经手人）者对双方皆不取明白办法，只用暗语谈判，一方更加以谩骂威胁，结果，双方损失皆非常之大。

2. 猪羊行捐——取得行主权，亦如上法，卖主将猪羊取出后，不能取得现款，多以行主为保证，赊账运贩；虽亦立有期限，但期限一至，则又额外讬词推开，常数倍期限始可得款。结果，行主一资不投，即可获得多利；农民借款倍息，每至叫苦不迭。

3. 屠宰捐——杀猪羊等物，每头常由一元至七八角不等。

4. 粮行捐——行主（所谓行主皆为已握有把揽地方之政权者，）取得行权后，斗行中斗户皆统属于行主，于每集期由斗户抽头，卖方以所剩余粮食作抵，买方则按所规定之章程出资，集罢与行主均分。

5. 菜市捐——由秤头收资（小于行主）。

6. 花生行税——此行亦由握有地方政权者，由县政府直辖下包办。但同时亦与商人勾结，操纵价市，剥削农人；更加以极廉工资，雇用工人（大半为女工）做去壳筛簸等事。

7. 火印费——凡有枪支农户，于每县长到任之后，必重烙火印，枪支及子弹皆发给执照；捐数颇不一致，最低限度亦为一元五角。

8. 统捐局——凡交通要冲，皆设有统捐局；统捐局最要任务，即为截堵出入本境之一切商品，如粮食及牲畜等。

9. 油税——农民于农暇时，多自动组织小榨油坊（花生油），但亦必与市镇油坊按章同样缴税。

10. 火药捐——农民无购买钢枪能力，多用土洋炮，此种武器所需要者为硝磺火药，市上买卖此物者时受禁止，或受罚款。

11. 烟酒税——农民吸食烟酒之习性最深，救治之途，非单从厉加重税所可奏效，但政府虽明乎此，然为丰裕税源起见，不能不假善意而行私心；故农民颇多因烟酒关系，致忙然一年仍洗然一身者。

12. 粉条捐——农民于春冬暇时，多制粉条粉皮；各县中，间亦有取捐者。

13. 糖捐——农民于冬季抑或用大麦等制糖，名曰芽糖；此种糖亦有捐税。

14. 营业税——市镇之大小商店开张时，必须向该直辖机关缴纳营业税，领取营业证，方准开张。

15. 飞机捐——九一八事变后，一般在朝先生大唱飞机救国论，并通令各处募捐购买飞机，结果飞机未买，募款亦钻入私囊；令人不可悬想者，国难亦变为搜钱工具，可悲也夫！

16. 水灾特捐——因二十二年黄河水灾，发起募捐赈灾。

17. 汽车路捐——汽车路之修，劳民伤财；修成后农民不得在上行走，骡车小车时有被扣留，毁耳或打罚者。

此外尚有多种：如官绅之暗中剥削，差役之私下勒索，军队之到处强取等；此皆无固定形式，殊难一一列出。

至于田赋一项，实亦不下于其他各省（除有战争或其他特别情事省分）。正税附捐及区乡镇村公所杂费，二十一年各县中最高数（正税每一两银）为四〇、五元，最低亦在一二元以上；二十二年最高者为二一元，最低者为一六、三元。平均二十一年为一七、二九九元，二十二年为一六、一四元；二十二年较二十一年减少3.2%。但按正税每一两银缴纳四元数计算，二十一年，二十二年皆超过正税四倍以上。自本表中考察，可以清楚看出，县捐税比区捐税稍轻，最重者为乡镇捐税；村杂费则甚少，因村长无大威权以为工具也。其原因诚如许达生先生“苛捐杂税”一文所述：

“因为中央政府可以借外债，易于举内债，而又有海关与盐税等广泛的税收，所以他的捐税便较各省政府稍为温和；因为各省政府的财政泉源亦较各县的较为舒展，活动范围较为宽广，所以其捐税便较后者为温和了。换言之，愈上级，则其财源较大，因而捐税就无须太苛刻；愈下级，则其活动范围愈小，因而其剥削便不得不深刻，便不得不尽量露骨；所以纵轻的方面来说，捐税是以区乡镇公所的最为苛刻。”

因捐税之繁重，人民经济能力不堪负担，故农民日就贫困，离乡日多；由乡村之破坏，而更影响于都市之萧条。

四　地价之低落

各县地价，二十年二十一年已逐渐低减，但至二十二年低减程度尤为剧烈。二十一年上等地价最高者（每亩）达三百五十元，最低亦在三十元以上；二十二年最高者仅二百元，最低者达十五元：平均较低39.7%。二十一年中等地价最高为二百元，最低为十元；二十二年最高为一百二十元，最低为四元：平均较低42%。二十一年下等地价最高为一百元，最低为四元；二十二年最高为六十五元，最低仅及一元：平均较减48%。最近仍有更形低减趋势；兹将其低落原因述之如下：

1. 农产品价格惨落，农家因而收入减少，农村金融因而停滞，人人皆深困于穷，无力购买土地故价格因而跌落。

2. 日用品之价格昂贵，但为迫于需要不能不用，更使穷之程度加重，因而益影响于土地价格。

3. 农民之捐税太重，而又有种种不法剥削，因而出多入少，渐皆从而破产；因之出卖土地者多，而有力购买者少，故地价大跌。

4. 种地者以人工吃食太贵（人工虽近年太贱，但与收获粮食价格相比已为甚贵），种地只有亏本，故卖地者更多，买者更少。

5. 比较活动之农民，因土地收入微薄，多变卖土地、从事工商业，因之亦影响于地价。

6. 积有余钱之富农及豪绅商人皆出资借贷，重利盘剥，其利率至少为四分，并于订立契约时书明以××地××作保字样，更须书明无利大钱若干字样；如此做法，不惟不畏中途生变，且可安稳得到土地。因之促使农民不能不急于变卖土地，以偿债累，地价因以降低。

7. 近年乡村时遭意外之变，如兵、匪、疫灾等，值之者辄至倾家荡产，因而不能不急急出让其田宅，买主觑其情急，任意抑价。

8. "财大祸多"，为今日乡村最通行之成语，有钱者皆故作困难，藉免扎眼；有钱人既不买地，故地价更低。

以上是各县中最显明的几种原因。因为地价的关系，在社会上将更发生极多坏的影响：

A 农民将渐次失去其土地，土地渐渐集中于少数工商业者之手。

B 农民之离乡者将日渐其多，生产力将日渐减少。

C 荒地面积将逐渐增加，生产程度无论在质或量方面皆必日渐减缩。

D 农民既失去其维持生命之场所，将老弱者流转沟壑，少壮者沦为兵匪。

E 人心将日益沉沦，礼俗将日益破坏，社会将日益不宁。

五 人工之低贱

因农村之破产，农村金融之枯竭，致一般农民多由自耕农，逐渐没落而为佃农雇农；及至雇农，已达于农民之最后生命防线，完全失去其生产工具，只有作长期或短期出卖其劳力于地主及自耕农，在一定时期内，以货币表现或谷物，获得定量报酬，以维持其生活，但近年来，雇农之工资，逐渐跌落，大有不能维持之势；其原因：

（1）因农村普遍皆穷，往年可雇用二三人者，今年不过一人：大多数农民皆自己尚不能维持饱暖，安能再雇雇工，故工资因以下低。

（2）雇农日多，所需者日少，故工资又不能不低落。

（3）日人侵占东北后，各县贫农赴东北谋生之路绝，雇农既有生活之累，又难寻雇主，故率相竞争，工资因以减低。

在第五表中，除农工完全降低外，尚有泥水工、木工、石工，仍得保持原状，因此数种工作，全系技术问题，非一般人率尔可能，又因彼内部皆有严密组织，徒弟听命于师父，师弟服从于师兄，凡在此一范围内工作之人，大多皆有相当联系，大家共同公议一种办法，互相遵守；如工资一项，假定日工每日为大洋五角，则无论何时何地皆必以五角计算，否则宁愿憩闲。彼等又皆以农为主业，以此等工作皆为副业，故生活上不甚发生问题，而雇者则迫于急需，莫可如何。至于农工全无组织，又几为人人可能者，故殊难与其他种工作相比也。

各县雇农计分三种：（一）长工（年工），（二）月工，（三）短工（日工），兹将其经济生活述之如下：

（一）长工——长工完全以一年为期，通常皆自九月九日或十月一日上工，至次年九十两月下工。其工作颇不一致，如地主之雇农，亦名目杂出，有“使牛的”“头蹚子”“杂活的”等等称谓；雇农即按照名义从事工作。但在普通自耕农家之雇农，则不取分工形式；雇主每于雇用之前，先访察其是否勤利老实。次则问其能否耕种拉打，再则挑水、拾粪、制绳等等，亦为具备条件。雇农于女主繁忙时，小孩也须携带；故雇农于一年之间，实无片刻间暇，其劳动方式要以手脚不使闲为标准。雇主对雇农除供给伙食及住所外，亦有津贴；通常大都年给粗布汗衫一身，斗笠一个，蓑衣一领，芦席一片，汗巾一方，草鞋一双，月给旱烟一斤。前数年于工资外尚得带地数亩（无固定标准，大多由工资及大概情形比较而定带地亩数），与雇主分收，所带之地大多为秋季庄稼：近年不独不得带地，即工资亦低落甚多。以二十一年与二十二年比较言之，二十二年平均减去25.8%。二十二年各县工资最高者为六十元，最低者为十五元，平均得四十三元二角五分。假定雇农家庭以四人计算，每人每月需洋三元，合计全年亦需一四四元；故雇农全年所得自己全不妄用一文，亦难维持生活，因之只有妻子为奴，或流离转徙。

（二）月工——月工系变形之短工（日工），其性质稍不同于短工，即取得工资必俟一月终结。其工资计算约分两种：一种即按每日市价计算，待月终相加即得，一种为雇主预先定出工资额数，雇农情愿即可上工。此类工作大半为农忙时：自耕农家平日为人口不多免除麻烦，不愿雇用年工，待农忙季节人不够用，始雇月工；再则不甚丰裕之自耕农，平日不能雇用工人，只可于农忙时觅一比较时期稍长而固定之月工；亦有人口众多之自耕农，平日不需要有长工，待农忙时觅一月工帮忙。其上工之日期，不必按照月头月尾，只以三十日为限；期满即可下工。此类工人多系由短工中检选出来，或本村邻村所熟悉之最好活路之雇农。以故，此类工人颇不易觅，工价亦较短工稍高。但近年来亦以遭逢乡村危运，而致工资低减。二十一年工资最高者为七元五角，最低者为三元，平均约合五元五角；二十二年工资最高者为六元，最低者为二元五角，平均约合四元三角，较低落21.6%。以每月收入甚微之月工，竟致减去一元二角，其困难情形当可想见。

（三）短工——短工以一日为限度；雇主仅供给伙食，每日三餐，早饭在红日始出，晚饭则必天黑。短工寻工方法颇不一致，大概在乡村间，多为前一日（或数日前）由雇主约好，次日绝早即来雇主处下坡工作；此类短工可以信托，虽家庭无人，亦不妨事。再则于绝早携带工具（镰锄之类），赴市镇上市，（俗名打短）；此类工人多被大地主叫去。其工资价格以地主定出为标准，或有专人经营其事。乡村工价完全以附近市镇为转移，但乡村内所供给之饭食较优，故工人非至万不得已时不去市镇打短。但近年来以农村破产，雇农增加，更以粮价低廉、收入不丰，普通农户多不愿多用工人，因而工资大减。即以二十一年与二十二年之比较，即减去

35.6%。二十二年日工工资最高者为五角，最低者仅及七分，各县平均短工每日工资为二角四分强。以此区区之资，欲以供应一家人之生活，殊非易事；况农忙有一定季节，固非长年皆有工作可做，雇农又皆家无恒产，出入殊难相抵。以故，不得不借贷以图暂存，所借贷者多为粮食，当借贷粮食时，又正当粮价高涨时，即以当时粮价作算，至次年农忙时，再为借贷主工作偿补；如此循环拖延，其命运当不难预测。

综观以上各种统计所述，当可想见山东农村经济之破产程度，已日益深刻化。最近鲁代表李天倪先生于中央经济委员会所提出之“提高粮价案”中对山东农民收支有一大略统计：

“农民每种赋地一亩，自播种耨获，以至登场入仓，至少需工七人，工资伙食，贵贱牵算，平均每工计需四角，已近三元之谱，种子肥料每亩计需四元，每亩纳粮计需一角六分，附捐称是（每赋地二十五亩纳银一两，每两折征四元，平均每亩应纳如上数）；漕米六分、附捐相等：正附丁漕合计共四角四分。他如乡镇自治，公益摊派、自卫民团摊款等，虽无确定数目，亦每亩一二角不等。是合计每亩工费，已至七元四五角多，而每亩所得精粮，普通不过二百余斤（约斛斗担余），即价值最贵之小麦每百斤不过三元，其他杂粮价格尤低，即全数卖出尚不及成本原额；其衣食之资，婚丧之费，世事应酬之消耗，将何所取给乎！……”

即依李先生之言，农民收支已不克抵敷，况事实上尚有许多浮捐滥派，及暧昧之剥削行为乎！

山东农村经济问题之严重，已如上述。前已言之，此问题实为今日中国之普遍现象，国内人士亦已深刻感觉此问题之迫急，于是方案方策层见不穷。如中国经济月刊“农村经济专号”后，所辑数十名家关于农村复兴之方案与意见，皆洋洋千言、娓娓动听；但详为一考，则觉此仅足装潢纸面，实难见诸实行。——策案虽多，以之作文章读则可，以之作改造社会救济农村之根据则未足；盖以其所缺者，“只抱一种希望态度，而不负责任说出、并未顾及行使此策案之力量何在”也。无行使此策案之力量，策案虽多且佳，亦与无策案等耳！处今日中国社会中，实无法寻出行使此策案之力量：以言政府，则诚如梁漱溟先生所言：“中国现在南北东西上下大小的政府，其自身皆为直接破坏乡村的力量。这并非政府愿意如此；实在他已陷于铁一般的形势中、避免不得。乡村建设的事，不但不能靠它，并且以它作个领导都不行。”以言乡村，则乡村农民率皆愚昧散弱，不惟对国际国家事情，做梦不知，即对本县乡村事情，亦多不相闻问。因历史及环境养成一种无组织散漫习惯；以言合伙、商议作事，则尤不可能。如此农民，奚言力量！

再则问题本身亦非单独存在。即以农村经济问题而言：农产品之低价滞销，日用品之昂贵，赋税摊派之繁重，足以影响于农村金融枯竭，经济破产；更由此而影响于工人之增加，地价之低落，及高利贷之剥削。由工人增加，而致工资低减，更引起离乡人口之激增。生产力之减少，于是兵匪益多，人口之死亡率加大。由地价低落，将引起荒地面积扩大，及土地逐渐集中。由高利贷之剥削，更加重农民之负担，加速农民失去其土地。由上种种情形：将更使人心改变，礼俗破坏，社会秩序紊乱；更转而加重农村之破坏。如此循环辗转互有连声之农村经济，岂单从提高粮价，或增加生产所可解决。再则农村经济问题，与政治问题及其他一切社会问题，皆有密切关系。亦非单从经济问题着手，所可解决。此意梁漱溟先生在《乡村建设是什么》一文中曾为述及，兹引其原文如下：

“整个中国社会，现在日趋破坏，向下沉沦；在此大势中，其问题明非一乡一邑所得单独解决。局部的乡村建设如何可能！即如破坏乡村的力量很多，而以眼前中国的政治为最大破坏力。但是政治的影响又是那一处局部的乡村所能逃的呢？假设因为中国政权分裂的方便，或有局部的地方，其政治情况较好，但又如何能够逃得出那无远弗届，无微不入的经济影响呢？譬如邹平一县，划为县政建设实验区后，在政治上所受不良影响当然可以减少，但是丝业恐慌，棉花价低，粮食跌价等影响，是遮拦不住的。所以凡以为乡村建设是小范围的事，是局部来解决问题者，都是错的。同样道理，片面的从任何一方面求乡村建设，亦为不可能。生产增加，不单是生产技术一面的事，乃与经济上各种皆有不可离的关系。富力增加，亦不单是经济一面的事，乃与社会各种问题皆有不可离的关系。所以乡村建设天然包含着社会各种问题的解决；否则乡村建设即为不可能。那种事理所不容有的说法，当然是错误的。粗略言之，与生产技术进步最有关系者，是农民合作组织之发达；而合作组织之发达，天然有农民教育程度增高，农民势力强大等等事实包含在内。……”

由梁先生话中，已很可看出解决问题之方向，非在问题本身，或问题之枝节处着手所可解决，而必须更深一步的认识问题的要点。——超过问题，始可解决。但我们亦不应抛却问题之严重性于不顾，因问题之严重性，或将不允许我们从容以从事也。故对中国经济问题之解决，天然应有两方面：

甲、消极方面：即一般经济学家所提议之方策方案，如提高粮价，增加生产等。但要以适合农村情形，保证其确不至变为坏破农村之力量，尤要视其力之能及，与事之能行。

乙、积极方面：农民所最缺乏者，为组织能力与习惯，故散漫而无力。目前所最要紧者，厥为启发知能，增殖物质，以促进组织。组织渐渐成长，则农民合作能力愈高（对一切事都能合作），则其力量愈能发挥意见。如此，则新社会之端倪于此可见，人类正常形态之文明于此辟出，社会上之一切问题皆得解决，经济问题当亦解决。此时经济上，“富”为综操于社会，分操于人人，为一最合理之经济组织。故在积极方面，即在如何唤起乡村之自觉自救，如何引起与培养农民之组织的力量！

以上所述两点，最好仍用梁先生话来结束它：“乡村建设天然是中国社会的一种社会运动，要靠知识分子来引导。要靠乡村自身为主力，政府只应予以方便赞襄，而不应负责包揽去作。”农村经济问题占乡村问题之主要地位、故农村经济建设亦为乡村建设中之主要工作，故必循此道路始可得妥善之解决！

邹平县政建设实验区
卫生院医院廿三年度
第一二期工作概况

山东乡村建设研究院编印

目　　录

第一期工作概况（七月至九月）

一　筹备经过

“山东乡村建设研究院”举办医药卫生事业之动机，业早发轫于民国二十二年夏。唯以一时人才、经费，未能立事筹就，难克即行实现。后经梁院长之各方奔走，始得内政部卫生署及全国经济委员会卫生实验处之协助，与私立齐鲁大学医学院之合作；并商得上海市卫生局李局长廷安之同意，暂聘借该局技士李玉仁为主任。继奉山东省政府批准开办费四千八百元；并暂定每月经常费一千一百八十五元。遂自七月起开始筹备，当即商定以研究院图书馆及县政府第五科房屋为院址，即日进行修理；并聘得朱邦仁、章钊二人为本院医师，许佐华、牛宝珍、唐桂琏等为护士，已于本月先后到院。又为应付地方需要起见，业自二十日起开始诊病，然后定期举行开幕典礼。兹将已往工作概况分述如后。

二　工作情形

甲、卫生教育

（子）设立卫生陈列室　为启发民众卫生知识及引起其对于卫生之注意起见，特设陈列室一所，诸凡关于卫生之模型、图书、用具、衣物等，均在该室陈列之，以便民众随时入览。

（丑）疾病预防教育　为灌输民众对于疾病之预防常识起见，凡来本院就诊之病人，除与医治所患疾病之外，对于其所患该病之原因及预防法，均须由本院医师及护士对之详为解说。

（寅）卫生教学　本院应小学教师讲习会之约，为该会学员讲授卫生课程两星期。时间为每星期二及星期六，十一至十二时；由本院主任李玉仁先生担任讲师。

乙、诊疗事项

本院为人力经费所限，诊疗疾病暂以门诊为主；病室暂缓设置。唯为隔离传染病及临时救急起见，特设急病临时驻留室一所，专备急病临时留驻之用。其普通应住院治疗之病症，概由本院介绍至周村复育医院及济南齐鲁大学医院，优待治疗。

（子）诊例　本院诊病概以免费为原则。唯为稍示限制，只收挂号费铜元数枚；并为维持秩序、便利病者、增加工作效率起见，特订定诊例如下：

一、每日上午八时开始挂号，十一时截止；八时半开诊。下午一时起开始挂号，四时截止；一时半开诊。

二、每日上午为男病人诊病时间，下午为女病人及幼婴诊病时间；星期日停诊。

三、初诊病人每号收挂号费铜元拾枚（即大铜元五枚）；复诊病人每次收挂号费铜元四枚（即大铜元二枚）。

四、特诊每次收挂号费二角；出诊每次收费一元。（限于城关）

五、除特种药品另有规定外，诊病给药，概不收费。

六、每药瓶收押款铜元拾枚（即大铜元五枚），还瓶时发还。

七、赤贫者完全免费。

八、研究院以下各机关职工、学生等诊病办法另订之。

九、本规则自核准之日实行。

十、本规则有未尽适合处，得呈准研究院随时修正之。

（丑）病案保管　本院以鉴于各处病案保管之方法虽多，但各有利弊，同时病案保管，有关于疾病之统计者甚大；本院特试用以住址为根据之保管法，近经试用，尚无不便。兹说明如下：

一、按照邹平县政建设实验区之划分，以每乡病人为一组。全县共分为十四组。

二、每乡所有之村庄各为一小组。

三、首善乡分城内及四关为五小组，而以街路胡同等为次小组。

四、每小组及次小组以所有姓氏为单位。

五、他省县人则以省为一组，县为小组，姓为单位。（如下图）

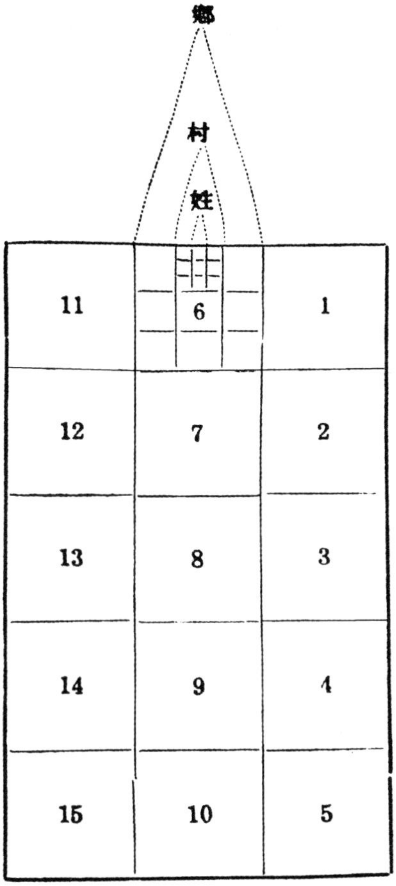

病案保管图解

（寅）诊疗　本院以一时未能筹备就绪，不克正式开诊；为应训练部学生之急需，自十三日起，假研究院办公厅，开临时诊疗所，每日由本院派医师及护士前往应诊。迨至二十日本院正式开诊，该项工作即行停止。唯为便于工作计，特订每日下午一时至二时，为研究部及训练部学生之诊病时间，其他概行停止。查自二十日开诊，计十日开诊二十七次，连同就诊学生，就诊人数共计五百八十七人，就诊次数八百一十六次，病症八百四十九例（详见下表）。

	新	旧	总数
病人	587	229	816
病症	648	201	849

（卯）印发免费诊疗券　本院除备有民众免费诊疗券，专为赤贫民众免费诊疗使用外；并为便利公务人员及学生起见，特印发免费诊疗券一种，并附有该券使用办法，分发各机关及学校使用。计分发数目如下：

号数	份数	机关
1—50	50	县政府第一科
51—100	50	县政府第二科
101—150	50	县政府第三科
151—200	50	县政府第四科
201—250	50	县政府第五科
251—300	50	公安局
301—340	40	民团干部训练所
341—420	80	简易师范
421—520	100	实验小学
521—570	50	县党部
571—610	40	商会
611—860	250	训练部
861—900	40	研究部
901—940	40	农场
941—1000	60	总务处

本院免费诊疗券使用办法：

一、本券使用，只限于本院及各机关职教员、学生及工役等。

二、研究部或训练部学生至医院就诊时，须持此券；并由班主任签证。

三、研究院及各机关之职教员、学生、工役等，来本院就诊，且有负责人之签证者，可完全免费。

四、每券只限一人使用一次。

五、初诊者，由签证人将复诊涂去；复诊则将初诊涂去。

六、此券只限于规定诊疗时间内，来院就诊者用之。

三　人员及组织

附：组织表（见附表一），职员履历表（见附表二）

四　开办费支配情形

附：开办费预算表（见附表三）

五　经常费预算

附：薪俸预算表（见附表四），办公费预算表（见附表五），经费来源表（见附表六）

六　本期各费收支情形

附：第一期各费收支表（见附表七）

七　本院设备内容及房舍分配

附：本院房舍分配图（见附表八）

八　临时应用表格

1. 诊疗人数逐日统计表（见附表甲）
2. 病症分类逐日统计表（见附表乙）
3. 诊疗记录表（见附表丙、丁）

附表一　　　　　　　　　　　　**组织表**

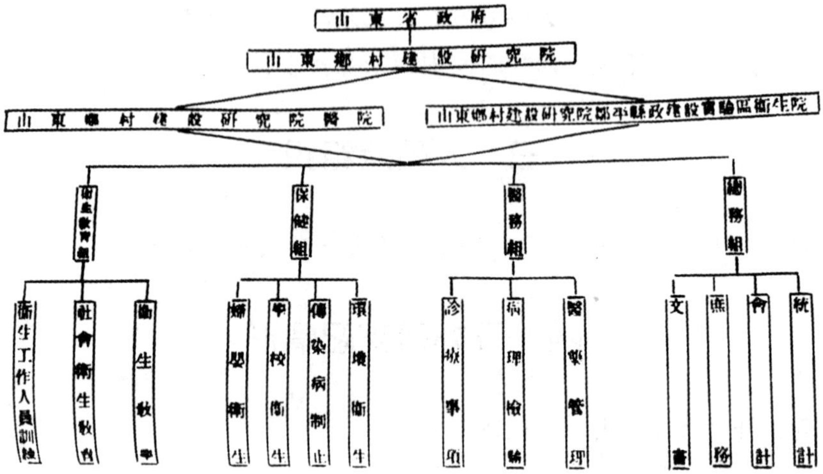

附表二　　　　　　　　　　　　**职员履历表**

姓名	性别	职务	学历	经历	到职日期
李玉仁	男	主任	私立齐鲁大学医学院医学士	齐鲁大学医院医师 上海市卫生局高桥乡村卫生模范区副主任 上海市卫生局吴淞区卫生事务所副所长	廿三年七月一日
朱邦仁	男	保健医师	私立齐鲁大学医学院医学士 北平协和医学院公共卫生专修科毕业	南京市卫生局技士 奉化溪口武岭医院院长 燕京大学清河镇社会试验区卫生股股长 上海市卫生局学校卫生股主任	廿三年九月一日
章钊	男	诊疗医师	私立齐鲁大学医学院医学士	齐鲁大学医院医师 齐鲁大学医学院病理部助教	廿三年九月八日
牛宝珍	女	公共卫生护士	中国红十字会第一医院护士学校毕业 上海市卫生局高桥乡村卫生模范区公共卫生护士训练班毕业	上海市卫生局高桥乡村卫生模范区公共卫生护士 上海市卫生局吴淞区卫生事务所公共卫生护士	廿三年九月一日

续表

姓名	性别	职务	学历	经历	到职日期
黎梦琪	女	助理员	湖南长沙仁术医院护士学校肄业 上海骨科医院护士学校肄业 南京中央医院护士学校肄业		廿三年九月一日
张鸿琳	男	药剂士	私立齐鲁大学药剂士训练班毕业	齐鲁大学医院药剂士	廿三年九月十九日
张玉森	男	事务员		唐山车站司务员	廿三年九月一日
高惠亭	男	书记	河北省立工业学院肄业 山东乡村建设研究院讲习会	青岛纺纱工厂职工系华工宿舍管理主任职工学校校长	廿三年九月一日

附表三 **开办费预算表**

项	目	节	名称	预算
第一项	第一目	第一节	诊疗室用具	480.00
		第二节	药房用具	240.00
		第三节	手术室用具	370.00
		第四节	消毒用具	400.00
		第五节	试验室用具（显微镜除外）	180.00
		第六节	公共卫生护士用具	60.00
		第七节	交通用具	150.00
		第八节	瓶罐	40.00
		第九节	衣物	200.00
		第十节	药物	450.00
		第十一节	杂物	150.00
	第二目	第一节	家具	400.00
		第二节	器皿	250.00
		第三节	杂件	100.00
	第三目	第一节	房屋修缮	1330.00
共计				4800.00

附表四 **薪俸预算表**

职别	薪俸
主任一人	一百八十元
医师一人	一百六十元
医师一人	一百元
公共卫生护士一人	五十五元
公共卫生护士一人	五十元
诊疗护士一人	三十五元
助理员一人	二十五元
药剂士一人	三十五元
助产士一人	四十元
事务员一人	三十元
书记一人	二十五元
工役四人	三十六元
总数	七百七十一元

附表五 **办公费预算表**

事项	预算
水煤油烛	五十元
文书印刷	二十五元
纸张文具	二十元
交通	二十四元
修缮	三十元
杂支	四十元
医药器械	二百元
准备金	二十五元
总数	四百一十四元

附表六 经费来源表

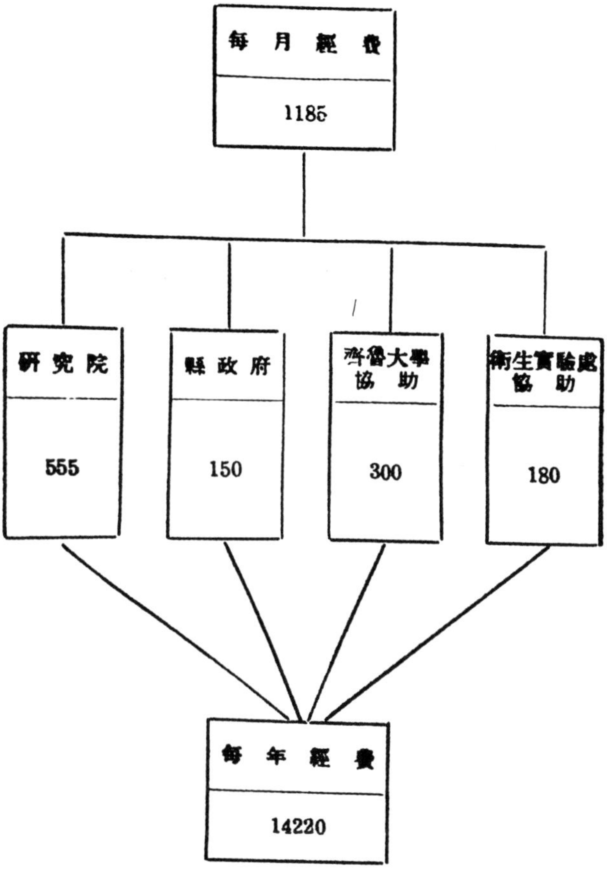

附表七 第一期各费收支表

	各项支出			每月支出共计	各项收入	
	薪俸	医药器械	杂费		挂号费	药费
七月	180			180		
八月	260			260		
九月	611.22		138.28	749.50	10.37	3.5
各项收支总计	1051.22		138.28	1189.50	13.87	

附表八　　本院房舍分配图

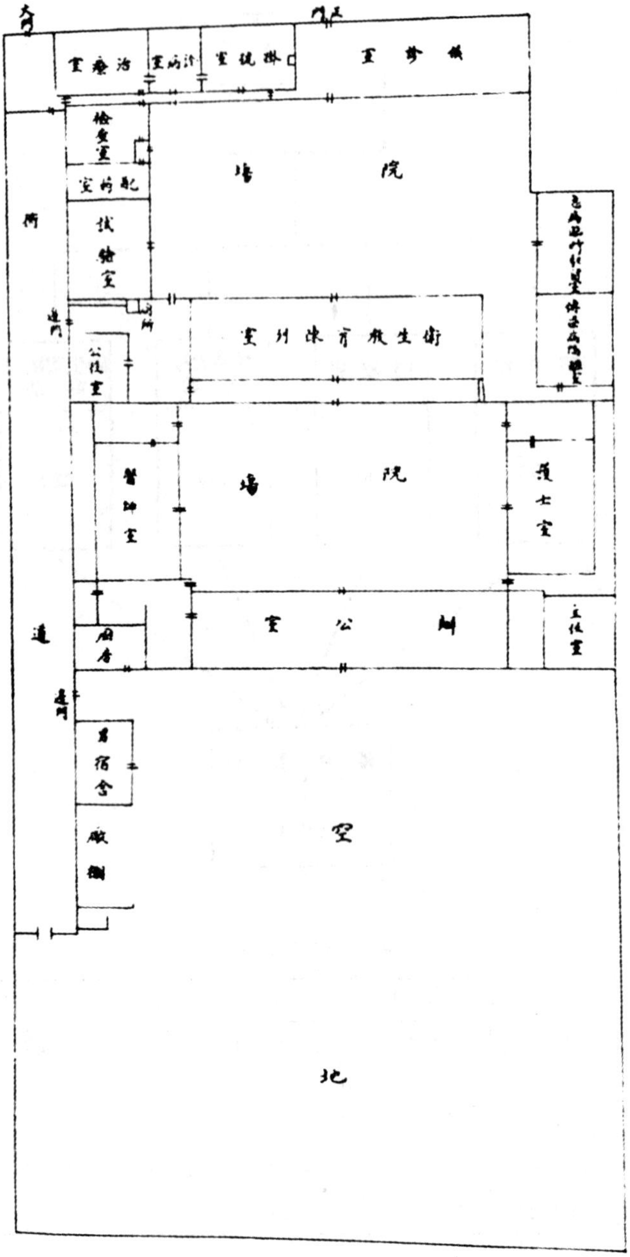
大門
治療室
掛號室
候診室
檢查室
配藥室
試驗室
院場
廁所
過道
公役室
衛生教育陳列室
傳染病隔離室
醫師室
院場
護士室
廚房
辦公室
男宿舍
空地

附表甲　　23 年 9 月份诊疗人数逐日统计表

日期	一	二	三	四	五	六	七	八	九	十	十一	十二	十三	十四	十五	十六	十七	十八	十九	二十	廿一	廿二	廿三	廿四	廿五	廿六	廿七	廿八	廿九	三十	卅一	總數
門診次數													1	1	1		1	1	1	3	3	3		3	3	3	3	3	3			
門													12	6	21		7	13	12	47	72	73		94	81	97	110	89	92			
出診人數																																
急																					1											
總數													12	6	21		7	13	12	47	73	73		94	81	97	110	89	92			

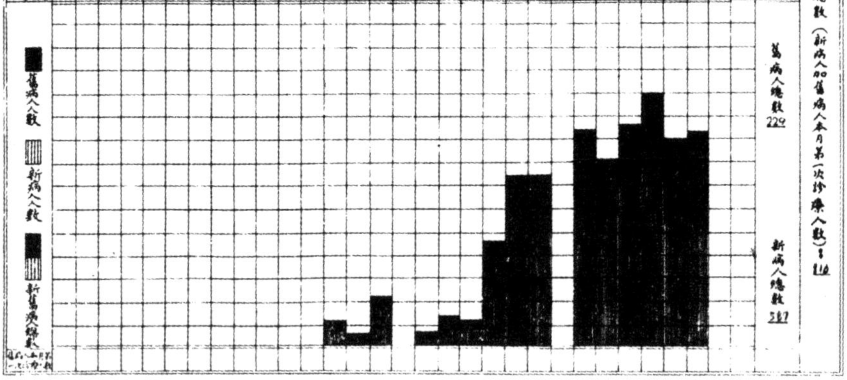

附表乙　　23 年 9 月份病症分类逐日统计表

病類 日期	九種法定傳染病									其他傳染病																																病別總數		
	傷寒	斑疹傷寒	痢疾	天花	鼠疫	霍亂	白喉	流行性腦脊髓膜炎	猩紅熱	流行性感冒	麻疹	[illegible]	瘧疾	其他	結核病	肺結核	癩病	性病	腫瘍	神經系病	呼吸器病	消化器病	牙病	循環器病	新陳代謝病	衰竭	貧血	泌尿器病	運動器官病	表皮病	疥瘡	眼病	砂眼	耳病	創傷	狗咬傷	婦科病	其他疾病	傷重元	原因不明	覆診總數	[illegible]	初診總數
九月一日																																											
二																																											
三																																											
四																																											
五																																											
六																																											
七																																											
八																																											
九																																											
十																																											
十一																																											
十二																																											
十三			3																			3	2							2	1		1										12
十四			5																			1																			3		6
十五			6																	1	3	3								4	2		1								4		14
十六																																									4		
十七										1												1								1				1									3
十八			4																		3		2							3											4		12
十九			4																			3								2											9		
二十			4									1			1	1		3	2	1	4	11							3	12		4	4	1			1				6		52
廿一																1			4		3	8	3						2	2	24	12	7	2	1			2			13		71
廿二			3									2								5	4	8	4	1		1				31	1	11	4	1	1				1	1	21		78
廿三																																											
廿四			4									3		2	3				1	2	10	16	1							26	6	9	6	3	3		1	1			24		103
廿五			4							1		2								1	4	12	1						1	31	2	4	16	1	1		2				14		83
廿六			2									5	2		2					6	4	14	2						2	28	3	3	13	9	5		2	4			24		106
廿七			2									5	1	2	2			1		2	8	25	1	1						34	8	4	4	3	3		2	4			15		122
廿八			6									2		1						5	5	17							1	27	1	4	8	3	4	1		2			33		93
廿九			5							1		2		3	1			5		4	7	19								28	3	5	11	3	3	1		3			22		94
三十																																											
卅一																																											
總數			12							3		22	3	8	9	2		9	7	21	39	141	18	2		1			9	219	51	56	80	31	20	2	7	22	1	1	201		844
本月新病數			35							2		18	3	3	6	2		7	7	21	39	111	15	2		1			8	109	40	49	56	27	15	2	5	22	1	1		648	

附表丙

诊疗记录首页

表格醫字第一號

姓名	性別	年齡	住址	職業	號數	日期
曾患疾病	傳染病					
	其他					
預防接種	已往					
	現在					

日期	病狀及經過	診斷	治療	簽名

山東鄉村建設研究院

附表丁

诊疗记录续页

表格醫字第二號

日期	病狀及經過	診斷	治療	簽名

山東鄉村建設研究院

第二期工作概况（十月至十二月）

一　前言

第一期工作，在七、八两个月为筹备期间，故无正式工作可言。迨至九月下旬，始开始疾病诊疗，可谓是正式工作之开始。该月之工作情形，已详“第一期工作概况”。自十月至十二月，为本年度工作之第二期；在此期间亦可说是试行及考察期间。缘以卫生事业之推进，应与各种事业相互进行；而尤重要者，乃能在邹平乡村组织中，为卫生事业觅一适当位置。换言之，即能找出卫生事业之合理的推行方式。但欲达到此种目的，自非先将整个邹平情形，加以透彻的明了不可。唯邹平社会之固有情形，研究院之教育动向以及实验区之建设方式等，均占有特殊地位；更加以邃密之理论与组织构造，绝非一朝一夕所能了解。故本院在此三月期间，特注意于各方面之考察，业已根据各同人考查所得之意见，作成三年工作计划，分呈院县鉴核。在整个计划未能开始之前，本院工作尽作试行性质，故一切工作颇觉零碎。兹略记之。

二　临时事项

甲、开幕典礼　本院于十月一日，举行开幕典礼。参加者除研究院、县政府各职教员、学生外，有县党部及各团体代表等。惜是日阴雨，路途泥泞，汽车不能开驶，致省府及齐鲁大学代表到周村后，复由周村折回，未克到达参加。

乙、卫生运动　邹平城于每年废历九月十二六日起，举行庙会数日，为每年全县商民最大之自然集合。研究院每年均借此机会，作农品展览等种种教育活动。本年以医院卫生院成立之初，乡村民众尚未周知，逐定于十一月三、四两日（即废历庙会会期），举行卫生运动，借以唤起民众之注意。并组织委员会，主持一切进行事宜：以训练部全体学生二百余人，为工作主力，分总务、展览、戏剧、电影、国术、招待、编辑等七组，由各教职员分别训练领导进行；以研究院大操场为会场。卫生及农品展览，则在医院及农场，分别举行。本院更组织医疗防疫队，特请齐大医学院，派来医师二人协助临时治疗及预防工作。所有经过情形，其与卫生有特殊关系者见附表一；其余详载乡村建设旬刊第四卷第十二期内。

三　开办事项

甲、第十一乡学诊疗所　第十一乡学诊疗所，业已按照本院设置乡诊疗所暂行办法，于十二月十二日正式开始工作。按此等诊疗所，乃将来设立乡卫生所之基础，其过渡期自半年至一年，在此期间，做设立卫生所之准备工作；故除治病、种痘及学校卫生外，主要工作，为关于卫生问题之各种调查，俾作将来推进卫生之根据。该所自成立以来，颇得地方人之同情。计已开诊四次，共诊病人一百六十人，临诊次数二百一十三次，病症一百六十五例，治疗次数二百二十次（见附表十）。学校卫生工作，见学校卫生项内“附山东乡村建设研究院邹平县政建设实验区卫生院设置乡诊疗所暂行办法”，及“第十一乡学诊疗所工作办法”。

（子）山东乡村建设研究院邹平县政建设实验区卫生院设置乡诊疗所暂行办法：

1. 本院为普及各乡之医药救济及一般卫生事业起见，特订定设置乡诊疗所暂行办法；在各乡未能正式设立卫生所之前，均可按照此办法办理。

2. 各乡设立诊疗所，可按照下列办法，由各乡乡理事直接与卫生院接洽，呈准县府办理之。

3. 各乡诊疗所之开办、经常等费，除药物医器由卫生院担任外，其余概由乡学负担之。

4. 医事技术人员由卫生院派人充任之，事务员由乡学按照需要雇用之，或派人兼理之。

5. 诊疗所名称，暂定为“山东乡村建设研究院邹平县政建设实验区第

○○乡学诊疗所”。

6. 各乡诊疗所收费办法，以研究院医院收费办法为标准。所收各费，概由乡学负责保管，作为该乡医药卫生之用。

7. 各乡诊疗所工作，暂订为治疗疾病、预防接种、学校卫生及调查等四项。工作办法，由卫生院订定之。

8. 职员住宿及一般应用器物，概由乡学负责设备之。

9. 凡在该乡之一切工作活动交通费用，须由乡学设法供给。（自县城至各乡学间之往返费用由本院负担）

10. 如同时有多处商请设置诊疗所时，得由本院斟酌情形先后举办之。

11. 各乡商请设置诊疗所时，应有以下最低限度之设备。（经常费用见附表二）

12. 本办法自呈请核准公布之日实行。

13. 本办法有未尽处，得由本院随时呈准修改之。

（五）第十一乡学诊疗所工作办法：

1. 本所工作暂定为诊病、种牛痘、学校卫生、调查四项。

2. 技术人员，由本院医师及公共卫生护士各一人兼理之；事务人员及工役，则由乡学按照需要临时派定之。

3. 诊疗暂定每集日开诊一次（五天一集），自上午八时半起，至下午四时止。在诊疗时间，同时施种牛痘。

4. 诊例除男女无时间限制外，其余与本院门诊同样办理。

5. 护士于开诊之前一日十二点以前到达，下午自一时起，办理乡学学校卫生及调查事宜。次日助理诊疗事务，后日晨九时前返院。

6. 医师于开诊日之上午九时以前到达，下午四时后返院。除处理诊疗事务外，并辅助护士办理其他各项工作。

7. 护士返院时，应将各种记录携回，以备整理统计；并将应添医药物品，填单具报，以备补充。

乙、学校卫生（幼年部）　学校卫生为本院之最重要工作。盖邹平学校系乡村政治之重心，卫生事业自必以之为依附，且学校儿童，均系将来社会之中坚，其影响于社会者甚大。故本院全部工作计划，几全以学校卫生为基础。唯在各乡卫生机关未能树立之前，各乡学校卫生，势难完全顾到；兹就力量所及，依照所拟计划，暂行举办数处，藉资推行。计业已举办者，有邹平县立简易乡村师范学校及第十一乡学；正在计划进行中者，有邹平县立简易乡村师范学校附属实验小学。

（子）办理目标：

1. 师范学校学生，均系乡、村学之将来师资；与学校儿童及民众，均系直接关系。故本院对于该校卫生工作特为注重，以期造成一种具有相当卫生知识与技术之人才，俾将来能兼理一村，或一乡，及学校之卫生事宜。

2. 对于学生本身之健康促进，均依照普通办理学校卫生之通行手续，教导学生自行办理，藉资练习。务使学生对于适用于乡村学校之卫生技术，能知能行，并能实地去作为目的。故对于简易之体格检查、病态矫治，以及预防接种、改进环境等，均由学生组织之卫生服务团主办，而由本院医师护士负教导之责。

（丑）办理方法：1. 讲授基本知识；2. 训练技术（见习、实习）；3. 组织起来实地工作。一切详细办法，另详本院工作计划内。

（寅）工作现况：师范学校自十月起，已由本院医师开始讲授卫生课程，每星期暂定三小时。自十二月起，即由本院公共卫生护士，实行浅易技术训练，为测量体重、身长，检验听力、视力等。并成立卫生室，作为训练技术处所。该校学生，共五十九人（工作概况见附表三）。第十一乡学之学校卫生，亦已于十二月内开始工作，其办法于师范大致相同；不过课程较为简单，训练事项较为浅易耳。（工作概况同见附表三）

丙、预防接种：根据本院门诊诊疗记录，预防接种项下，询问所得结果：关于民众之预防天花接种情形，虽尚未克详为统计，但占有以下四种情形者，为数确属不少。——

1. 未实行任何预防接种（牛痘或人痘），而生过天花者。

2. 曾受预防接种数次（牛痘），仍出天花者。

3. 五岁以内以至二十岁以内，尚未行任何预防接种者。（甚多）

4. 六十岁以内，未行任何预防接种，亦未生过天花者。

凭上四种情形，吾人可得少许意识，即：

1. 应用种牛痘以预防天花，在邹平极不普遍。

2. 以往种痘方法，殊不可靠；以致种痘数次后，仍有发生天花之危险。

3. 种痘年龄太晚。

如欲纠正以上各种缺欠，非以完善之方法，尽力推行牛痘接种不可（详细设计见本院工作计划内）。

唯在各乡卫生机关未能成立之前，目下工作范围，暂定：

1. 各乡、村学幼年部学生。

2. 门诊及诊疗所，在诊病时间，兼行接种牛痘。

3. 医疗防疫巡回队。

4. 各机关及团体。（商约即到）

5. 由本院接生之婴儿，本院派人到家接种。

本期种痘工作，自十月份即行开始；唯民众例有倾向春季种痘之习惯，冬季推行比较困难，计本期共种六百七十一人。（详见附表四）

丁、卫生教学

（子）齐鲁大学医学院，为便于学生实习公共卫生起见，特与研究院订立合作办法，由该校每月协助本院卫生事业建设费三百元。此项协款，已自十月份起，开始支给。但在本学期内，该校尚无实习办法之规定；故本院对于该校之协助，先自卫生课程讲授方面着手。已自十月份起，由本院主任，每月前往该校讲授卫生课程三日，每日讲授三小时。（见附表五）

（丑）在十月、十一月两月份内，对训练部学生，给予八小时之卫生知识训练。（同见附表五）

（寅）在十二月份内，对联庄会员，给予四小时之卫生常识讲演。（同见附表五）

戊、到家护理　到家访视办法，以已往之事实证明，实所费多而收效少；更不适用于幅员辽阔，交通不便之区。故本院不甚注重此项办法，但于必要时行之；如传染病制止，及具有各种特殊情形之婴儿及病人，由医师临时指定办理之。本期计到家护理三十人，五十二次。（见附表六）

己、工作讨论会　为集思广益，促进工作效率起见，自十月份起，成立工作讨论会，于每星期举行一次，本院职员得一律出席或列席参加。兹附讨论会办法如下：

1. 本会以讨论院务进行、报告工作状况及研究工作技术为主旨。

2. 本会暂定每星期举行一次，时间订为星期六下午四时半至五时半。

3. 会议时，以院长为主席；院长因故缺席时，由保健组主任代理。

4. 出席或列席人员，非有特别事故，得由主席允可后，不得缺席。

5. 开会时，由书记负责记录。(记录格式见附表己)

6. 开会秩序，为：一、开会，二、通过上次记录，三、事务报告（主任），四、工作报告（各组主任），五、提案讨论，六、技术研究，七、散会。

7. 各组提案，应由组主任于每星期六上午九时以前，填写提案书，交主席审察，编定次序，以资付议。

8. 凡提案有须计划或审查者，得由主席指定出席人员若干人，审查或计划之。

9. 议决事项，由主席发交各该组负责人员，分别办理；并须于下次讨论会时，将办理结果报告之。

10. 本次讨论未毕事项，得留待下次开会时，继续讨论。

四　续进事项

甲、社会卫生教育

（子）充实卫生教育室——本院原备有卫生陈列室一所，以备放置关于卫生之各种图书、标本、模型等，供民众观览（已见上期工作概况）。自十月份内，卫生实验处已将所赠予本院之卫生教育品，寄到一部。连同自齐鲁大学医学院借到之病理标本拾数件，自作之婴儿服装等，统置该室内。并定每日上午八时起，下午五时止，为该室开放时间，听民众随便入览。(现有陈列物品见附表七)

（丑）候诊室卫生讲演——自十一月起，除星期日及例假停诊日外，每日下午一时至一时半，由公共卫生护士，轮流在候诊室，对候诊病人作卫生演讲。并将每月订为妇婴卫生、防疫、环境卫生、个人卫生等四周，择定各种适当题目，编成明浅材料，逐日周复讲演。除教育卫生常识外，并对病者加以慰藉。(演讲题目及结果见附表八、九)

（寅）卫生运动（见前）

乙、治疗疾病

（子）普通疾病——本期病人以十月份为最多，十一月次之，十二月又次之。盖天气渐冷，病人逐渐减少，为各处之普遍现象。每日病人最高数目，为一百四十七人，平均妇孺约占三分之二。根据本期病类统计，与临诊上之经验，有下列数种特殊情形，使吾人在治疗上感觉困难。

1. 肠胃病中，以胃病为最多；且五年以内者甚少，十年至二十年之胃病历史，为最普通之现象。此等疾病，乃非为住院治疗，殊难令其痊愈。

2. 性病之多，殊出吾人之预料，尤以第三期梅毒为最多。据三月来之统计，其有标准症状者，五十四人；且多半生有长久之溃疡及染及夫妇子女之历史。且病者多系贫苦，如欲施以适当之治疗，实属困难。兹为勉与救济起见，已商得齐鲁大学医学院之同意，允为半价验血；对于治疗方面，特订定下列办法：

一、九一四注射，每针收药费两元。

二、如能连续注射八针者，共取药费拾元。

三、验血一次，取费一元。

四、如有妥实证明，确系夫妇或子女之关系者，三人以内需同时注射，亦照单人收费。

3. 皮肤病为各类疾病中之最多者；而尤以疥疮、湿疹、顽性溃疡为最多。推其原因，多为：

一、人多无沐浴之习惯，且内衣不常洗换，更有多数人不穿内衣。

二、多人同床同被睡眠，皮肤病之传染机会，自必更多。

（关于诊疗工作之统计见附表十、十一）

（丑）传染病——传染病中以痢疾为最多，约占传染病总数之百分之九十以上，在十一月份内，在首善乡（城内）及第七乡曾一度发现白喉流行；在第八乡一度发现天花。本院除派人实行防疫工作外，并对病者施以适当治疗，幸未流行扩大。计除霍乱、鼠疫、伤寒、斑疹伤寒外，其余如猩红热、流行性脑膜炎，亦各有疑似之一人发现。（详见附表十二）

（寅）收生——在本院妇婴卫生计划未实行以前，接生工作，暂归医务组办理。计十二月份接生一人。

（卯）病理检验　本院试验室，已自十月份内，设备就绪。凡关于一般之普通检验，均可执行。唯尚缺检验员专责工作，一般检验，均由医师兼行办理。其较复杂之检验，如瓦氏反应等，则由齐鲁大学医院，代为执行。（本期检验工作见附表十三）

五　最近拟办事项

甲、正式成立医疗防疫巡回队　医疗防疫巡回队，数经试办，结果颇觉满意。唯以往未克详密计划，今拟自二十四年一月起，正式成立，制备合宜用具，拟定巡回计划，顺序进行。

乙、开办实验小学学校卫生　查实验小学男女两部，共有学生三百余人，学校卫生之举办，自需必要。近已由学校筹得开办费一百十元，计划进行。详细办法，在草拟中。

丙、举办第十一乡婴儿破伤疯死亡及天花发生情形调查　按吾人大概查询，在邹平婴儿破伤疯之发生，为数甚高；但乏确实统计。拟自明年一月起，先自第十一乡起，举行调查。同时天花之发生及预防情形，亦将举行。

丁、促进饮食卫生　拟先自管理饮食店及食物摊贩着手，期于明年二月实行。（详细办法详本院工作计划中）

六　其他事项

甲、办理财物登记　自十二月起，将本院所有财物，分为普通及医药卫生二种，各别登记，派定人员负责管理。现已办理完竣；并定以后财产物品购置，均须随时登记，以便统计考核。计截至十二月底止，本院财物，属于事务方面者，共六百四十四件套；属于医药卫生方面者，共七百十七件套。合计一千三百六十一件套。

乙、收支情形（见附表十四）。

丙、本期工作人员及请假统计（见附表十五、十六）。

丁、免费券使用情形（见附表十七）。

七　临时应用各种表格

（1）医疗防疫巡回队工作记录表（见附表甲）。

（2）学校卫生教导记录表（见附表乙）。

（3）疾病家庭护理记录表（见附表丙）。
（4）牛痘接种记录表（见附表丁）。
（5）财物登记表（见附表戊）。
（6）工作讨论会记录表（见附表己）。

附表一　　卫生运动及医疗防疫巡回队工作统计表

项目		卫生运动	巡回队（十里铺）	巡回队（辉里庄）	共计
		十一月三日至四日	十一月十五日至十六日	十二月一日至八日	
牛痘接种人数		2	72	352	426
健康检查	检查人数		66		66
	病态人数		45		45
疾病治疗	治疗人数	220	111	139	470
	病症总数	228	127	148	503
讲演	次数	4	2	2	8
	听讲人数	2000⁺	500⁺	1000⁺	3500⁺
展览	模型件数	13			
	标本件数	24	6	6	
	图书件数	88	8	8	
	其他件数	12			
	参观人数	5000⁺	200⁺	500⁺	3700⁺
表演	次数	2			2
	观众人数	1000⁺			1000⁺
发印刷品	张数	3000			3000

附表二　　各乡开办诊疗所应有之设备及经费表

开办费			经常费	
项目	数量	估价	项目	附注
房屋修缮	三间	30.00	挂号员一人	专职或兼理
诊疗台	一只	5.00		
记录橱	一只	10.00		

续表

开办费			经常费	
项目	数量	估价	项目	附注
药橱	一只	5.00	工役一人	专职或兼理
挂号桌	一只	3.00		
检查台	一只	3.00		
椅子	四只	6.00	文书印刷	按需要置备
小方桌	一只	2.00		
长凳	五只	3.00		
小方凳	两只	1.00	水煤油烛	按需要置备
换药脚凳	两只	1.00		
牌匾	一只	0.50		
秽水桶	一只	0.50	纸张文具	按需要置备
汽炉或煤炉	一个	1—4		
水壶	一只	0.50		
茶壶 茶碗	一只 两个	0.50	临时交通	按需要供给
文具	两套	0.50		
图章	一只	0.50		
号签	一套	0.50	修缮补充	临时商定之
痰盂	两只	0.50		
油灯	两只	0.50		
总估价				

附表三　　**学校卫生工作统计表**

月份	教导事项		简易师范	十一乡学	共计
十月	讲义	次数	6		6
		时间（小时）	6		6
		平均每次听讲人数	50		50
十一月	讲义	次数	12		12
		时间（小时）	12		12
		平均每次听讲人数	58		58

续表

月份	教导事项			简易师范	十一乡学	共计
十二月	讲义	次数		6	6	12
		时间（小时）		6	3	9
		平均每次听讲人数		58	40	98
	训练示教	量体重	次数	1		1
			人数	50		50
		测验视力	次数	1		1
			人数	50		50
		测验听力	次数	1		1
			人数	48		48
		检查砂眼	次数		1	1
			人数		58	58
		组织卫生团	次数	1	1	2
			人数	60	54	114
	卫生讨论会次数				1	1

附表四　**接种牛痘统计表**

	初种			复种		
月份 年龄	十月	十一月	十二月	十月	十一月	十二月
0—1		2	18		1	
2—4	2	2	8		6	7
5—9	1	1	8	4	26	82
10—14			12		133	144
15—19		3	1	8	90	58
20—24					21	2
25—29				9	3	4
30—34					4	4
35—39					3	2
40—44					1	
45—49						1

续表

年龄＼月份		初种			复种		
		十月	十一月	十二月	十月	十一月	十二月
50—54							
55—59							
总数	每月	3	8	48	21	298	304
	初复	58			623		
	男女	（男）572			（女）99		
	共计	671					

附表五　　**卫生教学工作统计表**

	课目	钟点
齐大医学院第四年班	水	7
	粪便及垃圾处置	8
	生命统计大纲	3
训练部学生	生理解剖学大意	2
	疾病之原因	1
	一般传染病之预防	2
	环境卫生	2
	个人卫生	1
联庄会员	天花、婴儿破伤风	1
	胃肠病之传染及预防	2
	缠足、吸鸦片与健康之关系	1
	共计	30

附表六　　到家护理工作统计表

病名	腹泻		痢疾		营养不良		白喉		天花		鹅口疮		肺炎		产前		产后	
次数 月份	初	复	初	复	初	复	初	复	初	复	初	复	初	复	初	复	初	复
十月	6		3		1										1			
十一月	5		2		1		4	10	3		1					2	1	
十二月							1	3					1	5				2
总数	11		5		2		5	13	3		1		1	5	1	2	1	2

附表七　　卫生教育室陈列物品统计表

种类	物品	数量
字文	说明及固定标语	16
图画	学校卫生	12
	卫生习惯	12
	妇婴卫生	10
	第三期梅毒	11
模型	牛痘	1
	头部钱癣	1
	头部黄癣	1
	疟蚊与常蚊之比较	1
	面部之神经与血管	1
	健康牙与病牙之比较	1
	有钩条虫生活史	1
	牙齿发育之程序	1
	婴儿大便	1
	肝脏	1
	苍蝇	1
标本	寄生虫	11
	膀胱石	1
其他	婴儿服装等	12
共计		86

附表八　**候诊室卫生讲演题目周复表**

周别＼星期	一	二	三	四	五	六
第一周 妇婴卫生	婴儿破伤风	产后热	婴儿饮食及营养	婴儿腹泻	婴儿卫生习惯	婴儿卫生习惯
第二周 防疫	天花与种痘	白喉之预防	痰与肺痨	肠胃病之传染及预防	砂眼	疥癣之传染及预防
第三周 环境卫生	苍蝇与疾病	蚊子与疾病	水与疾病	粪便与疾病	居室与窗户	空气日光与健康
第四周 个人卫生	沐浴之益	冻疮之预防	伤染毒之预防	预防感冒	按时大便之意义	缠足之害

附表九　**候诊室卫生讲演工作统计表**

月份＼统计事项	讲次	时间（小时）	听讲人数
十一月	21	8.40	512
十二月	26	9.15	720
共计	47	17.55	1232

附表十　**诊疗病人病症统计表**

月份		诊疗病人			诊疗病症		
		初诊病人	复诊病人	初复总数	初诊病症	复诊病症	初复总数
十月	医院门诊	1218	979	2197	1450	1099	2549
十一月	医院门诊及医疗防疫队	1039	1064	2103	1380	1014	2394
十二月	医院门诊	639	936	1575	725	920	1645
	十一乡学诊疗所	160	53	213	169	55	224
	医疗防疫队	133	6	139	142	6	148
共计		3189	3038	6227	3866	3094	6960

附表十一　**诊疗病症例数统计表**

号数	病类	十月	十一月	十二月	共计
1	法定传染病（另详）	71	24	18	113
2	流行性感冒	5	2	1	8

续表

号数	病类	十月	十一月	十二月	共计
3	寄生虫病	25	11	5	41
—A	疟疾	2			2
4	结核病	25	20	13	58
—A	肺结核	4	3	4	11
5	麻风			4	4
6	性病	23	17	14	54
7	肿瘤	18	11	4	33
8	神经系病	36	36	18	90
9	呼吸系病	108	78	83	269
10	消化系病	229	155	118	502
—A	牙病	41	38	26	105
11	循环系病	9	12	9	30
12	新陈代谢病	2	7	2	11
—A	衰竭		1		1
—B	贫血	2	2	1	5
13	泌尿器病	5	4	1	10
14	运动官能病	7	5	2	14
15	表皮病	372	396	341	1109
—A	疥疮	66	69	77	212
16	眼病	114	137	84	335
—A	砂眼	101	138	65	304
17	耳病	54	55	51	160
18	创伤	41	53	32	126
—A	狗咬伤		3		3
19	妇科病	19	14	21	54
20	其他疾病	58	82	34	174
21	原因不明	13	11	10	34

附表十二　法定传染病统计表

疾病 / 月份	伤寒及副伤寒	斑疹伤寒	痢疾	天花	鼠疫	霍乱	白喉	流行性脑膜炎	猩红热
十月			70						1
十一月			18	3			6	1	
十二月			16						
共计			104	3			6	1	1

附表十三　病理检验工作统计表

检验项目 / 月份	喉分泌液（白喉）	痰（结核）	尿（糖及蛋白）	粪（阿米巴）	血（瓦氏反应）	共计
十月		1	1	1		3
十一月	10		3			13
十二月			2	1	5	8
共计	10	1	6	2	5	24

附表十四　收支统计表

项目 / 月份	经费支出			各月支出总费	收入各费		各月收入总数
	薪俸	药品器械	杂费		挂号费	药费	
十月	695.12	230.30	184.69	1110.41	25.92	25.08	51.00
十一月	732.20	170.60	174.57	1077.37	20.23	13.96	34.19
十二月	729.49	139.98	283.60	1153.07	15.38	42.22	57.60
各项收支总数	2157.11	540.88	642.86	3330.85	61.53	81.26	142.79

附表十五　工作人员表

姓名	性别	职务	学历	经历	到职日期
李玉仁		主任院长		（见第一期工作概况中）	
朱邦仁				同上	
章钊				同上	
牛宝珍				同上	
黎梦琪				同上	

续表

姓名	性别	职务	学历	经历	到职日期
张鸿琳				同上	
张玉森				同上	
高惠亭				同上	
许佐华	女	公共卫生护士	齐鲁大学医院护士学校毕业 北平第一卫生区事务所公共卫生护士训练班毕业	北平协和医院护士 齐鲁大学公共卫生护士	十月十七日
唐桂莲	女	诊疗护士	齐鲁大学医院护士学校毕业	齐鲁大学医院护士 北平协和医院护士 苏州博习医院护士长	十月一日
张瑞芝	男	练习生	邹平县立高等小学毕业		十月十三日

附表十六　　**请假统计表**

姓名	朱邦仁	张玉森	章钊	唐桂莲	张鸿琳
起假日期	十一月八日	十一月十日	十一月二十四日	十一月二十四日	十二月二十一日
销假日期	十一月十三日	十一月二十一日	十二月七日	十二月七日	
假期天数	五天	十天	十四天	十四天	十一天
请假原由	事	事	事	事	事
备注					假期中
	以上共计五十四天				

附表十七　　**使用免费券统计表**

月份	券别	使用机关	数量	号数
十月	免费诊疗券	训练部	(1000)	1000—2000
	民众免费诊疗券	本院门诊	(190)	11—200
十一月	免费诊疗券	联庄会训练部	(100)	2001—2100
	民众免费诊疗券	本院门诊	(200)	201—400
	免费出诊券	训练部	[100]	1—100

续表

月份	券别	使用机关	数量	号数
十二月	免费诊疗券	联庄会训练部	（100）	2101—2200
	免费诊疗券	简易乡村师范	［100］	2201—2300
	免费诊疗券	第十一乡学诊疗所	［1000］	1—1000
	民众免费诊疗券	本院门诊	（200）	401—600
共计（完全使用者）			1790	

（ ）已完全使用者　　［ ］尚未完全使用者

附表甲　　医疗防疫巡回队工作记录表

醫療防疫巡迴隊工作記錄表

第　鄉　村　　年　月　日至　日

項		目	第一日	第二日	第三日	合計
預防工作	牛痘接種	接種人數				
	注射	注射人數				
	健康檢查	受檢人數				
		缺點人數				
治療工作	疾病治療	治療人數				
		病症總數				
衛生教育	衛生講演	題目				
		聽講人數				
		題目				
		聽講人數				
		題目				
		聽講人數				
	衛生展覽	模型件數				
		標本件數				
		圖畫件數				
		其他				
		參觀人數				
	幻燈	人數				
	衛生表演	節目				
		參觀人數				
		節目				
		參觀人數				
		節目				
		參觀人數				
其他						

衛字一號　　……………報告

山東鄉村建設研究院鄒平縣政建設實驗區衛生院醫院　二十三年度第一、二期工作概況　四五

附表乙　　　　　　　　儿童学校卫生教导记录表

講義（1）

日期	講題	聽講人數	時間	學校	講者
總數					

訓練示教（2）

日期	訓練事項	受訓人數	時間	學校	訓練者
總數					

(4) 其他事項

簽名	事項	日期

(3) 實習指導

指導者	學校	時間	實習人數	實習事項	日期
					總數

附表丙　　疾病家庭护理记录表

訪視號數……　　　　門診號數

姓名	性別	年齡	住址	職業	門診診斷	日期 初訪： 消診：

日期	病人情況	勸導與護理	勸導者

訪字第一號

附表丁　　牛痘接种记录表

年　月　日

人數	年齡	性別	初種	復種	住址	人數	年齡	性別	初種	復種	住址
1						26					
2						27					
3						28					
4						29					
5						30					
6						31					
7						32					
8						33					
9						34					
10						35					
11						36					
12						37					
13						38					
14						39					
15						40					
16						41					
17						42					
18						43					
19						44					
20						45					
21						46					
22						47					
23						48					
24						49					
25						50					

防字一號　　　　報告

附表戊　　财物登记表

<table>
<tr><th>種類</th><th>品名</th><th>體（牌號）樣</th><th>數量</th><th>單價</th><th>總價</th><th colspan="2">購置及登記日期</th><th>負責保管者</th></tr>
<tr><td rowspan="11"></td><td></td><td></td><td></td><td></td><td></td><td></td><td></td><td rowspan="5"></td></tr>
<tr><td></td><td></td><td></td><td></td><td></td><td></td><td></td></tr>
<tr><td></td><td></td><td></td><td></td><td></td><td></td><td></td></tr>
<tr><td></td><td></td><td></td><td></td><td></td><td></td><td></td></tr>
<tr><td></td><td></td><td></td><td></td><td></td><td></td><td></td></tr>
<tr><td></td><td></td><td></td><td></td><td></td><td></td><td></td><td>主任</td></tr>
<tr><td></td><td></td><td></td><td></td><td></td><td></td><td></td><td rowspan="5"></td></tr>
<tr><td></td><td></td><td></td><td></td><td></td><td></td><td></td></tr>
<tr><td></td><td></td><td></td><td></td><td></td><td></td><td></td></tr>
<tr><td></td><td></td><td></td><td></td><td></td><td></td><td></td></tr>
<tr><td></td><td></td><td></td><td></td><td></td><td></td><td></td></tr>
</table>

附表己　　工作讨论会记录表

<table>
<tr><td colspan="2">日期</td><td colspan="2">會次</td><td>主席</td><td>記錄</td></tr>
<tr><td rowspan="7">出席人姓名</td><td></td><td rowspan="3">報告事項</td><td></td><td colspan="2"></td></tr>
<tr><td></td><td></td><td colspan="2"></td></tr>
<tr><td></td><td></td><td colspan="2"></td></tr>
<tr><td></td><td rowspan="6">討論事項</td><td>提案</td><td colspan="2">議決辦法</td></tr>
<tr><td></td><td rowspan="2"></td><td colspan="2" rowspan="2"></td></tr>
<tr><td></td></tr>
<tr><td></td><td rowspan="2"></td><td colspan="2" rowspan="2"></td></tr>
<tr><td rowspan="3">列席人姓名</td><td></td></tr>
<tr><td></td><td rowspan="2"></td><td colspan="2" rowspan="2"></td></tr>
<tr><td></td></tr>
</table>

合作丛刊第一集

邹平实验县合作事业指导委员会编

山东乡村建设研究院

目　　录

第一章　合作社的意义

一　什么是合作?

“合作”这两个字，照普通的解释，凡二人以上的共同做事，都叫做“合作”。这是就浅的一层说。其实它的较深的意义，含有齐心学好，向上求进步的意思。梁漱溟先生说：“合就是和气，作就是创造。由此合作，以谋进一步的人生乐趣。”所谓真的人生乐趣，必须彼此很和气，先有精神上的融合，然后再共同努力，做到生活上的种种合作。那么合作的意思，就是被彼此和气相待，互相尊重，而且商商量量的办事，使社会渐渐的进于组织。

本来人在社会里，处处都得和他人发生关系。“一家兄弟同居，弟弟要强，哥哥不正经干是不行的。夫妇俩过日子，这个好好的过，那个不好好的过是不行的。阖村的人大家不齐心，没有能办好的事。不但一人不好，连累一家；一家不好，连累一村；并且村里情形不好，影响一家，家里的情形不好，影响到一个人自身。要一身好，还须要一家好，要一家好，还须要一村好才行。”因此我们人类必须要联结起来，以合作的精神，谋人类社会的改进。

以上的话，是说明什么是合作，和为什么要合作。现在进一步说明什么是合作社。

二　什么是合作社?

合作社这个名词，在许多不同的国度里，各有不同的解释。按中国合作社的解释：“本法所称合作社，谓依平等原则，在互助组织的基础上，以共同经营方法，谋社员经济之利益与生活之改善，而其社员人数及资本额均可变动之团体。”根据这个解释，合作社是一个团体，在此团体之中，管理社务，享受权利，担负义务，大家都是平等的；并以自助互助的精神，共同经营若干种的事业，使大家都得到经济上的利益。这个团体的组成分子——社员，同这个团体的资本额，都不受公司法或合伙营业的限制，而可以随时增减。像这样说，合作社的组织，似乎单注意经济一方面的事。其实合作社不单属于经济的范围；不过合作社开头的活动，不能不从经济方面着手。合作社的办法，始于西洋贫富悬殊太甚的社会；故合作社是经济压迫下的弱者散者的一种防卫与自救的组织。因为弱者与散者，更需要合作，更容易走上合作的路子。

第二章　合作的特质

我们根据上面的定义，合作社是一个经济团体。但这个经济团体，与普通经济团体——如公司等，有若干不同之点，就是合作自具的特质。现在一一的说明如下：

一　合作社是人的结合，不是资本的结合

老西洋社会合作之所由起，乃在经济压迫下的弱者散者的一种防卫和自救。所以合作社的社员，都是社会的穷困者。拿中国农村来说，便是中小农民。他们的经济力量都很薄弱，他们只有忍苦耐劳的精神、诚信不苟的人格，他们所缺乏的，就是生产上的必要资本。故他们以自己的精神和人格来互相结合，而取得经济上的帮助。他们彼此之间，应当是相亲相爱，彼此协助。他们的目的，不是在为个人，而是为大家。所以在合作社里边，见不出资本的势力来。按合作社法的规定，合作社社员的认购社股，最少一股，最多不得超过股金总额百分之二十。就是大资本家入合作社，也不能发挥他资本的势力来。并且合作社社员的选择，道德的标准高于经济力的标准，即是单有金钱而无人格，合作社并不能让他加入。这是和其他股份公司的不论什么人都可以加入，只认钱而不认人的完全不同。

二　合作社是经济组织也是伦理组织

关于这一点，最好引用梁漱溟先生“中国合作运动之路向”的一段话来说明。他说：“本来在中国原来的社会（未受西洋影响的社会），其经济既非个人本位的，亦非社会本位的，他的财产是属于全家的。而家的范围

又不定，父母兄弟算一家，全族的人也可算一家，甚至于亲戚朋友凡有伦理关系的，皆有通财之义。故中国人的财产，与其说是个人的，毋宁说是全家的；与其说是一家的，毋宁说是伦理的。彼此既有伦理情谊的关系，彼此就互相负有义务；你有钱不给亲戚、朋友、同乡用，简直不行。凡是与你有关系的人，你的财产他都有份。在伦理上和你有关系，在财产上也和你有关系，中国自古就有这种风气。现在我们的组织，就是发挥伦理情谊；所以有产大家用的风气，一定可以倡导起来。不过从前的老社会，在经济上发挥伦理之义，也许只是增值了许多“族产”；而现在我们的乡村组织往前发挥去，则是增添“公产”“乡产”“村产”，不是增“族产”。总之，从社会关系、伦理情谊之义发挥上去，则个人的生计不会在社会上没有保障。从社会关系、伦理情谊上讲，你虽是老弱残疾，也不怕没有人照顾的。因为我们的组织，一面是经济组织，同时也是伦理组织；你与人有伦理关系，则经济生活自有保障。我们从合作经营而增值的财富，更可以有这种规定：以多量归公，少量归个人；多量归团体，少量归分子。如此则个人生活，更易得到社会的保障。

梁先生所讲的乡村组织，也就是合作组织。因为乡村组织的着眼点，在和气与勤俭。他想“增进乡民的和气，乃至于作到生活上的种种合作”；则合作当然不单经济的一面，尚有发挥伦理情谊的意义在。

三　合作社为非营利的团体

合作社的产生，由于要求少吃亏，免掉不合算，原非为赚钱而来的；并且是反对营利的。故它最初的目的，只在免除中间人的剥削，使生产者和消费者能直接发生关系。只想少花几个钱出去，绝没有多拿几文钱回来的意思。待后来合作社的范围逐渐扩大，生产者和消费者打成一片，生产是为消费而生产；这时的合作社，当更不是一个营利的团体组织。

四　合作社是公开的团体

合作社的社员，不分贫富贵贱，不问生为何种宗族，从事何种职业，加入何种党派，信仰何种宗教，凡合于法定资格的国民，都可以加入所在地的合作社为社员。因为合作社是为全人类谋利益的，不是为某一阶级或某种人民谋利益的。故合作应该是公开的，采取门户开放主义，吸收大多数的人作社员。换句话说，推行合作社，可以免掉阶级斗争。因为合作社乃协调的团体，中立的团体，公开的团体，和平的团体。

五　合作社个人与团体是均衡的

梁漱溟先生说："固然合作是一种团体组织；不过所谓'合'，所谓'集'（社），都要有个人。不有个人，何由而合？何由而集（社）？所以惟有合作，一面有社会，一面有个人，两面无所偏废。在一个合作社里，一面大家要求合作，一面团体尊重个人。处处顾到社会，处处顾到个人，合作实最能达到均衡的理想……"所以合作组织，不若个人主义的抬高个人，压抑了团体；也不若社会主义的抬高团体抹杀个人。它的个人与团体是天秤相似的，非常的平衡，绝没有偏欹的毛病。

六　合作社是自助互助的团体

"人人为我，我为人人"；这是合作的格言。从这个格言里，可以看出社员的加入合作社，是为了增高自己经济上的利益。而合作的目的，也就是给予社员个人经济生活的保障。可是合作社是个团体，团体的利益，当然不是为少数的个人，而是为多数的大众；故必须社员得共同爱护合作社，互助推行，才能发挥合作社的效能，而收社员个人应得的实利。必须互助而后才能自助，合作社便是由互助以达于自助的团体。

第三章　合作社的分类

合作社的种类很多，分类的标准也各有不同，最普通的有下面的两种分类法：

一　合作社营业目的的分类

每一个合作社，都有它自己的事业。每一种事业，都有一个目的。按照它营业的目的来分类，可分成下面几种：

1. 信用合作社　又唤作农民合作银行，或平民银行；这是农民自己组织的金融机关。它一面为社员谋储蓄上的便利，一面贷放给社员以生产上必要的资金。

我们常常见着乡里的许多事实：就是有时候农民要买农具、种子、耕牛，以及衣服、油盐这一类的东西，手边没有钱，就得向有钱的人家说尽好话，出三分五分乃至于大加一的重利，求人家的借拨。若是自己没有相当财产，或者人保物保，仍然是借不到手。尤其是在青黄不接，或有急难的时候，有钱的人家，更是要大利、找麻烦，越发难借。农民没有法子，便把所种植的谷子、高粱、棉花等类的东西，不等收获，就预先出卖了，即普通所谓“卖青”。值得两块钱的，只卖一块或八毛。甚至于有把农具、耕牛、衣服等贬价出卖的；比如七八十元买来的一只耕牛，三四十元就卖出去了。这是什么原因呢？因为农村里的现钱，都被都市吸收去了。农村里的金融枯竭，农民当然格外的穷，少数的几个比较有钱的人家，都是放大利的，普通的农民，真是受不了。唯一的办法，只有大家组织信用合作社，一面吸收农村里剩余的几个钱，不让它再流到城市去，一面求农村以外的帮助。本来现在有不少的社会救济机关和金融机关很愿意帮助农村，救济农民；可是中国农民，向来没有组织，救济也无从着手。而且单独的向外借款，所需数量很小，在银行方面认为零碎琐细，不愿贷放；个人信用，银行方面也不敢相信。所以必须组织起来，以共同的信用，吸收都市的低利借款，运用于农村。农村的金融活动，则可以改良生产技术，增加生产量数，使农村日渐繁荣起来。所以信用合作社，是农民拿自己信用的结合，取得经济上的实际帮助，而改善它的经济生活的一个组织。

2. 购买合作社　又叫供给合作社；就是农民共同集合起来，直接向生产地方去购买原料品或消费品，分配于各个社员。发展到最后，可以成为村中供给农民用品的大商店。购买合合作，又可以分为两种：（1）是原料品的购买合作社，就是农业生产原料品的共同购买。如共同购买农具、种子等。（2）是消费品的购买合作社（普通称为消费合作社），就是日常消费品的共同购买。如共同购买布匹、油盐，及其他日常用品。

原料品的购买合作社，以农人组织为最多。谁都知道，农人生产上或生活上所用的东西，有许许多多向外边去买；可是因为交通或其他的关系，自己又不能直接到出产的地方去，只有仰赖商人了。

一个物品，从制造者手中转入批发商手中，又转向零贩商，再从零贩商那里转入农人的手里，每一次都有用费，每一个人都想赚钱，物品的价钱，必然一度一度的增高。譬如我们邹平的西北乡，普遍种了棉花，每年收棉的时候，买轧花机的很多；过去是各自到周村去买，大约天津郭天成工厂的出品每架需银三十元，再加上用费运费，当然比三十元还多。去年美棉运销合作社联社，集共购买轧花机的社员，采取共同购买的办法，举出两个人到天津去负购买的责任；一样是郭天成的出品，每部价只廿二元七角，连同车船运输费和旅费用费等，每部才廿六元五角。货品比周村买来的好，价钱比周村的巧。所以购买合作社，就是农民集合起来，共同购买，想以最低的价钱，获得品质优良的物品的一种团体组织。

3. 运销合作社　是农民共同贩农产品的一个组织，所以也叫贩卖合作社：就是把我们庄户人家所收获的东西，集合在一块儿，分别种类等级，大批的运到大的商场去出卖。它也分为两种：一是原物运销的，如谷类、药品的运销。一是加工运销的，如籽棉的轧为皮棉，蚕茧的缫为蚕丝，然后向外运销。

谁都知道，农民从外面买来的东西，都是价钱很高、货色很不好。可是卖出去的东西，往往是好货卖不起高价钱。就是因为农民没有组织，又不知道商场的情形，很容易受奸商的愚弄，而听其操纵。同时此刻农村社会里，现金非常的缺乏，农民因为需款急迫的关系，不能不很早的卖出他的生产品，而俯首帖耳的任商人的宰割。这种损失，当然很大。农民要想免除这种贩卖上的损失，只有大家联合起来组织运销合作社；由合作社收集大家的农产品，使零细的集中起来，再按它品质的优劣，分为若干等第，然后运到大的市场去出卖。品质整齐而又是大量的农产品，比较量少而品质复杂的，卖价自然要高得多。同时在行市不好的时候，我们虽然需钱孔急，也可以用这大量的农产品作抵押，向其他的金融机关借款，不必急于求售。再加上有熟悉商情的合作社职员，有较大的销场，又可以免掉中间商人的剥削；这当然比我们个人单独在集上零碎去卖合算得多。不过这种合作社，社员必须全是农民：所运销的物品，也限于社员自己的生产品。如果不是社员自己生产的东西，而是从别的农民手中买来的，则合作社不应代他运销；因为合作社并不是营利机关，剥削其他农民的利益，增加自己少数社员的财富，这是不对的。

4. 利用合作社　就是农业生产上的用具，一家农民不能设备的，或虽能设备而很不经济的，便由大家共同出资设备，共同使用。这和购买合作社很相似。不过购买合作社，除了联合购买以外，用具的使用权和所有权，都归个人所有。利用合作社，则是联合购买，共同利用，共同保管，社员利用之后，须纳相当的利用费；这种收入，除付用具的修理损失和其他的用费之外，剩余的仍然按社员利用次数的多少，分配给大家。并且利用的先后，是依极公平的顺序轮流着。

中国此刻最需要的，就是利用合作。梁漱溟先生曾经说：“中国农村的合作，恐怕要从生产合作、利用合作做起。大家合起来共同生产，大家合起来利用机械；如利用机械耕种灌溉，以及其他生产手段等。”因为中国农业恐慌所表现的形态，是生产不足，所以中国此刻最需要的，是利用新的机械以增加生产，可是要农家单独采购新机械，不特很不经济，并且不是贫穷的中国农人所能办。所以要想改良农业生产技术、增加农业生产，除了组织共同利用新机械的合作社以外，没有旁的再好的法子。

5. 生产合作社　就是农民共同从事于农产物制造的一种合作组织。其供给制造的原料品，原则上只限于社员自己所生产的物品，如种棉的共同组织纺纱厂或织布厂，养蚕的共同组织制丝合作社，养牛的共同组织炼乳厂，种麦的共同组织面粉厂等。农产品经过制造之后，当然比出卖原料品的价钱高些。不过生产合作社的工人，必须是自己的社员才对；因为雇用工人就是借着旁人的劳力营取利润，不但自己不吃亏，并且进而使人吃亏，以旁人为牺牲，这便失去合作社的本来面目了。

上面五种合作社，是现在农村的盛行的几种合作组织。其次还有农仓合作，也是此刻农村合作之一。不过农仓合作，如果从共同设置仓库以便利储藏来说，算是属于利用合作的范围；从共同运销来说，是属于运销合作范围：所以这里没有单独的把它列为一种。

二　依合作社组织的分类

因合作社组织责任不同，可以分为下面的三类：

1. 有限责任合作社　就是合作社的营业，若果失败亏本，合作社所有的财产不能清偿一切债务，合作社的社员，除所认的股本外，不再负别的责任了。例如某合作社共有股金一千元，这一千元的股金，合社股二百股，每股五元，某社员认购一股，已经缴足五元；合作社外欠一千一百元，除偿还一千元外，尚有一百元的债务，本来应该按股分摊，认购一股的社员，还须拿出五毛钱来才合适。但是因为社员所负的责任有限，根据法律，这个社员只牺牲这五元钱便算了事，不再拿出五毛钱来补足未清的债务。这便叫作“有限责任”。不过这个社员所认的股本，如果只缴得三元，尚不足两元，那么这两元也非补足不可；因为他的责任，是以所认购的五元股本为限的，所欠的两元，是他对合作社所负的债务，便是社中的财产，应该如数清偿的。

2. 无限责任合作社　就是合作社的营业，如果失败，除把社中所有的财产清偿债务以外，不足的数，应该归社员连带负责摊派清偿。即如上面所举的例子，某合作社所差的一百元，不能使债权人吃亏，仍须由社员筹款补足；因此每社股一股，必须拿出五角钱来，弥补社中财产的不足。这就叫“无限责任”。并且不论合作社差多少，就是几千几万，也得由社员全数清偿。假设某一社员的财力，不够补偿这个亏欠，其他的社员，也得代他赔垫，这也就是所谓连带责任。不过赔垫以后，到了某社员的财力能够清偿这项赔垫时，便应当如数拿出来。

3. 保证责任合作社　就是社员于其所认社股之外，还要负担所任股额若干倍的责任，以为保证。若果社中的亏损再超过此项倍数，便不再负责任了。如前面的例，某社员认购股额五元之外，照章规定还要负股额两倍的责任。若某社所差不只一百元，实有一千元，则某社员应当补偿五元。若实差两千元，那也只纳五元便算完了责任；因为他只负有所认股额两倍的责任，这就叫“保证责任”。

第四章　合作社的原则

上面的各种合作社，虽然营业的目的和所负的责任各有不同，可是有几个共同的原则。

一　组织合作社必须适应共同的需要

合作社是人的结合；故组织合作社，必须要切合作社的实际需要，才能够使社员真正的团结起来，协同合作，互相推进，各能尽其所应尽的责任。因为社员对合作有了切肤的关系，自然会发生兴趣，而爱护周致。如果对这个组织不感需要的人，而免强的人，不特对合作社本身没有利益，而且会发生不良的影响。比如组织一个棉花运销合作社，当然都要田里种有棉花，而且感觉单独贩卖价钱太低的人，发生了共同运销的需要。一个没有种棉的人，也加入这样的合作组织，若不是徒挂虚名，便是买他人的棉花以委托合作运销；不特对合作社无益，而且失去了合作社的本来面目。所以合作社的组织，必须要有共同需要。

二　合作社社员的地位一律平等

在合作社里，不论认股多少，都是一人一票选举权；而且不到的社员，不能请人代理选举。同时每一个社员，他被选举的机会都是平等的。这与普通股份公司完全不同。股份公司系以认股的多少来决定选举的票数，股东不到，可委托他人代理投票；这样很容易被大股东操纵选举，而被选举的机会，也被少数人把持。还有各种合作社社员的责任是平等的。

而盈余的分配，系按社员对合作社所做交易的多寡，比例分摊；与股份公司的按认股多少的分配，绝对不同。

三　合作社资本亦无定额；但每个社员所认购股额有最高限制

合作社是为大家谋利益的组织，故社员应该以一切的人为对象。而且资本也无定额，随时可以扩展。但为了避免大资本家的操纵起见，每社社员所认购股额，应有相当的限制。按中国合作社十五条的规定："社员认购社股，每人至少一股，至多不得超过股金总额百分之二十"。

四　合作社社员的出社入社是自由的

合作社结合，是不含有任何强迫性的。社员的出社入社，完全由他意志的决定，个人的自由。假设一个曾经入社的社员，对于这个合作社发生不满时，他得按照章程的规定请求退出。一个没有入合作社的人，合于法定的资格，要想请求加入时，合作社当然也不能拒绝。

五　股款的利息须低于市场上的利率

合作社不是营利的组织，故没有盈余时，可以完全不付股息；就是有了盈余，股款的利率也很低。英格兰和爱尔兰，股款利息限定五厘。中国合作社法规定，社股年利不得过一分。

六　合作社的盈余除提出公积金公益金外，其余额按交易额的多寡分配给社员

合作社的盈余，是按极公平的原则分配；所以除了弥补积累的损失，和付给股款低微的利息以外，所余的应提存总额百分之二十以上作为公积金，百分之十以上作为公益金（亦可提若干为理事及事务员的酬劳金），其余按照社员对合作社交易额的多寡分配。比如某社的盈余，除了付给损

失和利息，尚有净余一千元；提去百分之四十的公积金、公益金、职员酬劳金四百元，还剩六百元。又假设某社的交易总额是三万元，则每一元的交易应分得盈余〇·〇二元；某社员对合作社的交易额是两千元，则某社员应分得盈余四十元。这就是按交易额分配的。这个分配方法，就是将盈余分给顾主；与普通公司的盈余分给股东，完全不同。

第五章　合作社的效用

合作社的效用，可分经济、政治、教育三方面来说：

一　经济方面的效用

1. 促进农业　中国产业的开发，首在发展农业。要想真的促进农业，只有走协同合作之路。因为农业的发展，必须采用新的技术，进行大规模的生产；要想实现大规模的生产，只有大量的土地劳力和雄厚的资本集中在一块儿，实现真的社会化。但这非协同合作是不易办到的。故梁漱溟先生说："新式农业非合作而贷款莫举；合作非新式农业之明效与银行贷款之利莫由促进。而银行之出贷也，非有新式农业之介绍，莫能必其用于生产之途；非有合作组织，莫能必其信用保证。苟所介绍于农民者其效不虚，则新式农业必由是促进，合作组织必由是而促进，银行之吸收而转输必畅遂成功；一转移间，全局皆活，而农业社会化于焉可望。"

2. 建立新经济组织　现社会的经济组织，是只顾少数人的赚钱得利，而不顾及多数人的利益。合作组织便是消灭现社会的罪恶，改进现社会的经济组织。它的目的，在废除利润的生产，铲除社会资本家及商人等不劳而获的中间寄生阶级，使社会生产和分配，都是有计划地进行着。生产的目的，完全为了消费，生产的人也就是消费的人，建立了生产和消费融为一体的新经济组织。

3. 改善农民生活　在现在社会里，尤其是在今日的农村社会里，物品的供给和需要中间，要经过大小商人的层层剥削。因此一件物品，从生产的地方到达使用的人的手里，已经加了好多倍的价钱了。而农人自己出产的东西，又不能运到大的市场上去，直接卖给需要这些东西的人，以致听凭商人的操纵，而贱价卖出自己生产的东西，高价买回自己所需要的东西。同时个人单独的零细经营，便不能使用新机器，以增加生产物的数量，提高产物的品质。这样的结果，当然使一般生活的水准日渐下降。合作组织，便免除了上面所说这些困难，而使生产技术进步，生产品的数量和质量一天一天的增加；使农民的收入日益加多，而中间剥削日益减少，自能促进生活改善。

4. 鼓励节俭，储蓄　农村社会里，向无适当的储蓄机关；农民有了小数存款，找不着保存生息的地方，若果存放在家里，很容易随便的花掉，影响农村经济至巨。有了合作组织，可以接受农民的零星小存款，且为之生息，由很少的聚集，成一笔大宗的收入，以预防急迫的需要；且以此款贷放给无款从事生产的农民使能努力的扩展生产。如此，不特可提倡鼓励节俭和储蓄，且能压倒农村的高利贷。

二　政治方面的效用

1. 保进团体组织　此刻的中国社会，最需要的是团体组织。过去的自治组织，因为内容太空虚，不为农民所注意，故不能发挥他组织的作用。合作组织，是含有经济意义的，以最低的生活为起点，而达到理想的最高的有力组织。因为要一个团体内的分子对团体作有力的参加，如这团体的活动与他的生活有密切的关系，则自能爱护团体，而使这团体的组织力量，日渐进步。

2. 培养民治基础　要想农民能够参与政治，必须要有参政的知识能力的准备；可是散漫的农民，很不易得到这种知识技能的训练。合作组织便是使社员熟悉四权的使用，并能实际练习，而渐渐培养其参政知能，以作实现民治的基础。

3. 尊重团体纪律　中国人最缺乏的是团体组织；因为中国人向来是散漫惯了的，不能过有纪律的团体生活，尊重团体的意志。合作社是一个有组织的团体；这个团体里，是一些意志相合的人的结合，社员和社员之间彼此都能互相尊重，则对于他们所共同组织的团体的纪律，也自然会尊重的。这种尊重团体纪律的精神扩大起来，便能使全国农民团结一致，可以应付国难、抵御外侮，使国家独立于世界，不再像现在这样受着帝国主义的侵略压迫。

4. 了解平等真义　合作社组织，不论社员的经济情形怎样，教育程度如何，每个社员所享受的权利和应尽的义务都是平等的。这样才是真的平等；在这种团体里从事各种活动，才能够明了真的平等意义之所在。

三　教育方面的效用

1. 灌输普通知识　农村人民，因为受教育的机会少，知识非常简陋；如果有了合作组织，可使散漫的农民常常聚在一块儿开会、讨论、通信、记账、办讲习会、学到办事的方法，学到生产的技术，学会应用文字，学会计算账目，处处学到有用的知识。同时合作社的盈余，可以提教育基金，以增加社员和社员子女的教育机会，使社员以及社员家属的知识程度日渐增高。

2. 涵养善良品行　合作社的社员，因有合作组织的关系，能培养其合群博爱的精神、自助互助的美德；并且合作社社员，必须互相劝勉，以提高道德标准。同时合作社不许品行太坏的人加入，间接使乡村中不良分子有所畏惧，而乡村风俗日渐良好，人人皆具优美的品行，乃合作社组织所生的功效。

鄒平試驗縣各種合作社所在村莊分佈圖

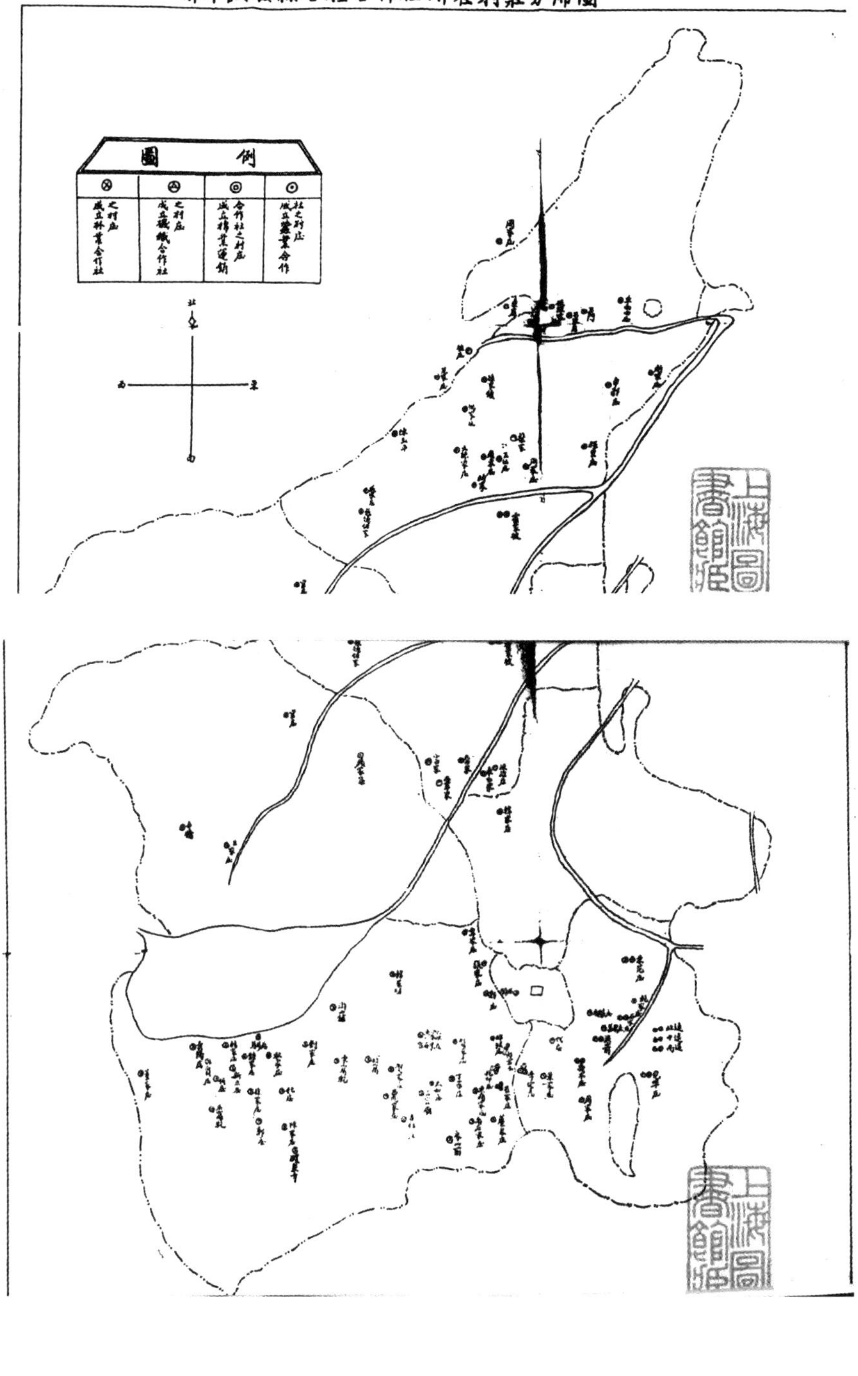

土地陈报之过程与目的及其具体办法

郭培师　著

山东乡村建设研究院

目　　录

自　　序

二十五年二月十八日，培师草土地陈报之过程与目的及其具体办法成稿，复欲循例为之序。执笔三日，未成一言，言绪太多，无从言也。

其所可得而言者，希望此文之得长进耳。培师以十七岁入小学，开始读书生活，今且三十有五岁矣；在此十八年中，深累爱人苦己之先父，锄田教子之老母，并深累公费教我之社会。忆今岁旧历年前三日，自家来邹，老母送之曰："你是嫁出门的女儿。"嗟呼，出嫁女之所天者谁耶？民食所天，政费所出者，（今为地方政费）固天覆地载，日照霜坠之土地也。而以农立国之中国，非无地政可言，即以地政扰民，"君子不忍以其养民者害民"，吾人能忍所天之不治耶！新知识与旧社会之结晶品曰中国学问，此文者，公诸社会之子也，愿社会养之教之。培师杂学无成而无权无位人也，亦尽其心力焉而已，尚希望此文之必寿耶？社会养之教之，庶其有以报社会也。

二十五年二月二十日，郭培师序于邹平

凡　例

一、本文所拟办法其原则有四：（一）其事可能，（二）其方法简便，（三）其行为有效，（四）其结果公私或官民两便而不相扰。

二、本文特重“做事过程之方法”，对于申述理由及评论其他办法，皆力求其简，对于拟具具体办法，为求实用起见，皆不厌其详。

三、本文章节，系依先后轻重及实施步骤，顺序排列，依次翻阅，始易了解，而各种简易有效，便于统计管理之处，尤请赐予注意。

四、凡引用或参考他书之处，皆请注明书名页数，倘能并加参阅，对于本文或有更深刻之批评指导。

五、土地陈报，原属土地行政；整理田赋，别属财务行政；流通金融，更属经济范围：作者将之杂糅一堆，系因其各为土地之一方面，非故紊体系也。

六、本文立言，系一般的。如言田赋舞弊，非谓绝无无弊之县市；如言办法简便有效，可以普遍采用，亦非谓可生吞活剥的适用于任何县市也。

七、有愿对本文之章则表格及其他部分，予以批评指正者，无不极端欢迎。

八、对于本文各部分，不论采行引用，请皆注明培师姓名，由培师负责。

九、有愿商榷见教者，请依下列通讯处赐示，无不虚衷竭诚答复。

附通讯处：

永久：江苏阜宁獐沟

临时：山东邹平山东乡村建设研究院

第一章　田赋舞弊及其影响

第一节　舞弊

第一目　人弊

一、官弊　土地行政及土地财务行政之直接间接官吏，对于“一堆乱丝无处理”或“水搅混了好拿鱼”之田赋，多半依照习惯，一仍旧贯，任其纠纷混沌，一塌糊涂；其甚者，更望其或助其弄成“一堆乱丝”以畅行所欲。据孙佐齐著之《中国田赋问题》第九章田赋积弊所列，田赋官弊之著者，有（一）擅加田赋；（二）预征田赋；（三）减报成数；（四）秘卖差委；（五）浮报职员；（六）不更粮册；（七）不革例缓；（八）不送缴核；（九）报灾取巧；（十）缓解赋；（十一）粮券抵现；（十二）田赋债券；（十三）责佃完粮；（十四）摊派；（十五）纵宽大户；（十六）少设粮柜；（十七）转征；（十八）恩免等项。兹以限于篇幅不加解释。

二、吏弊　一般办粮书差，除职务出自钱买，造串征粮费皆自给而外，尚须报效于上，安排于中，润泽于下，其所以卑屈自甘，而干此贱职者，即在全部土地行政及土地财务行政之税契，推收（即过粮），造串，征税，裁串等项，皆由其一手包办，任意割裂纠缠，造成世袭职业；上借政府之威，中□私下吸小民之血：病公害私，乱政殃民，而莫敢如何，并无可如何。

吏弊之著者据上引孙书所列，有（一）飞洒诡寄；（二）匿款；（三）撕票；（四）白役；（五）白捐；（六）辛苦钱与跑脚钱；（七）包征；（八）假造鱼鳞图册；（九）隐册传嗣；（十）加一过割；（十一）逃亡故绝；（十二）关门串；（十三）拔头；（十四）厌柜；（十五）敲诈；（十六）卷尾；（十七）改户为亩；（十八）复串；（十九）窃串；（二十）戴帽；（二一）穿靴；（二二）浮收；（二三）包封；（二四）包征；（二五）

大头小尾；（二六）折算舞弊；（二七）私罚滞纳；（二八）增收手续费；（二九）勒折与勒征本色；（三十）匀摊硬派缺额；（三一）朦报新垦；（三二）措单；（三三）吃灾捏欠；（三四）移圩作由；（三五）红票折收；（三六）人头田等三十六项。此外加盖红戳，伪串代真，钱串两欠，不折秋勘等项，尚为孙书所未列云。

三、民弊　田多少完粮，上田纳下粮，大户不完粮，亦为今之田赋特色之一；而粮串两欠，更为大户通行办法。其粮户舞弊之著者，仍据上引孙书所载，有（一）抗粮；（二）逃粮；（三）寄庄；（四）户无真名；（五）轮流粮产；（六）分户；（七）伪户；（八）售田留赋；（九）空粮；（十）隐关瞒淤；（十一）佃户纳粮等十项云。

第二目　法弊

上述三项人弊，所以能至如此之程度者，以中国田赋根本上几无土地行政制度可循，无从办处。再则田赋本身，始则无法可守，惟钱谷师爷之意思技术是视；继则习为陋规，纵有良法美制，亦无所施。中国原非法治国家，以主管之人员为治，以习惯之陋规为法，安得人尽圣贤，于钱谷官吏，亦皆有“会计当”之人哉。

法弊之可简述者，举凡税契，推收，造串，征粮，裁串，皆事无固定办法，人无正式薪给，职为世袭，缺由买得，长官卖头目，头目卖书差，书差卖伙计，伙计卖粮户；虽卖之方式与意义不同，而其为卖则一也。加之地无册籍，户少真名，粮无确据，亩有大小，赋目太繁，科则失准，市地无税：虽有圣人，亦难于善其事也。

第三目　人法交弊

因有舞弊之人，演成“陋规”之法；困有“陋规”之法，助成舞弊之人，人法交弊之后，纵有良制，亦归于无效；纵有贤吏，亦难于施其力矣。

第二节　影响

第一目　病公

一、败德　在“田糊涂”制度之下，虽有廉吏，亦难于自拔；况“见利忘义”，为衰世之常态；“陋已成则”，为习惯所共认耶？于是“钱谷小人”之讥几成公式矣。

二、坏事　现制度下之田赋，钱不归官，欠不在民，而落于中饱，由税收不足，而预算不立，而政费短亏，而薪饷折欠，而事业停顿，而逼于舞弊，而流为陋规，而习为常态：于是公事之政，遂烂七八糟，流脓淌血，莫可向过矣。

第二目　害私

一、负担　现行征收手续及串票算法等项，虽大学毕业生亦摸不着头脑；（见政衡月刊一卷七八合期整理江宁田赋之始末）无知乡民，更无法不听其鱼肉矣，额外弊款，尝为税款之半；而政府所得，只为税款之半：“政府二倍其税以足政费，弊款三倍收入以饱私囊”，弊款税款辗转增加不已，小民负担即辗转加重不已，结果政府仍未收全税，小民已出款数倍；政费仍亏欠支绌，税捐已竭泽而渔矣。

二、骚扰　江苏尝以“好像要钱粮钱的样子，”为形容讨债人之凶狠。河北有“完了粮，自在王，”之谚：足见粮吏威民，及民畏粮吏之深矣。尤有遂者，每因土地行政无方，使官民及人民之间，尝发生关于土地之纠纷，其事犹小；而地无可考，契不可凭，使占中国社会资本第一位之土地，不能抵押贷款，等于废物，其害实大。

第三目　公私交困

地方政府，每因政费所出之田赋，钱不归公，一转为收入不足，支出短欠；二转为薪给廷折，事业停滞；三转为政事荒废，敲诈公行；四转为纷扰杂乱，民不安生；五转为民生凋敝，无力纳粮；六转为政费愈不足，政治愈腐败。辗转演进，皆不出因病公而害民，因害民而有病公之互为因果方式。若自人民方面上推，其弊亦类此。总之，公经济之亏损，必影响私经济之发展；私经济之萎缩，又影响公经济之进行：此种理论，或难确信；中国之现状，其铁证也。

第二章　一般田赋整理与土地陈报办法之概述

第一节　田赋病根之所在

田赋舞弊，据第一章所述，扑朔迷离，几莫可究诘；然而田赋病根所在，只“田户粮三者分家”七字而已。中国自洪杨拳捻之乱后，南北之鱼鳞册籍散失殆尽。于是田无图册，户无从知，粮无从税；户非真名，名非现人，人非粮户；有田无粮，有粮无田，粮无人完：纷扰杂糅，迷离扑朔，了无头绪之堆乱丝，虽有圣智，亦望之兴叹。

此时应运而起者，为世袭钱谷职业之书差等人，彼等原为分图分册，职掌税契，推收，造串，征税，裁串工作，父子师徒，世袭其业，政府虽无正式图册，书差尚有世传粮簿，彼等虽无从“就地征粮”尚可“按户收税”，民不知向政府纳粮，政府无从向民征税，举凡税契，推收，造串，征税，裁串等项，皆由其一手包办，事实上亦不能不由其一手包办。书差既包办全部土地行政及土地财务行政，于是，对下，则假官府之威，钱粮之名，剥削搜刮无所不用其极。对上，则职未受薪，并为钱买；事为专业，人莫能代：欺枉愚弄，亦莫奈之何。加之，上级官长，清明者则认为陋规，昏闾者则无法监视；而不肖官吏，亦乐与为奸，分其“例规钱；”大户豪家，更交相为利，实行其“钱串两欠”之秘诀：莫可如何之“上下交征利，”而中国之田赋危矣，而中国之县政乱矣，而中国之人民苦矣。

第二节　一般办法之难济于事

田赋病根，既在“田户粮三者分家”，则找到其田之何在，即可找到其户之谁属，兴夫粮之谁纳：是找到其田之何在工作尚矣。找田之一办法，有清丈，查丈，查报，查报丘地图册，清查地亩，及陈报等项办法，谓分论之，以明其难济于事之原因。

第一目　清丈

土地清丈，先用大小三角测量，图根测量，或飞机测量；次为户地测量；然后分制图册；再按图册造串征赋，制诚善矣。其如费用太大，如杭州县市，每亩用洋一元二角，计用洋二百一十万元，一地办成，已竭浙江全省之力；（见地政月刊第二卷第八期第一一二期页）浙江以后农地测量，预算亩费约在三角至四角半之间。江苏每亩测丈费，与浙江相近。江西南昌试用航空测量，亩费税地四角。（皆见上书同页）又江苏地政一卷第一期第七页有“在昔之清丈费每亩平均须支出三角或四角者，一减而为一角有奇，且有低至五分以下者，”而其每亩摊费比较表所列，固平均皆在一角有奇也。以中国现状观之，田赋整理，如此其急；清丈费用，如此之大：不但财力不足，亦且人力时力，皆难于做到、此永久事业，势难普遍适用于今日也。

第二目　查丈

查丈较清丈为简，不测三角与图根，以浙江衢县查丈六庄，亩费三角四分，而工作中辍之结果论之，亦为今日中国国力所不许也。（见上引地政同页）

第三目　查报

查报与陈报相仿，具体办法详于陈报，大抵借重册书，以业主之陈报，与政府之原有图册对照，执行对照职务者，即为册书。此制缺点：第一，须有图册可资对照。第二，须使册书宁可自杀，自己打破饭碗，为政府卖力。第三，厚有图册，如准确可用，已无须对照业主之陈报；如不可靠，对照何益。至册书之能力，胜任与否，亦为问题。仅此三点，已事属难能；加之，既报又查，经费及手续等项，皆为陈报之一项之二倍，不如径行陈报之为愈也。故江苏镇江等四县之土地查报成绩，除特殊情形外，皆不甚佳也。（见上引地政一一二六页）

第四目 编造丘地图册

作者不愿参加意见，但引上引地政一一二六页，对于编造丘地图册之批评："复于查丈之前，令各县编造丘地图册，以达按丘制串，就地问粮之目的。……然试行半年，迄无一县完成；每亩费用多至七八分，甚或一角余，愿意在求地粮户三者之连系，然绘图但凭目测，造册借手胥吏，往往图上有地，不知户名，粮册有名，实有其地，反不见于图，不尽不实之处，在所难免，……今浙省虽赓续试行，已成强弩之末。"

第五目 清查地粮

清查地粮，系浙江兰溪实验县办理，据其清查地粮纪要序文所载，办法，"由登记册书及补造鱼鳞册入手，次则利用册书，编造丘地归户册，而以鱼鳞控制之，再次由政府发给土地管业证，以资对核；同时成立推收制度，以免日后地籍紊乱。"时间，"为时将及一年。"人数，"工作将近千人。"经费，"发证费由土地管业证撙节开支外，补造鱼鳞册及丘地图册共支出七千余元。"又据该书一二四页，土地管业证费实收二六，五七五、四五元。即共费三万三千余万。普通县份，固无鱼鳞册可资补造，更难胜任三万三千余元之负担也；至其时间人数，亦嫌太长太多。

第三节 土地陈报之运用未能尽善

一般办法，既无济于事，请再论土地陈报，且仅有土地陈报可论，惜乎，制虽硕果，而用尚未尽善也。

第一目 已经失败之浙江

今之土地陈报，实始于浙江；其办法，村里乡各设陈报机关，第一步，陈报，（人民于二月内依颁发表格，照式填报。）第二步，查编，第三步，丈量，第四步，制册，第五步，审核，第六步，公告。浙江饬各县于十八年五月一日，开始陈报，一再延期，至十九年四月底，仍未办竣、先后年余，耗财三百余万，动员十二万二千八百余人，终因政府人才经验两差，人民智识财力皆难于陈报，官厅复操之太急，只得潦草陈报，上下交扰而毫无结果。第二次全国财政会议，浙江代表，对于土地陈报意见，至谓浙民饱受土地陈报痛苦，闻名欲哭，请将浙江除外云云。（见上引地政一一二三至一一二四页，一一六五至一一七九页。）

第二目　近于成功之江宁

江宁仿浙江土地陈报办法，而加以增损。其较浙江为优之点，一为在陈报期间内陈报，不收陈报费；过期每亩收费五分。二为手续简单，无浙江之丈量，审核，公告等项麻烦。其间，由二十年四月十六日开始，至同年八月下旬办竣。费用，约二万五六千元。利益，地虽未增，而粮已多收，只及三成之田赋，增至九成以上。（见上引地政江宁自治实验县土地陈报概况及政卫第一卷第七八合期整理江宁田赋之始末。）其所以成功之原因，据土地陈报主持人刘支藩君在整理江宁田赋之始末中所言，有（甲）人民认识清楚，各为其利，莫或人后。（乙）政府办事认真，各机关各级学校党部以及全县公正士绅，全体动员，认真办事。（丙）应付办法适宜，不用书差，以津贴奖金等鼓励各区乡镇长卖力，而由政府总其成。据吾人所知，江宁实验县之组织权力经费人才优越一也，早著政声人民信仰二也，上下一心三也。有些三种特殊关系，而只填送陈报表一项，已为期四月有余；费用未说明连造户摺与否。已二万六七千元；真正成绩，除可就地问粮外，据刘支藩君在上引文中自言，并不甚佳：未足为训之处，殆为难于否认之事实。

第三目　正在进行之江苏

江苏于第二次全国财政会议，议决各省应行举办土地陈报之后，即首先奉行，由省土地局与财政厅会同办理。

办法，分甲乙两种。甲种办法之程序与期间：（一）测绘，限三月。（二）陈报，限两月。（三）审核，全县于业主填报截止两月内完成。（四）公告，限一月。（五）给照，于公告后一年内行之。乙种办法之程序与期间：（一）编查，限一月。（二）陈报，限二月。（三）审核，全县于业主填报截止两月内完成。（四）公告一月。（五）给照，于公告后一年内行之。甲种之测绘，为施行分区导线测量，求各区田地之总面积，与区内业主陈报总亩数核对，以便查背。

情况，已有吴江等十三县，分别于二十三年十月至二十四年八月，先后进行工作。采用甲种办法者，有吴江太仓二县。经费，核定数少者五千余元，多者一万五千余元，至实用数若干，尚未见正式报告，惟开较核定数额大耳。经费来源，皆于征存清丈费内借支。（以上皆见江苏地政第一卷第一期之业务进行概况（辛）土地陈报）

成绩，因大半尚在进行中，且未见正式报告，未便以个人见闻，擅加评断，惟据报纸所载之汤山沛县等之不幸事件及五步程序观之，江苏土地陈报办法之原则与手续，殆非有相当财力，人力，时力及政治力量与政治基础莫办欤？

第三章　土地陈报之过程与目的及其具体办法与简说

第一节　筹备

第一目　学理研究与事实映证

任何优良制度，不外为学理与事实之结晶品。若两者分家，即成各得半边之鳏夫寡妇矣。土地陈报亦然。筹备之初，不可心急，如稍有所知，即欲如何如何，必至偾事，宜指定本机关内对于斯道较有研究经验之一二职员，或另聘专家，先事搜集材料，考查研究，比较对照。尤贵将他处已行办法，研究其背景，经过，结果等项，与所处环境之各项情况，逐一比较，第一步须知其确为如此，第二步须知其何以如此，第三步须知我当如何，然后准据学理，参酌事实，以为进行，则庶几矣。

关于学理研究方面者，有土地法，土地经济学，地方财政学，会计学，科学管理（此项最要）及政治学，社会学等。

事实映证方面者，一为他处已办之记载，最好为其整个举办经过之具体报告。二为本环境之事实，以求真正病根所在及确切应付方法，如鱼鳞册之存亡状况，原造及整理情形；书差人数派别及各个能力道德之调查；税契，推收，造串，征税，裁串之惯例如何及弊端所在；历年额征，实征，民欠之成数如何及其责任谁属；人民纳税习惯及纳税能力如何；土地额亩实亩及等差程度之估计；土地有税无税及税重税轻之程度比例如何；土地分配情形及土豪劣绅势力如何；田地种类及使用情形如何；土地丘亩是否可从鱼鳞册或卷宗粮串查出；户口册之姓名住址是否可靠；保甲，自治，或其他组织编制，是否有相当力量；吏治民情是否优良融洽；全县初中以上学校若干，学生若干，学风如何，如无中等学校，完全小学若干，五六年级学生若干，校风如何；学校假期及民间休闲之时间及期间如何；乡村交通工具及便利程度如何；本地有无铅印商及印刷能力如何；是否可在地方费项下节余陈报费，抑从管业证分摊。

第一目　拟具土地陈报办事进程表

学理事实，既经研究映证之后，即决定如何进行。须先拟定办事进程表，将整个事业之事项种类，时间分配及进行次第，具体办法，主办机关或人员，经费概算及备注等项，一一表列，以便进行时，无手慌脚乱，茫无头绪之窘。

兹将个人拟具之某某县土地陈报全部办事进程表附后。（此表与本文第三章以下目录相同，为本文全部纲领。虽于实地举办时，可因地制宜，加以损益；不过培师窃拟之方式，颇少时空限制，务请注意。）

某某縣土地陳報全部辦事進程表

事項		時間			具體辦法	主辦機關或人員	經費				備註
類	目	年	月	日			千	百	十	元	
一、籌備	1.擬具一切章則表格										
	2.經費之預算與籌備										
	3.人才之預算與籌備										
	4.呈請上級核示										
二、進程	1.成立機關										
	2.訓練人員										
	3.宣傳方法										
	4.準備手續										
	5.陳報與公告										
	6.解決糾紛										
	7.請示辦法										
	8.整理表冊										
	9.繕管業證										
	10.發管業證										
	11.管卷制度										
	12.[illegible]										
三、目的(一)	1.整頓田賦										
	2.科學管理										
	3.革除積弊										
	4.消除糾紛										
四、目的(二)	1.平均負擔										
	2.增進效率										
	3.協助縣政										
	4.流通金融										
五、其他	1.										
	2.										
	3.										
	4.										
	5.										
	6.										

第三目　拟具一切章则表簿

做事须先有具体办法，不能临时拉凑。一切章则表簿者，土地陈报之具体办法也。兹将个人所拟各种章则表簿列后：

本文既标题具体办法，故全部要点，仅在于此，苟不逐一顺序阅之，则培师之全部窃拟用心，将无从领教于读者矣。

一、章则

（一）某某县土地陈报办法大纲

第一条　本县遵奉行政院颁布之办理土地陈报纲要，为建立土地行政，革除田赋积弊，公平田赋负担，保障业主产权，及创立土地信用，发展农业经济起见，特订定本大纲，举行土地陈报。

第二条　凡属县境以内土地，不论所属公私，银粮有无，及种类用途如何，均应遵照本大纲，一概免费陈报。

第三条　土地陈报事宜，由县政府罗致县区村各界各色人物，分别组织县区村三级土地陈报委员会办理。（以下简称：县土会，区土会，村土会）其区下为市者，千户以下，以镇代村；千户以上，划街代村。

县区村三级土地陈报委员会组织规程另订之。

第四条　陈报日期，依照各区各村土地陈报日期顺序单，挨次陈报，不得先后，并不得更正重报。

各区各村土地陈报日期顺序单另制订之。

第五条　陈报办法，有主地由业主在其住址之村镇或街，按照规定日期，报由陈报员代填陈报表。其人在本村，而地在邻村远村者，填入“邻不”“乡不”之不在业主表。其他在本村，而人在他县者，由业主亲来土地所在村陈报，或出具委托书，委托土地所在村之关系人代为陈报，填入“县不”业主陈报表。其土地发生争执，尚未解决者，由争执当事人，其至土地所在村陈报，另填争执业主土地陈报表。无主地，公地及地在本村之三种不在业主地，概由村土会负责调查陈报。

土地陈报表，不在业主土地陈报表及争执业主土地陈报表另制订之。

第六条　土地陈报程序如下：

一、在陈报前至少一月，由县政府印发土地陈报：布告，日期顺序单，宣传大纲，办法大纲及施行细则等项，饬令县区村土会，分别张贴；

并会同当地之学校等各种机关团体，切实宣传陈报利益，及不陈报或陈报不实损失，并说明陈报手续。

二、陈报时，由县土会，征求初中程度之在校学生为陈报员，二人一组，依排定之土地陈报日期顺序单，由区村土会导引协助，挨村挨户，对照户籍册，一户一陈报表，一人代为填报，一人照抄公告表，一村陈报以后，即为公告。公告期间，以公告后半年为限。土地陈报宣传大纲，土地陈报员征求规则及土地陈报公告表另制订之。

第七条　土地陈报表应载事项如下：其格式另制订之。

一、业主之户号，姓名，住址，职业，籍贯等项。

二、土地之丘号，所在地，四至，地目，等级，亩数，亩价，收益，使用等项。

三、陈报人，村土会委员，陈报员等之签名盖章。

四、陈报年月日。

五、备注，（一）注明业主栏之未备事项。（二）注明土地栏之未备事项。

六、换取土地管业证单附。

第八条　除争执业主土地及其他特殊情形外，陈报时不须呈验土地所有权之契据等证明文件。陈报后，并随给换取管业证单，为业已陈报及换取业主土地管业证证件。

换取管业证单及业主土地管业证另制订之。

第九条　在公告表公告以后，无论何人，如发现任何业主，有未曾陈报或陈报不实情形，在公告后一月内来区会或县会据实告发者，奖以上项地亩或地价之二分之一；告发每后一月，奖额递减二分之一，至半年期满为止。

未曾陈报或陈报不实土地，概行没收。

陈报不实告发表另制订之。

第十条　凡将公地，无主地或他人土地，冒认陈报者，任何人皆可用第九条手续告发。对于冒认陈报人，除注销其陈报外，并罚以与冒认陈报之相等土地之二分之一，余二分之一罚之村土会。对于告发人，奖以所罚土地之地亩或地价之二分之一，奖额递减办法如第九条。

第十一条　凡漏遗陈报之公地，无主地及只有村土会代为不实之陈报，而业主并未陈报之不在业主地，任何人用第十条手续报告或告发者，奖以各该项土地之地亩或地价之四分之一，奖额递减办法如第九条。

前项给奖土地之地亩或地价，由负遗报或伪报之村土会委员私人照数赔偿于县政府。

第十二条　前三条之告发人或报告人，有不愿受实物奖者，另给予名誉奖。

第十三条　土地陈报成功以后，即发给业主土地管业证，为业主土地所有权及土地抵押贷款等之唯一凭证。

发给时间，另以命令订之。

发给业主土地管业证规则及土地抵押贷款规则另订之。

第十四条　土地陈报成功以后，即成立土地陈报处，办理土地行政之土地移转变更必须陈报事项之陈报，税契及管理公地荒地，并办理土地财务行政之田赋征收。另成立田赋征收处，单纯办理征收田赋银款。

县城有较完善之金融机关者，即委托其代收赋款。

土地陈报处组织规程，土地移转变更申请陈报规则及申请陈报表，必须申请陈报事项表及管理荒地规则，管理公地规则，并田赋征收规则及田赋征收处办事规则另订之。

第十五条　有阻挠土地陈报者，以妨害公务治罪。

第十六条　有告发不实者，反坐治罪。

第十七条　凡陈报员或各级土会任何职员，有奉公守法及特别努力者，或有玩忽职务及受贿舞弊者：依公务人员惩奖条例加重奖惩。其因被罚事项善意第三人所受之损害，并由被罚人赔偿。

贿赂授受之双方或共同舞弊人，有一方据实告发者，奖告发人罚被告发人。

任何人提出上项人员之不法证据，前来县府告发者，奖之；其有金钱关系者，并奖予该项金钱之二分之一。

第十八条　本大纲施行细则另订之。

第十九条　本大纲如有未尽事宜，得呈请省政府修正之。

第二十条　本大纲自呈奉　省政府核准之日实行。

（二）某某县土地陈报办法大纲施行细则

第一条　本细则根据某某县土地陈报办法大纲第十八条订定之。

第二条　土地陈报办法大纲（以下简称大纲）第二条所称土地，系包括田，地，山，荡等一切土地。公地，系包括国有，省有及区乡镇村有土地。私地，系包括公共团体及个人所有土地。有粮地，系指已纳税之土地。无粮地，系指尚未升科纳税之土地。种类，系指地目之田，地，山，荡等。用途，系指市，宅，农，林，道路，城池等。

第三条　大纲第二条所称之免费，一指免收陈报费及免贴陈报单上印花费；一指并豁免未曾税契，推收，升科等一切费用；除税契外，并永远免除推收升科等之一切手续及其费用。

第四条　大纲第三条之划街办法，须整齐便利，如以镇中之十字街为准，划为东西南北四街之类。

第五条　大纲第五条所称负责陈报之业主，系指土地所有权人。如为公有土地，即为土地所有权之机关名称，由机关之主管人负责陈报。如为私有土地，即为土地所有权之公共团体名称及个人姓名，由团体代表人及个人负陈报义务。

机关主管人或团体代表人，如不依法陈报或陈报不实者，其因不报不实之被没收土地，由各该主管人或代表人照数赔偿于其机关或团体；共有土地之负责管业人，其不报不实之结果，亦由其个人赔偿于其他共有人。

主管人，代表人，负责人如有不能陈报之事实者，皆另行推人陈报，并由县委托书为凭。

个人业主如不能亲自陈报者，其父母，妻室或已成年子女，可代行陈报，惟在备注栏注明其与业主之亲属关系。

第六条　大纲第六条之陈报手续，指依期陈报时，陈报表所列之业主七项及土地十项，皆须照第九条解释，反复说明，使无疑惑，便于早为预备，不致因过误关系而损失命产之土地。

第七条　如无大纲第六条所称之初中学生，即完全小学之五六年级高才生，亦可代用。

利用学生为陈报员，以在寒暑假中为宜。

第八条　大纲第七条之户籍册，为县政府或区公所最近调查之分区，分乡镇，分村街之户口清册。如有册上无户之业主，由村土会先为查册开列。

第九条　大纲第七条之陈报表各项，解释如下：

一、(1) 户号　事先编填。编法，分区分村顺序给号编排，区给予原次第数字，村给予十倍于户数之整齐便记数字。如一区内有二村，甲村三五九户。即给予一至五〇〇〇号。乙村六三八户，即给予五〇〇一至一五〇〇〇号。

户号一户一号，但得随时变更。如遇土地移转，新业主有户号者，即改旧业主之户号为新业主之户号；新业主无户号者，即去旧业主之户号，顺序编给新户号。

(2) 姓名　须为现在业主之真姓名。如为公地或私地之公共团体土地，即并书机关或团体之名称及其现在主管人或代表人之真姓名。如为共有地，除填明负责人管业人之真姓名外，并注明其共有人之真姓名于备注栏。如为县不业主，其于土地所在地有代纳税人者，并书代纳税人之姓名于备注栏。

(3) 住址　填村或镇之方位，有习用街名或其他土名者，并书之。已编门牌者，并记其号数。

县不业主须并填邮政通讯处；其有土地所在地之代纳税人者，须并填代纳税人之住址于备注栏。

(4) 职业　限农，工，商，学，军，政，法，医，杂八种。杂为不正当职业或职业不明者。

(5) 籍贯　非“县不”之不在业主不填。

二、(1) 丘号　编号办法同户号，以十倍户号即得。惟在陈报时以土地所在村为主，依公地，普通（业主与土地同在一村者），邻不，乡不，县不分类，顺序编给，不能在事先编填。争执地在解决后，按类编号。

丘号，一丘一号，永不变更。如遇土地移转变更，发生划并分合时，数丘并一者，仍各存其丘号；一丘数分者，仍其丘号，而于个位下，加小数点几分之几，分母代表数分之数，分子代表数分次第。

(2) 所在地　填土地所在地之区别；乡或镇及村或卫之名称及村或街或镇之方位。不用之乡或镇及村或街字须圈去。用时，乡村为一系，镇街为一系。

(3) 四至　为业主土地四至邻地之业主姓名；如为道路山川者，即填道路山川名称。

(4) 地目　暂分田地山荡四项，得斟酌实际情形修正之。田为精耕熟地而界亩细划者，地为粗耕熟地而界亩粗划者，山为下自山坡不平梯田上至山顶者，荡为积水之河川湖泊及浸水之淤滩。

荒地地目入地。

如为市宅地，即填市或宅字。市为临市之商场空地及房基，宅为非供商业用及供普通住户用之房基。

（5）等级　等为熟荒二等，熟为已有大于经营费用之收获，或为蕴藏大于经营费用收获之可能尚未经营者。

荒为未曾经营，并在五年以内虽加经营而不能收回经营费用者。

级为上中下三级，无论熟荒，皆各视地质肥瘠，亩价高低，收益多寡，分上中下三级。

如为市宅地，等为以市代熟，以宅代荒。皆各视收益多寡，作用大小，亩价高低，房屋美恶，分上中下三等。

（6）亩数　亩以当地习用之官亩为准，制成六十方丈合一官亩之五尺度器，并编印各式地形之算法，挨区挨村颁发，便民仿造取用；度器或官制贱售：并各存案备考。填时至厘为止。业主事先须自行或请人实地丈量精算，免被没收。

（7）亩价　为每亩过去三年平均价值。

（8）收益　此项如业主无收益权者始填。分收益人及原因。收益人，为有该土地之收益权者。原因，为典，押，租等。

（9）使用　此项如业主无使用权者始填。分使用人及原因。使用人为有该土地之使用权者。原因，为佃耕，典耕或典住，押耕或押住，租耕或租住。市宅地以住代耕。

三、（1）陈报人　为本细则第五条所载实行土地陈报之业主，业主最近亲属，业主之代陈报人；及机关团体之主管人代表人，共有土地之负责人。

（2）村土会委员　须为委员中之公正而有资产者。

（3）陈报员　填陈报表及抄公告表之二人，共同负责。

（4）签名盖章　不能签字并无章者，由陈报员代其书名，令其捺指印。习惯用十字者，以划十字代指印。

四、（1）陈报年月日　书国历。

五、（1）备注　凡业主栏或土地栏之未备事项，皆在此分别注明。业主栏之未备事项，如共有土地之共有人姓名，代陈报人之姓名住址及代陈报之原因与委托书号数，及亲属代陈报人与业主之亲属关系。

六、(1) 表式横列，一，三，四，五四项列于上；二，五二项列于下，一户一表，一表十丘。其一户土地丘数在十以上者，以未编户号之副表接写，除编同一户号外，并在表之右上角方块内，上计表次，下计表数。

第十条　陈报时，按土地之公社；及私地之“普通”“邻不”“乡不”“县不”“争执”等区别，顺次分别填写及编给地号。

不在业主土地，除县不外，业主自填报者，皆顺次填于普通之下，而各于丘号之前，注明“邻不”等字，而以土地所在村村土会所代填者之丘号为丘号。

无主地别填公地陈报表。

争执业主土地陈报表，照填副张，连同证件，交村土会进行调解。

第十一条　公告时，按上条顺序，由村土会委员负责，分栏公告于村土会。

不在业主土地，分自报代报两项。业主自报者公告于业主自报之村土会；村土会代报者公告于代报之村土会。无主地公告，附于公地之后。

第十二条　大纲第九条至第十一条之告发或报告程序，规定如下：

(一) 告发人或报告人，如发现公告表上，有未报，伪报或遗报等情，须将业主之姓名，住址；及土地之所在地，四至，地目，亩数，等级，亩价，收益，使用等项，先为调查确实，然后告发或报告。

(二) 不在业主地，以来主自报者为准；业主未自报者，始以村土会代报者为准。

(三) 至县或区土会告发或报告时，须报由会中职员，代填告发或报告表；如不愿受实物奖者，须并为报明。其有索表自填，或以书面告发或报告者，许之。

(四) 无论用何种方式告发或报告后，须取回告发换奖据，或报告换奖据，以为查明属实后换奖之用。

(五) 同一告发或报告有二以上者，以次序为准，第一人告发或报告不确实者，奖给第二人。

(六) 告发人或报告人，不愿用真姓名者许之，但须别书真姓名备查。

第十三条　在区土会告发或报告之告发表或报告表，须逐日呈送县土会核办，县土会将自收或呈送之告发表或报告表，分别发交职员或区村土会认真实地调查陈报，以便处理。

第十四条　争执业主土地，除公告外，并即由村土会根据争执主土地陈报表副张及证件秉公调解。陈报时尚未经司法起诉者，不得径行司法起诉。调解不协者，由村土会连同陈报表及证件等项，呈送区土会调解。仍不协者，呈县土会调解。其争执土地，价在五百元以上者，县土会调解仍不协时，始得司法起诉。

其提起司法起诉及陈报前已司法起诉者，县土会负调查事实责任。

调查时间，村区土会皆不得过一月，无论成立与否，须顺次递呈上级。

调解时，村区土会可用通行习惯，县土会酌用法律。

第十五条　全县土地陈报登记工作完成以后，即依土地陈报处组织规程筹备改组另立土地陈报处，废除税契处，推收处，田赋处等机关，及主任，册书，粮差，伙计等人员，统一正式办理土地行政，将整理陈报表及制发管业证等项工作，概行移交该处管理。但于半年内，仍存三级土会之名义，担任争执业主土地之调解及未报伪报业主土地经告发或报告后之调查等项未完工作。

第十六条　管业证制发以后，即可照证造串，使“粮地户三者合一。同时筹备土地信用贷款办法，使‘钱地人三者合一’。并将田赋征收处与金融流通处合并办理，使钱之‘出入管三者合一’”。

第十七条　将土地陈报表，分区分村顺户号次序，汇订成册，即成准鱼鳞册，户领丘册，或管业证存查副册。

第十八条　将大纲及本细则所列并未列之章则表簿，其有公共阅览之必要者，附以表格填写法及简说，除印发各级土会外，并贱价发售及准人照式翻印。

第十九条　本细则如有未尽事宜，得呈请省政府修改之。

第二十条　本细则自呈奉省政府核准之日施行。

（三）某某县土地陈报委员会组织规程

第一条　本规程依某某县土地陈报办法大纲第三条订定之。

第二条　县设县土地陈报委员会，区设区土地陈报委员会，村设村土地陈报委员会，（以下简称县土会、区土会，村土会）依次统属，举办全县全区全村土地陈报事宜。

第三条　县土会之组织及职权如下：

一、县土会设委员长一人，由县长兼任；设委员若干人，由县长委任县府各局科城厢各机关主管人员，及聘任城厢各团体领袖及公正士绅业主等人：共组县土会，办理全县土地陈报一切事宜。下设秘书室及宣传，陈报，调解三股，分工办事。秘书由县长遴选专家任之，四股股长由县长就委员中指定之。

二、委员长代表县土会，指挥监督各室股及区村土会主管人，及委聘区村土会委员及区土会书记，办理各该管一切土地陈报事宜。

三、秘书承委员长之命，综理全县土地陈报事宜。秘书室兼总务职务，分收发，文牍，缮写，统计，会庶五组。凡不属其他三股事务，皆由秘书室分别办理。

四、宣传股掌全县土地陈报宣传方法及宣传品等项之拟具及分发。

五、陈报股掌全县土地陈报人员之训练及管理，并计划登记等事务之执行。

六、调解股掌争执业主土地最高级之调解调查及对下级关于调解问题之解答。

七、其他委员，承委员长之命，分办所派工作，或奉派在各室股分担工作。

第四条　区土会之组织及职权。

一、区土会，由县土会委员长委任各该区各机关之主管人，聘任各该区各团体之领袖及公正士绅业主等若干人：其组区土会，承县土会之命，办理各该区一切土地陈报事宜。指定各该区区长为该区区土会委员长。另委较有土地陈报知识经验之人，充任各该区区土会书记。

二、委员长代表区土会，承县土会委员长之命，指挥监督所属，办理各该区土地陈报事宜。

三、书记承区委员长之命，综理各该区土地陈报事宜。

四、各区土会委员，承区土会委员长之命，分办所派事宜。

第五条　村土会之组织及职权

一、村土会委员，由各该区区长，开列各该村领袖，业主等人，呈请县土会择尤委聘若干人，共组村土会，办理各该村一切土地陈报事宜，并在委员内，指定二人，一为委员长，一为书记。

二、村土会委员长，承上级土会之命，指挥监督所属，办理各该村土地报陈事宜。

三、书记承村土会委员长之命，综理各该村土地陈报事宜。

四、各村土会委员，承村委员长之命，分办所派工作。

第六条　全县土地陈报登记人员，由县土会征求在校学生充任陈报员。

第七条　陈报员履行职务时，由各区各村土会，依陈报日期顺序单，协助其进行登记工作。并按陈报员服务规则，由陈报员出资，予以迎送招待。

土地陈报，在各村土会办公室登记之。

第八条　土地陈报责任，由各该区土会村土会担负，陈报员只负登记责任。

第九条　各区土会村土会，办理土地陈报，如发生难于解决或未便擅决情事，应即填具请示单，顺序呈请上级指示解答。如有电话等设备，即简便从事，另各填单存查。

第十条　县土会于区村土会规定成立后之第四日，即召集各级委员长及书记来县训练。训练期间之宿食费用，由县会供给。

训练办法另订之。

第十一条　各级土会委员皆无给职。县土会秘书及区土会书记，如非兼职，分给月薪一百二十元及四十元。县土会秘书室等处员役，如非兼职兼差，亦酌给工薪。办公费，县土会除必要费用外，不得开支；区土会月不得过二元；村土会不得开支。区土会办公费，由区土会开具细账并连同单据，经县土会核准后，限规定数内发给。

第十二条　各级土会委员等人，如因公往来接洽，别无宿食处所时，日给膳费二角，一餐一角。有不遵规定或招待逾恒者，查明重罚。

第十三条　各级土会人员之奖惩及应罚事项告发办法，依土地陈报大纲第十七条之规定。

第十四条　各级土会之成立及解散日期，另以命令定之。

第十五条　本规程如有未尽事宜，得呈请县政府修正之。

第十六条　本规程在县区村三级土地陈报委员会存在之日实行。

（四）某某县县土地陈报委员会陈报员征求及服务规则。

第一条　本规则依某某县土地陈报办法大纲第六条订定之。

第二条　应征资格：（一）县境以内中等学校之在校学生。（二）县境以内完全小学五六年级高才生。（三）年在十八岁以上，身体强健，文理通顺，书法清朗。（四）校长介绍。

第三条　征求期间：由某年某月某日起至某年某月某日止。

第四条　应征手续：先由各校校长将本会印发之应征报名单，志愿书，小楷试纸，发给应征学生填写，并代填保证书，于应征期内，早日汇送本会评核，合格者，即于应征期满之第三日，分别函知各该校校长转告各该生等，于某年某月某日，由校长率领来会报到，过期无效。

第五条　陈报员待遇，完全义务职，每日津贴膳费二角，零用一角，无论在训练或工作期间，一律按日发给。

办公纸笔及其他必要物件，由会另给。

第六条　陈报员出发工作时，由本会妥为安排，按陈报日期顺序单，命各区各村迎送招待。但须按照规定，日给膳费二角，一餐一角。夜用被盖，二人一件，由陈报员自备。除二十里以上长途外，不得骑坐车马，车马费由会预计另给。

第七条　陈报员须绝对遵守本会规则，除有天时人事之特殊障碍外，须做完指定工作，出发以后，更不得请假。

第八条　工作完毕后，除发给土地陈报员委任状外，对于工作努力者之个人及其学校并另给奖状。其有渎职行为者，准土地陈报办法大纲第十七条规定办理。

第九条　本规则如有未尽事项，得呈请县政府修改之。

第十条　本规则在陈报员征求及服务期间内实行。

（五）某某县发给业主土地管业证规则

第一条　本规则依某某县土地陈报办法大纲第十三条订定之。

第二条　本县于全县土地陈报完成以后，不论公有私有，有税无税，皆分区分村，编制户号丘号，每一业户，发给业主土地管业证一件。（以下简称管业证。）

某土地丘数在一纸以上者，得接用多张，但仍同一户号，并为一件。

其因事实上之便利，须分丘发证者，得一丘一证，但须同一户号。

第三条　管业证为业主土地所有权之唯一凭证，得为土地信用贷款之抵押担保品，所有土地契纸等项，只为土地所有权之补助证件，及遇土地移转变更时申请陈报之证明文件，不得代管业证之作用。

第四条　管业证同样分写两件，一给业主收执，一存县政府土地陈报处备查，并为征税根据。

第五条　管业证应载下列各项，其格式另制订之。

一、业主之户号，姓名，住址，职业，籍贯及备注。

二、土地之丘号，所在地，四至，地目，亩数，等级，亩价，收益，使用及备注。

三、总计条上之地亩价值及税亩总数，并切条底加盖县印。县不业主税亩，增加百分之二十。

四、发证时间。

五、遇土地移转变更时申请陈报之陈报单号，陈报时间，陈报事实及处理办法及备注。

六、管业证之反面，宜附载管业证之用途，及遇土地移转变更时必须陈报之事项并申请陈报之手续。

第六条　发给管业证办法，仍照土地陈报顺序，在何处陈报者，仍在何处发证；并列成分区分村挨户发给顺序单，先期布告，然后派员顺序发给，并携业主土地陈报单备查。

第七条　发给时，发证员须将证上所列事项，朗诵一遍；业主识字者，即给予自读。

第八条　业主如认为与其陈报相符时，即在换取管业证单上注明换取年月日并签名盖章，交与发证员，换取管业证。其规定须纳手续费者，并同时纳费。

前项手续费，每证不得过一角；其分丘给证者，每证不得过三分。

第九条　业主如认为与其陈报不符时，发证员即检其陈报表对照，如诚然不符者，即为代填更正陈报单，给予赔款五元，并在换取土地管业证单之请求更正栏内，逐一填明，仍交业主，于三月后至县政府土地陈报处，（以下简称陈报处）换取更正之管业证。

业主请求更正陈报单另制订之。

第十条　管业证与陈报单相符，而业主请求更正陈报者，除收罚金十元外，其余手续同第九条。

第十一条　如在陈报至发证期间，已发生土地移转变更之事实者，照常发证。该项移转变更，如为必须陈报事项表所列者，该项土地业主，可按照业主土地移转变更陈报规则，径至陈报处申请陈报。

第十二条　争执业主土地，至发证时仍未解决者，俟产权确定后一月内，由业主携带解决证明文件，至陈报处领取管业证。

第十三条　在发证期间，因不可抗之事实，不能领取者，准其于发证后一年内，至陈报处领取。

仍未领取者，即将该业主土没收。

第十四条　发给管业证时，其换取管业证单已遗失者，须有同村业主三人以上书面保证，始得领取。其遗失之换取管业证单作废。

第十五条　如业主不能亲自换取管业证时，除其父母妻室及成年子女外不得委托他人代领。

第十六条　管业证如有遗失，被盗，破坏等情，业主可随时至陈报处请求补发或换发。

第十七条　如为管业证破坏，请求换发，须填写请求换发管业证单，及缴手续费五角，并缴还破证，即立为换发，并给予请求换发管业证收费单。

请求换发管业证单及收费单另制订之。

第十八条　如为管业证遗失被盗，请求补发，须填写请求补发管业证单，及缴手续费四元，并提出相当证据，即代为在本府陈报处及业主住所之村镇分别公告，并给予请求补发管业证换证单。如在半年内无人提出异议者，业主可持单至报处换证。

业主请求补发管业证单及换证单另制订之。

第十九条　业主如有将其管业证上之文字，加以添补涂改者，除原证作废，另行换给管业证收手续费五角外，并没收其土地之二分之一。

第二十条　在管业证发给以后，如遇土地移转变更情事，为必须陈报事项表所列者，业主须按照本规则第十一条所载手续，至陈报处陈报。否则除没收其应行陈报土地之二分之一外，善意第三人因此所受之损失，并由该业主照数赔偿。

第二一条　土地管业证发给以后，除土地契据，分家书等，为土地所有权之补助证书及为土地移转变申请陈报之证明文件外，其余习惯沿用之一切不合法土地所有权证书，概行作废。

第二二条　冒领管业证者，除吊销外，并罚以等于冒领管业证上二分之一之土地。

其无土地可罚者，依刑法加重治罪。

第二三条　发证员之奖惩及应罚事实之告发办法，统依土地陈报办法大纲第十七条之规定。

第二四条　本规则如有未尽事宜，得呈请　县政府修正之。

第二五条　本规则自本府公布之日实行。

（六）某某县土地陈报处组织规程

第一条　本规程依某某县土地陈报办法大纲第十四条订定之。

第二条　本处由县长委任主任一人，陈报、税契、田赋、土地四组组长四人组织之。

为工作上之必需，得由县长另雇书记若干人。

第三条　主任承县长之命，指挥监督所属，办理全部土地行政事宜及土地财务行政事宜。

第四条　陈报组组长承主任之命，督率书记，办理土地移转变更之陈报登记，管业证之制发，表簿卷宗之编号归档等项工作。

第五条　税契组组长承主任之命，督率书记，办理征收土地契纸之典税卖税，官契纸等之发售；及代管各种手续费等之收纳等项工作。

第六条　田赋组组长承县长之命，督率书记，办理管业证上税亩之折合，税亩之税额，串票之制造，通知单之发给及收回，执照之裁发，存查之呈送，存根之保管等项工作。

第七条　土地组组长，承县长之命，督率书记，办理官地，荒地之管理；各种土地丘号、面积、□积、亩价、使用、收益，及各种业主户号、职业、地亩、耕种，并土地分配，使用等各项统计；及土地纠纷之调查，调解等项工作。

第八条　田赋税款之征收，由田赋征收处或其他金融机关办理之。

田赋如由金融机关代收，须在陈报处设座办公。

第九条　凡县政府前设之税契处，推收处，田赋处及财务科田赋部分之一切卷宗簿册，概归本处接收管理。

第十条　本处办事规则，遵奉某某县土地移转变更陈报规则，某某县征收田赋规则，某某县官田管理规则，某某县荒田管理规则，及其他法令章则办理之。

第十一条　本处得适应事实上之需要，酌设分处。

第十二条　本处人员之奖惩及应罚事项告发办法，统依某某县土地陈报办法大纲第十七条之规定。

第十三条　本规程如有未尽事宜，得呈请县政府修改之。

第十四条　本规则自呈奉核准之日施行。

（七）某某县业主土地移转变更陈报规则

第一条　本规则依某某县土地陈报办法大纲第十四条订定之。

第二条　凡业主土地移转变更为必须陈报事项表所明列者，该事项下所列之陈报人，须于该项陈报事实发生后二月内，至县城土地陈报处陈报。（以下简称陈报处）

陈报人之住所区域内已有陈报分处者，即就地陈报。

第三条　共同陈报人，须同时会同陈报；其因事不能同时会同陈报者，须具备陈报法定手续，并出具委托书，委托该项陈报土地权益之主要人，代为陈报。

第四条　凡不依法陈报者，除没收其应行陈报土地二分之一外，善意第三人因此所受之损害，并由其负赔偿责任。

第五条　共同陈报人中，有一方故意不同时会同陈报并不委托陈报土地权益主要人代为陈报者，由此一方负全部不陈报责任。其无土地财产可供没收赔偿者，依刑法加重治罪。

因一方不履行陈报义务，他方亦不陈报或陈报而不说明不能同时会同陈报之原因者，处罚同前项。

第六条　不论何人，发现任何土地，有移转变更之应行陈报事实，而应行陈报人并未依法陈报者，于陈报期满一月内，提出相当证据，前来陈报处据实填写陈报不法告发表，即给予陈报不法告发换奖证，俟查明属实，凭证奖予没收告发土地之四分之一。告发每后一月，奖额递二分之一。

告发期间，以被告发事实发现后半年为限。

诬告者，反坐。

第七条　陈报不实之处罚及告发办法，与本规则第四，第五，第六三条相同。

第八条　陈报人应各呈验管业证及契据等各种证件，将陈报事实，据实报由陈报处陈报员，代填陈报表，并照缴手续费。其应行税契者，一并照章税契。任何手续，皆一次做完。

陈报人无论方面多寡，皆一事一陈报表，只共填一张。

第九条　陈报员在陈报人陈报手续完毕之后，即将所填表格及呈验证件，并呈主任核办。其手续完备，证物无疑者，即指示登记办法，经呈核加盖印章后，即时发还陈报人。其认为尚有调查考虑之必要者，即谕知另行领回证件日期。

谕知另行领回证件日期，最长不得过一月。

第十条　无论即时登记与否，皆填给陈报人陈报及凭取证件据一人一张。

第十一条　陈报登记办法，如为土地移转，即将移出业主管业证上之移转土地丘号栏，用特制等宽长戳涂销，移转于移入业主管业证总计条之下，丘号从土地陈报办法大纲第九条第二项规定；其余各项从准予陈报之契据等陈报证件，证件未明书者，仍写原证所载；移出移入两管业证之总计条，皆各为涂去旧条，另换贴新条。总计条从发给业主管业证规则第五条　第三项规定。总计条并须特制。

移出业主土地已尽者，涂销其管业证存卷。移入业主尚未曾有土地者，从土地陈报办法大纲第九条第一项规定，另发新证，并收发证费五角。

第十二条　土地陈报登记办法，如为土地变更者，即将变更项目，先行涂销，贴盖特制贴盖条，照其陈报登记，条纸相接处，加盖骑缝特制处印。如税亩等项因之变更时，并换贴总计条。

第十三条　业主移转，即土地移转，从本规则第十一条规定。业主事项变更，从本规则第二条规定。

第十四条　不论何种移转或变更登记，执照存查二管业证皆同时同样处理。

税亩之增减异动者，并填分年分区税亩异动簿。

第十五条　凡业主土地移转变更陈报之各种呈验存卷文件，皆于其左上角上，编以所陈报之户号丘号，并加陈报日期。存卷文件，即分别分区分村依各户号次第，归入各户卷内。

第十六条　业主土地移转变更必须陈报事项表，应记载事项如下，其格式另制订之。

一、(1) 业主必须陈报事项。

(2) 陈报人。

二、(1) 土地必须陈报事项：

甲、移转必须陈报事项。

乙、变更必须陈报事项。

(2) 陈报人。

第十七条　业主土地移转变更陈报单，应记载事项如下，其格式另制订之。

一、陈报人：户号，姓名，住址，职业之管业证，所列及陈报调查三种事项。

二、土地：丘号，所在地，四至，地目，亩数，等级，亩价，收益，使用及备注之管业证，所列及陈报调查三种事。

三、陈报：事实，证件，证人，时间，税契，调查人，缴费及备注。

四、陈报及凭取证件单附。

第十八条　发给业主土地管业证规则第十七、十八、十九三条规定，适用于本规则。

第十九条　陈报费，除土地抵押贷款陈报，不收费用外，余皆每次收手续费每证一角；税契，买地为地价百分之二、余不收；推收，无费；调查，每事二元，测丈在内。

阅卷费，每次五分。

发证及换证，皆五角；补证，四元。

陈报处收费手续，除在陈报表，陈报及凭取管业证等注明外，并另给两联收费单。

第二十条　有至陈报处阅卷之必要者，纳阅卷费五分，即准其当面阅卷一次。

第二一条　陈报登记，如或错误，准陈报人申请更正，除为之改正外，并给予赔偿费一元。

前项赔偿费，由登记负责人及主任各半分担。

有不授受者，十倍处罚。

第二二条　办理陈报人员之奖惩及应惩事实之告发办法，统依土地陈报办法大纲第十七条之规定。

第二三条　本规则如有未尽事项，得呈请县政府修改之。

第二四条　本规则自县政府公布之日实行。

（八）某某县征收田赋规则

第一条　本规则依某某县土地陈报办法大纲第十四条订定之。

第二条　全县土地，分税地及不税地两种。

第三条　税地为熟地，市地，宅地，及依荒地管理规则之已逾开垦规定期间之荒地。

第四条　不税地为不税土地表所列之道路，河川，桥梁，名胜，城池等项；及未逾开垦规定期间之荒地。

不税土地表另制订之。

第五条　税地以“税亩”为负税单位，熟地之总税亩，至税亩为止，税亩以下土地不税。一户只有熟地二税亩以下者，亦不税。

税亩依税地税率表折算，税地税率表另制订之。

第六条　各业主土地税亩之标示及变更办法，从发给业主土地管业证第五条第三项及业主土地移转变更第十一十二条关于税亩之规定。

第七条　税款以银元为单位，至分为止，分以下不计。

第八条　税票（即粮串）以业主为单位，无论其土地丘数多寡，皆一主一票，不得分割合并。

第九条　赋税总额，须参酌过去之额征实征数字，及现在之必须政费，并人民之担负能力而定，不得因土地溢出任意增加。

第十条　全县任何土地税捐，皆并款统一征收，不得于赋税总额之外，另有征收；或于税票上分列多项名目。

第十一条　税亩年税税额，等于以全县税亩总数，除全县赋税总额。每期税额，等于再以期数除之。各级税地税额，等于以税率表上税率数字与税亩税额之比。

第十二条　开征时间，须在春秋收获之后，不得或早或迟。并只分春秋二期，不得或多或少。更须视大熟小熟，粮市惯例，分配春秋税额及征收期间。

春秋开征日期及期间，先期公布，永不更改。

第十三条　每年须将税地税亩总额，赋税总额及秋勘成数等项，预先公布。赋税总额须为折过秋勘之实征额。

第十四条　对于纳税之先后业主，须予以税款上之奖惩劝诫。

第十五条　于纳税期满后半年内，如无特殊不可抗之事实，仍不纳税者，没收其未纳税之土地，事先并不差催预告。不可抗事实，不包括通知单之未收到或遗失。

第十六条　不在业主之县不业主，不按期纳税者，处罚与普通业主同，不得因代纳税人之过失，或通知单寄失道途遥阻等关系，别有例外。

第十七条　税款收纳手续，另成立田赋征收处办理之。

征收处得因事实上之必要，设立分处。

有较完善之金融机关或商店可担任收税者，即委其代收。

第十八条　税票须为一式四联，一、通知单，于开征前送达业主。二、执照，于纳税后凭通知单裁给业主。三、存查，呈财政厅备查。四、存根，存陈报处归档。

以上手续，皆由陈报处，负责办理。通知单加纳税手续说明一项。

第十九条　税票造法，由陈报处根据存查管业证上之业主户号，姓名，住址及税亩等项，照填税票；再将规定之每期税亩税额并该户本期共税额填入即得，余皆印就，不须填写。骑缝皆并填额征数，不得或误。

税票填写及管理次序，皆分区分村依业主户号，与管业证一致。

第二十条　通知单通知办法，由陈报处于开征前至少一月，以村为单位，将通知单分区分村，分别总包分包。由县发区，限五日送达；由区发村，限十日送达；村发各户，限二日送达。无法送达之通知单限即日注明原因顺次缴回。

县不业主通知单，另按其通讯处邮寄；无通讯处者，按其住址；其有土地所在地之代纳税人者，发给代纳税人。

第二一条　业主纳税，须先自将税票上之额征数，及依纳税日期先后之奖惩增减办法，折成实征数，自行或委托妥人，带同钱单两项，至征收处完纳。其通知单遗失者，须带同遗失单，仿以前或他户之通知单式，依照管业证书明户号，姓名，住址，税亩；及本期税额等项，并签名盖章，始得完纳。

第二二条 征收处收到业主纳税款单，按纳税日期，折成实征数收款，填明纳税年月日，实征额，并签名盖章以后，仍交还原纳税人，至陈报处田赋组换取执照。

第二三条 陈报处田赋组，须审查通知单各项，有无错误，如有即示错误之点及改正办法，命纳税人改正。如无或改正以后，即在执照，存查，存根三联票上，同样照单填写纳粮年月日，实征额，及签名盖章，并裁执照给纳税人收执。

第二四条 通知单及执照所列各项，业主如发现错误，可至陈报处申请改正，不收手续费。

通知单未收到者，须比例他人税亩税额，并具申明书，仿他人通知单式写明本户各项，依期纳粮。

第二五条 征收处在征收税款时，须填写编号盖印发给之征收银数日报表，依照通知单上之串号及实征元数，用复写纸复写三份，于每日下午六时以前，结填总计户数及元数，并填明年月日经主任签名盖章之后，一呈送县长或财务科长，一寄财政厅，一留作存根。

征收银数日报表另制订之。

第二六条 征收处每日所征银钱，须于下午六时以前，存入县长指定金融机关，该机关须复写四份编号盖印发给之存款单，经签名盖章并填年月日之后，一交征收处，一送县长或财务科长，一寄财政厅，一留作存根。

存放税款金融机关存款单另制订之。

第二七条 陈报处田赋组于每日下午六十以前，计算一日计收回通知单张数，（即裁给执照张数）及单上实征税款元数，用编号盖印发给之裁串日报表，复写三份，并填年月日经主任签名盖章之后，一呈送县长或财务科长，一寄财政厅，一留作存根。

裁串日报表另制订之。

寄财政厅信封，皆特制发给，并预贴需用邮票。

第二八条 每月每期每年之终，征收处等三机关，并各自统计一月一期一年总数，依本规则第二十三，二十四，二十五三条规定，分别呈报。

第二九条 县长或财务科长或财政厅各县田赋日报审核员，如核发错误或可疑之点，即面谕或指令各该管长官彻查具报。

第三十条　在造串日期开始以后，业主土地移转变更之涉及纳税人及纳税额者，皆照旧纳税，至下期改正。在造串期内，陈报组须贴此通告，并口头说明。其有纳税人移转关系者，税款由移入人交由移出人代纳。

第三一条　陈报处田赋组之税票存根，皆逐年逐期分区分村分处保存，为准管业证，准户领丘册，或准鱼鳞册之用，以备水火兵乱之后，不致册籍一空，无法整理。

第三二条　土地陈报后第一次税亩总额统计，根据管业证；第二次以下，皆并对照税亩异动簿，或只统计税亩异动簿，与第一次税亩总数相加减即得。

土地统计表及税亩异动簿另制订之。

第三三条　每年每期及历年历期民欠，皆由田赋组分别统计，分呈县长及财政厅分别办理。

前项统计方法，由各年各期之额征数内，以各该年各该期内之每一实征额相等期间内之实征数，拆成额征数减之即得。此法已有现存统计可查，或稍省力。或统计未裁之执照亦得。

第三四条　凡以前征收田赋之一切法令习惯，及手续程序等项，概不适用于本规则。

第三五条　办理田赋征收人员之奖惩及应惩罚事实之告发办法，统依某某县土地陈报办法大纲第十七条之规定。

第三六条　本规则如有未尽事项，得呈请县政府修改之。

第三七条　本规则自县政府公布之日实行。

（九）某某县公地管理规则

第一条　本规则依某某县土地陈报办法大纲第十四条订定之。

第二条　凡某某县土地陈报大纲施行细则第二条所指之公地，及因土地陈报之不报伪报及业主土地移转变更之不报伪报所没收之县有土地，概依本规则管理之。

第三条　不论何种公有土地，皆与私有土地，一律依法管理，不得例外。

第四条　县境以内之国有省有公地，如尚未尽相当之利用者，得代为计划建议，并得承受委托，代为管理。

第五条　凡县有公地，由县土地陈报处管理之；区有公地，地价在一千元以下者由区公所管理之，在一千元以上者由区长及区内各机关团体代表共组区公地管理委员会管理之；乡镇及村公有土地管理办法，与区公有土地管理办法相同，惟地价递减二分之一。

第六条　凡县属各种公地之招佃出租，出卖，出典，出押等项，皆须采用公开投标制度，不得私相授受。

第七条　凡县属各种公地，其每年土地之收益使用及收益处分之详细情形，皆须随时报县查核，并同时公布于各该机关门首。

第八条　凡县属各种公地之出卖，出典，出押等项，非呈准县政府之后，不得处分。

第九条　公地管理人员之奖惩及应惩事实之告发办法，概依某某县土地陈报办法大纲第十七条之规定。

第十条　本规则如有未尽事宜，得呈请县政府修改之。

第十一条　本规则自县政府公布之日实行。

（十）某某县荒地管理规则

第一条　本规则依某某县土地陈报办法大纲第十四条订定之。

第二条　不论公有或私有荒地，皆依本规则管理之。

第三条　自业主土地管业证发给之日起，上级荒地，于二年内陈报开垦者，十年内概不征税。中级荒地，于三年内陈报开垦者，十五年内概不征税。下级荒地，于四年内陈报开垦者，二十年内概不征税。

第四条　凡逾前条规定时间，尚未开垦者，或虽开垦而查明不力者，各级荒地，各于开垦期满后征税。

第五条　凡委实遵期认真开垦，并有事实可稽，但在免税期内成绩不佳，仍愿继续努力者，得视其实在情形，得各将本规则第三条免税期间，延长三至十年。

第六条　凡荒地，不能遵期开垦，并不纳税者，私有荒地，即行没取；公地荒地，加倍征税。

第七条　凡荒地，于本规则第二条规定期间内，招人代垦者，在不收税期内，不得收租；并不得使用押金等项规避方法。违者，倍罚其数，偿还原出款人。

其习惯方法，有不违本条之规定者，许之。

第八条　凡县有，区有，乡镇有及村有公地，于管业证发给之日起，即须遵照本规则，自行或招人开垦，不得延玩。

第九条　本规则如有未尽事项，得呈请县政府修改之。

第十条　本规则自县政府公布之日实行。

（十一）某某县土地抵押贷款规则

第一条　本规则依某某县土地陈报办法大纲第十三条修订之。

第二条　凡以业主土地管业证抵押贷款者，本规则名为土地抵押贷款，概以本规则管理之。

第三条　凡土地抵押贷款，须以业主土地管业证为抵押品，一切契纸等项土地所有权之补助证件，皆不发生效力。

第四条　土地抵押贷款办法，分甲乙两项：甲、债务人以管业证移交债权人。乙、债务人携同证件，至土地陈报处登记，而不移交管业证。

第五条　甲项土地抵押贷款，双方在贷款条件议妥之后，债务人除出具土地抵押贷款据外，并移交管业证；同时债权人除点交贷款外，并出具土地贷款存证据。至债务消灭时，债务人即凭土地贷款存证据，取回土地抵押贷款据及管业证。

土地抵押贷款据及土地抵押贷款存证据，可合并为各执一纸之土地抵押贷款合同。

土地抵押贷款据及存证据或土地抵押贷款合同格式另订之。

第六条　乙项土地抵押贷款，双方在货款条件议妥之后，填写土地贷款合同并各签名盖章，并交债务人携同管业证，至土地陈报处登记，债权人而验管业证及合同陈报无讹，即接受合同，点交借款。至债务消灭时，债权人在合同上注明债务清偿，交由债务人，用债务发生手续，陈报注销。乙种土地抵押贷款合同与甲项同。

第七条　土地抵押贷款款额，约期五年以下者，不得过土地报价之二分之一；十年以下者，不过三分之一；十五年以下者，不得过五分之一；二十年以下者，不得过八分之一。

第八条　土地抵押贷款约期，不得过二十年。

第九条　土地抵押贷款利率，年利不得过二分。

第十条　土地贷款偿还方法，分为三项。甲、分期抽还本息。乙、逐年付息，一次还本。丙、一次偿还本息。除约期一年以下者外，不得用丙项办法。

第十一条　土地抵押贷款，皆周年单利制、并须按期偿还本息，不得滚存复利。其二年以上，债务人不偿还本息者，如责在债务人时，债权人可申请押缴；仍不清偿者，即由县政府拍卖其抵押土地，代为偿还。

第十二条　土地抵押贷款人，如为业已登记承认之土地信用合作社，以合作社资格向县立农业金融机关或适用本规则之金融机关抵押贷款者，较贷给个人利率，减成百分之二十。其以社员个人资格借款者，仍按普通利率计算。

第十三条　县立农业金融机关，或适用本规则之其他金融机关，得县政府之批准，可发行土地证券。

发行土地证券条例另订之。

第十四条　土地信用贷款，如发生纠纷情事，可申请土地陈报处解之。

如调解不洽或已司法起诉者，土地陈报处负调查证据之责。

第十五条　业主土地管业证，在抵押贷款期中，而债务人有土地移转变更之必须陈报事项者，须在不侵害债权人利益范围以内，自行或会同债权人进行陈报。

第十六条　本规则如有未尽事项，得呈请县政府修改之。

第十七条　本规则自县政府公布之日实行。

二、表簿

兹以个人所拟土地陈报所用各项表式列后：

一、各区各村土地陈报日期顺序表

1.區	2.村鎮街.	3.預定開始陳報日期.			4.負責之村土地陳報委員會.		5.備註.
		年	月	日	村或鎮街土會	委員長	

（以下十二格格式仝上）

1

二、陈报员工作进行（及陈报）表

1.區	2.村鎮街	3.陳報員	4.陳報日期				5.使用陳報表張數																		6.陳報戶數					7.使用公告表張數								8.使用指示表	9.膳食舟車元數							10.備註
			開始		截止		普通				鄰不			鄉不			縣不		爭執			接用								普通			鄰不		鄉不		縣不		膳食			舟車			收據張數收款人姓名[illegible]	
			月	日	月	日	千	百	十	張	百	十	張	百	十	張	十	張	百	十	張	百	十	張	萬	千	百	十	戶	百	十	張	十	張	十	張	張		元	角	分	元	角	分		

（以下九格格式仝上）

2

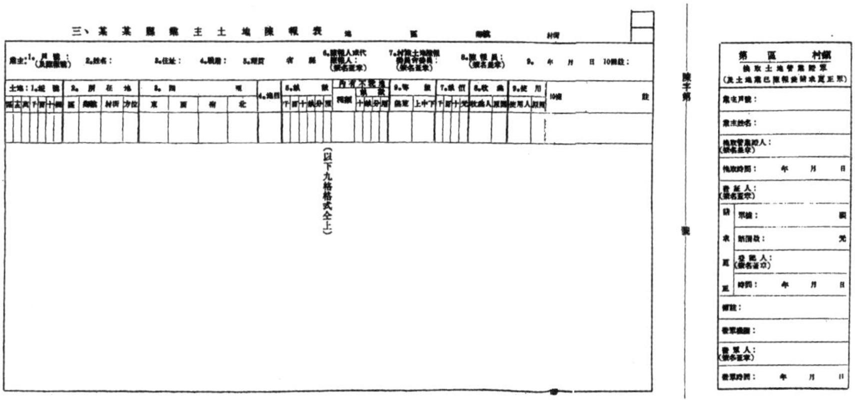

3

四、爭執業主土地陳報表（及各級土地陳報委員會調解陳報表）　地　區　鄉鎮　村街第　號

1.爭執業主戶號							2.姓名	3.住址			4.爭執原因	5.各方証件	6.各級土地陳報委員會調解經過			7.調解成立土會	8.調解成立後
區別	十區	萬	千	百	十	個		區	鄉鎮	村街			村土會	區土會	縣土會	加印蓋章	爭執人簽名蓋章
（以下七格格式同上）																	（以下七格格式同上）

類別 \ 目別	1.爭執人	2.坵號							3.所在地			4.地目	5.畝數						6.等級		7.畝價				8.收益		9.使用		10.備註
		區	十萬	萬	千	百	十	個	區	村街	方位		千	百	十	畝	分	釐	特定	上中下	千	百	十	元	收益人	原因	使用人	原因	
各爭執人所主張之土地																													
調解成立後之各戶土地		（以下十五格格式同上）																											

爭執土地換照單		
爭執人戶號：	姓名：	換照人：
換照時間：　年　月　日		發照人：
發據機關：		發據人：
備註：		發據時間：　年　月　日

仝上

仝上

仝上

仝上

仝上

仝上

仝上

4

五、　　区　　村土地陳報公告表　　第　　號

業主戶號							姓名	土地坵別							所在地		地目	畝數						等級		每畝價值				備註
區	十萬	萬	千	百	十	個		區別	十萬	萬	千	百	十	個	區	村		千	百	十	畝	分	釐	熟荒	上中下	千	百	十	元	

(以下十四格格式同上)

5

六、遺報公地及無主地報告表（及查報表）

第　　號

目別＼類別	所在地				四至				地目
	區	村	鎮	方位	東	西	南	北	
報告									
查報									

目別＼類別	畝數							等級		畝價			使用		收益	
	萬	千	百	十	畝	分	厘	熟荒	上中下	百	十	元	使用人	原因	收益人	原因
報告																
查報																

報告	報告人：（簽名蓋章）	住址：　區　村鎮	時間：　年　月　日
查報	時間　飭查：　年　月　日 查報：　年　月　日	查報機關或人：（蓋印或簽名蓋章）	

戶號

坵號

……………………報字第……………………………………號……………………

第　　號

報告換獎據（及發獎收據）			
	報告人姓名：	遺報公地所在地：　區　村街	願得何獎：
	備註：	領獎人簽名蓋章：	
	發據機關：	發據人簽名蓋章：	發據　年　月　日
	發獎機關：	發獎人簽名蓋章：	發獎　年　月　日

6

七、陳報不實告發表（及查報表）

第　　　　號

類別＼目別	業主姓名	戶號							住址		土地坵號							土地所在地		
		區	十萬	萬	千	百	十	個	區鄉鎮	村街	區	十萬	萬	千	百	十	個	區鄉鎮	村街	方位
原報																				
告發																				
查報																				

類別＼目別	地目	等級		畝數						畝價				使用		收益		備註
		熟荒	上中下	千	百	十	畝	分	厘	千	百	十	元	使用人	原因	收益人	原因	
原報																		
告發																		
查報																		

告發	告發人： （簽名蓋章）	住址：　　區　　村街	年　　月　　日	備註：
查報	清查：　　年　　月　　日 陳報：　　年　　月　　日	查報機關或人： （蓋印或簽名蓋章）		

（用時距離放大）

……告字第……………………號……………………

第　　　　號

告發換獎據（及發獎收據）	告發人姓名：	被告人姓名：	應得何獎：
	備註：	領獎人簽名蓋章：	
	發據機關：	發據人簽名蓋章：	發據：　　年　　月　　日
	發獎機關：	發獎人簽名蓋章：	發獎：　　年　　月　　日

7

八、區村土地陳報委員會及陳報員請示單(及指令單)　　第　　號

請示事實	發生地點	當事人或關係人姓名	雖于解決或未便擅決情形	請示時間	指令辦法	指令時間
				年 月 日		年 月 日
				請示機關或人		指令者

九、謄寫管業證監管表　　年　月　日　第　處

領取陳報表份數：	領取管業證份數：	謄寫份數：	錯誤份數：	剩餘份數：	謄寫人：
另外錯誤份數：	錯誤字數：	扣薪元數：	遺漏件別及份數：	處分：	查核人：

8

十、某某縣政府業主土地管業證　　地　　區　　號

業主：1.戶號：(及管業證號)　2.姓名：　3.住址：　4.職業：　5.籍貫：　省　縣　6.備註：　發證時間：　年　月　日

土地：1.坵號								2.所在地				3.四至				4.地目	5.畝數						內有不稅地畝數					6.等級		7.地價				8.收益		9.使用		10.陳報單號	11.陳報時間			12.陳報事實及處理辦法		13.備註
區	十萬	萬	千	百	十	個		區	鄉鎮	村街	方位	東	西	南	北		千	百	十	畝	分	厘	[illegible]	十	畝	分	厘	[illegible]	上中下	千	百	十	元	收益人	原因	使用人	原因		年	月	日	事實	處理辦法	

(以下九格格式同上)

9

十一、管業證封套正反面圖（虛線代表反面）

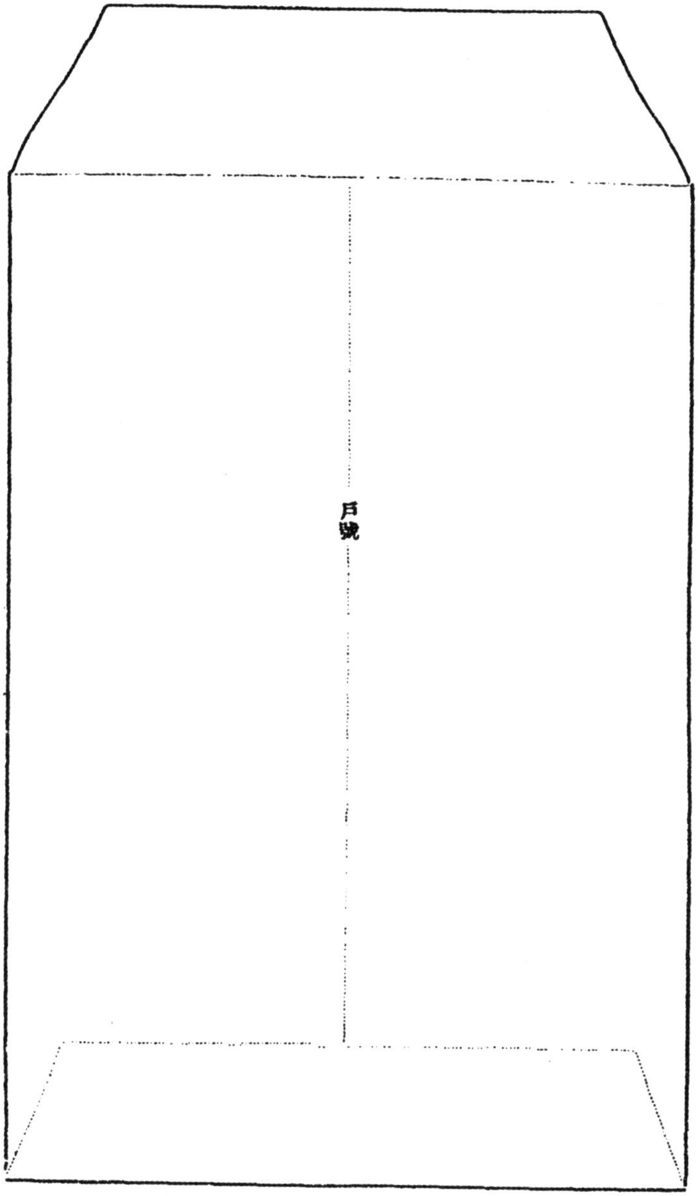

10

十二、某某縣業主請求更正陳報表（及調查表） 地 區 鄉鎮 村街 第 號

業主： 1.戶號（及陳報號）																2.姓名			3.住址			4.職業
目別／類別	1.坵號								2.所在地				3.四至				4.地目					
	區別	十萬	萬	千	百	十	個		區	鄉鎮	村街	方位	東	西	南	北						
原陳報或寫錯																						
更正																						
查實																						
目別／類別	5.畝數						6.等級		7.畝價				8.收益		9.使用		10備註					
	千	百	十	畝	分	釐	熟荒	上中下	千	百	十	元	收益人	原因	使用人	原因						
原陳報或寫錯																						
更正																						
查實																						
（請求） 年 月 日							請求人簽名蓋章						（查報） 年 月 日				查報機關或人加蓋印章：					

錯字第 號

錯誤賠款收據	受款人：（簽名蓋章）	受賠款伍元
	事由：	
	發款人：（簽名蓋章）	年 月 日

（另蓋縣印）

更字第 號

更正罰款存根	出款人：	出罰款拾元
	事由：	
	收款人：（簽名蓋章）	年 月 日

罰字第 號罰款拾元

更字第 號

更正罰款收據	出款人：	出罰款十元
	事由：	
	收款人：（簽名蓋章）	年 月 日

11

十三、土地陳報發證後普通業主土地情況統計表

區	業主戶數	業戶坵數	被告發戶數	被告發坵數	沒收畝數	罰款元數	治罪人數	告發人數	誣告人數	告發得獎			誣告處罰	
	十萬 萬 千 百 十 戶	十萬 萬 千 百 十 坵	萬 千 百 十 戶	萬 千 百 十 坵	萬 千 百 十 畝 分 釐	萬 千 百 十 元	萬 千 百 十 人	萬 千 百 十 人	萬 千 百 十 人	人數：萬 千 百 十 人	畝數：萬 千 百 十 畝 分 釐	元數：萬 千 百 十 元	人數：萬 千 百 十 人	元數：萬 千 百 十 元

以下十四格格式同上

12

十四、某某縣政府土地陳報□□全縣土地統計表（及歷年比較表）

[illegible]

13

十五、業主土地移轉變更必須陳報事項表

陳報事項	業主項目變遷			土地所有權移轉					土地使用收益權移轉					土地項目變更					
	姓名	住址	籍貫	買賣	析產	繼承	遺贈	其他	典當	抵押	租賃	出佃	其他	四至	地目	坵數	等級	賦值	其他
陳報人	單方	單方	單方	雙方	雙方	雙方	雙方		雙方	雙方	雙方	雙方		單方	單方	單方	單方	單方	
	自己	自己	自己	買方	主方	受方	受方		受方	受方	受方	受方		自己	自己	自己	自己	自己	
陳報証件	証件	証件	証件	契據	分書	遺囑	贈據		典據	押據	貸據	佃約		證件	證件	證件	証件	証件	
陳報費																			
備註																			

十六、業主土地移轉變更陳報不法告發表

目別 / 類別	陳報不法人姓名	戶號							住址			事實	證據[illegible]	土地坵號							土地所在地				備註
		區	十萬	萬	千	百	十	個	區	鄉鎮	村街			區	十萬	萬	千	百	十	個	區	鄉鎮	村街	方位	
告發																									
查報																									

告發　告發人：（簽名蓋章）　住址：　區　鄉鎮　村街　時日：　年　月　日

查報　傳令：　年　月　日　查報：　年　月　日　查報機關或人：（加蓋印章）　查報人簽名：

14

十七、某某縣業主土地移轉變更陳報表（及調查陳報表）

區　地

目別 / 類別	1.業主戶號	2.姓名(簽名蓋章)	3.住址	4.職業	5.陳報事實	6.陳報證件	7.陳報代理人	8.陳報費用	9.備註
陳報人陳報之業主各項	（以下六格格式全上）								
調查並報之業主各項	（與人格格式全上）								
查與以上之業主各項	（與人格格式全上）								
查與以上之土地各項	（以下六格格式全上）								
陳報人陳報之土地各項	（與人格格式全上）								
調查陳報之土地各項	（與人格格式全上）								

（全上）

（全上）

（上全）

（全上）

（全上）

（全上）

（全上）

15

十八、分年分區稅畝異動簿　　　　第　　頁

戶號							坵號								土地														不稅地								等級				地價						中級稅畝													
															增							減							增				減				升		降		增			減			增							減						
區別	十萬	萬	千	百	十	個	區別	十萬	萬	千	百	十	個		萬	千	百	十	畝	分	厘	萬	千	百	十	畝	分	厘	十	畝	分	厘	十	畝	分	厘	等級	上中下	等級	上中下	百	十	元	百	十	元	萬	千	百	十	畝	分	厘	萬	千	百	十	畝	分	厘

（以下九格格式同上）

16

十九、税地税率表

税地等级	税地价级	税级	税率
上	上	1	1.5
上	中	2	1.3
中	上		
中	中	3	1.0
中	下	4	0.8
下	中		
下	下	5	0.5

二十、税地价级表

价级	亩价
上	若干元以上
中	若干元至若干元
下	若干元以下

二十一、田賦串票

某某縣政府
某某年度第某期
田賦串票存根
業主姓名：　管業證戶號：（即本串號）　住址：　區　鄉　鎮　村　街
稅畝數：（即該業主管業證總計條上市級稅畝數）　畝　分　厘　稅畝每畝稅額：（已未折過狹捐成數）　圓　角　分
年稅總額：　圓　角　分　本期稅額：（為總稅額之　分之　）　圓　角　分
徵收期間：自　年　月　日起　年　月　日　納稅獎懲：在徵稅期內，以某月上半月為準，於此納稅者，每半月減百分之一；在此半月內納稅者，不增不減；過徵稅期納稅者，每半月遞加百分之二；延期不得過半年。
納稅時間：　年　月　日　實徵額：　圓　角　分　填串員：

賦字第　號　額徵銀　圓　角　分

某某縣政府
某某年度第某期
田賦串票繳查
業主姓名：　管業證戶號：（即本串號）　住址：　區　鄉　鎮　村　街
稅畝數：（即該業主管業證總計條上之中級稅畝數）　畝　分　厘　稅畝每畝稅額：（已未折過狹捐成數）　圓　角　分
年稅總額：　圓　角　分　本期稅額：（為總稅額之　分之　）　圓　角　分
徵稅期間：自　年　月　日至　年　月　日　納稅獎懲：在徵稅期內，以某月上半月為準，於此納稅者，每半月減百分之一；在此半月內納稅者，不增不減；過徵稅期納稅者，每半月遞加百分之二；延期不得過半年。
納稅時間：　年　月　日　實徵額：　圓　角　分　填串員：

賦字第　號　額徵銀　圓　角　分

某某縣政府
某某年度第某期
田賦串票還單
業主姓名：　管業證戶號：（即本串號）　住址：　區　鄉　鎮　村　街
稅畝數：（即該業主管業證總計條上之中級稅畝數）　畝　分　厘　稅畝每畝稅額：（已未折過狹捐成數）　圓　角　分
年稅總額：　圓　角　分　本期稅額：（為總稅額之　分之　）　圓　角　分
徵稅期間：自　年　月　日至　年　月　日　納稅獎懲：在徵稅期內，以某月上半月為準，於此納稅者，每半月減百分之一；在此半月內納稅者，不增不減；過徵稅期納稅者，每半月遞加百分之二；延期不得過半年。
納稅時間：　年　月　日　實徵額：　圓　角　分　填串員：

賦字第　號　額徵銀　圓　角　分

某某縣政府
某某年度第某期
田賦串票通知單
業主姓名：　管業證戶號：（即本串號）　住址：　區　鄉　鎮　村　街
稅畝數：（即該業主管業證總計條上之中級稅畝數）　畝　分　厘　稅畝每畝稅額：（已未折過狹捐成數）　圓　角　分
年稅總額：　圓　角　分　本期稅額：（為總稅額之　分之　）　圓　角　分　徵稅期間：自　年　月　日至　年　月　日
納稅獎懲：在徵稅期內，以某月上半月為準，於此納稅者，每半月減百分之一；在此半月內納稅者，不增不減；過徵稅期納稅者，每半月遞加百分之二；延期不得過半年。　納稅須知：1.先對照管業證，稅畝正確與否。2.照本票稅額折成，加減數，先自算好。3.待至期內收處納稅，現幾串處換單。4.除正稅外，不另出分文。
納稅時間：　年　月　日　實徵額：　圓　角　分　徵收員：

呈縣長　　第　　號

二十二、田賦徵收處徵收銀數日報表　　年　月　日

串號（即管業證號）							實征元數							串號（即管業證號）							實征元數						
區	十萬	萬	千	百	十	個	萬	千	百	十	元	角	分	區	十萬	萬	千	百	十	個	萬	千	百	十	元	角	分

（以下二十九格格式同上）

征收員：
（簽名蓋章）

征收主任：
（簽名蓋章）

二十三、土地陳報處田賦組裁串日報表　　年　月　日

裁串張數（卽收通知單張數）					串面實征額元數							
萬	千	百	十	張	十萬	萬	千	百	十	元	角	分

裁串員：
（簽名蓋章）

陳報主任：
（簽名蓋章）

二十四、田賦稅款寄存單

存款存根	今收到 某某縣政府田賦征收處存來稅款洋　　元　　角　　分 中華民國　　年　　月　　日○　收款機關主管人：

（此聯收款機關存查）

……………賦字第……………………號……………………元………角………分………

存款陳報	今收到 某某縣田賦征收處存來稅款洋　　元　　角　　分 中華民國　　年　　月　　日○　收款機關主管人：

（此聯由收款機關送財務科長）（用時將送縣長及財政廳各一聯）

……………賦字第……………………號……………………元………角………分………

存款收據	今收到 某某縣政府田賦征收處存來稅款洋　　元　　角　　分 中華民國　　年　　月　　日○　收款機關主管人：

（此聯交征收處收執）

二十五、土地抵押貸款合同

立貸款合同人	立土地抵押貸款合同人：（以下簡稱甲方）（以下簡稱乙方） 用某某縣土地抵押貸款規則第四條 項規定，協議條件如左：
款額	元 由甲方貸與乙方。
利息	
期限	
用途	
償還方法	
担保管業印	戶號： 坵數： 畝數： 地價： 由乙方提供。
付款手續	甲、雙方簽名蓋章後，交由乙方將關於管業證，暨土地陳報底單、甲方檢閱無誤，即付與款項。 乙、乙方將此移交甲方，甲方將款付與乙方。 （土地陳報底單在此蓋印。）
還款手續	甲、乙方每次抽還本息時，甲方將在雙方合同上之左側方格內，順序註明年月日及元數，並簽名蓋章，俟還清時，註於末格，交乙方收執註銷。 乙、手續同甲，惟將償清時，甲方將管業證退回乙方。
訂約日期及雙方簽名蓋章	年 月 日 雙方簽名蓋章
付款日期	中華民國 年 月 日

月 日 元 角 分	月 日 元 角 分	月 日 元 角 分	月 日 元 角 分	月 日 元 角 分	月 日 元 角 分	月 日 元 角 分	月 日 元 角 分	月 日 元 角 分	月 日 元 角 分
月 日 元 角 分	月 日 元 角 分	月 日 元 角 分	月 日 元 角 分	月 日 元 角 分	月 日 元 角 分	月 日 元 角 分	月 日 元 角 分	月 日 元 角 分	月 日 元 角 分
月 日 元 角 分	月 日 元 角 分	月 日 元 角 分	月 日 元 角 分	月 日 元 角 分	月 日 元 角 分	月 日 元 角 分	月 日 元 角 分	月 日 元 角 分	月 日 元 角 分
月 日 元 角 分	月 日 元 角 分	月 日 元 角 分	月 日 元 角 分	月 日 元 角 分	月 日 元 角 分	月 日 元 角 分	月 日 元 角 分	月 日 元 角 分	月 日 元 角 分

附　表簿填写法及简说

兹按各表使用先后次第，顺序解释之。

（一）各区各村土地陈报日期顺序单。

此表与布告等件同时早日挨区挨村发贴。表之右上角须顺序编号。

1. 区　为区之次第数字。

2. 村镇街　为该区内陈报单位之村名，或镇名街名，排列次序，以距区公所远近及交通方便定之。

3. 预定开始陈报日期　为估计可以开始陈报日期，自可有一二日迟早之活动。

4. 陈报员　为担任陈报登记之二人姓名。

5. 负责办事并招待陈报员之土地陈报委员会及主管人土地陈报委员会，即第二项村或镇或街之土地陈报委员会；主管人，即该土会委员长。

6. 备注　上五项未备事项，注明于此。

（二）陈报员工作进行（及陈报）表。

此表交陈报员填写，将其工作进行实况，逐日填写，最后陈报，以备考绩之用，表之右上角须顺序编号。

1 至 3　见表二。

4. 陈报日期　为实际开始及截止月日。

5. 使用陈报表张数　为以村为单位，实际使用各种陈报表张数，与陈报户数对照，以证明其有无错误。

6. 陈报户数　即上项之共数。

7. 使用公告表张数　填法以填满一张为单位，不满一张之行数以小数点别之。以便与陈报户数对照，使其不易错误。

8. 使用请示表张数　以便稽核该表之有遗失与否。

9. 膳食舟车元数　上项费用，原已照章发给，可以不加过问。惟恐陈报员因村土会之礼让关系，不给费用，故以收款人单据或签名盖章限之。

10. 备注　未备事项，注明于此。

（三）土地陈报表

此表发由陈报员，代陈报人填写，每村张数，至多等于每村户籍册上之户数。依土地陈报办法大纲施行细则第九条之规定，先编填户号。各种户号分配编制办法，将给予户号，定为公地百分之一，县不百分之一，乡不百分之十五，邻不百分之二十三，普通百分之六十。另备村土会代报之公地，无主地及三种不在业主土地陈报表。争执另在表之右上角上另行编号，数占村户百分之二十，附属于普通。顺序，首公私。公为国，省，县，区，乡，镇，村街。私为普通，不在，争执。不在，为邻不，乡不，县不。除争执待解决后，再接普通编号外，各以规定村号之整齐数字，顺序编填之。

格上一行，地，即上项说明之公地私地，即于地上加一公字或私字。公地再分国，省，县，区，乡镇，村有，即于公字上加一国，省，县，区，乡镇，村等字。

格上之区，乡镇，村街，即进行陈报时，分区、分村镇街之次第，预先填好各该区，乡镇，村街之名称。

格内各栏：已见土地陈报办法大纲施行细则第九条，兹不另述。

骑缝　骑缝号，即户号，同号办法，既易填写，尤易管理。另预先加盖县印。

换取土地管业证单于陈报后，即裁给上单，既为业已陈报证据，又为换取管业证及请求更正之凭证及收条，单内各项，无解释之必要。至其请求更正栏，已详发给业主管业证规则第九条。

（四）争执业主土地陈报表

此表为争执业主之土地陈报表，并为三级土会之调解陈报表。因栏项不同，故须特制。

争执原因，不外四种：一、土地共有。二、土地界址。三、土地债务。四、遗产继承。此四者，最多不出八方面，故给予八格，各填一格，查报亦如之。

格内各项：

1 至 3　前已解释。

4. 争执原因　即书上列四事之实际原因。只一原因者，填一格即可。

5. 各方证件　填各方证件件数。

6. 各级土会调解经过　各填成立不成立标题即可，再加简述更佳。无论成立不成立，皆按定期，递次呈送上级土会。

7. 调解成立土会加盖印章表示负责。

8. 不用解释。

骑缝号　同表之右上角号。

争执地换证单　同前之陈报换证单，惟一人一单。有余者不裁去。

（五）土地陈报公告表

种类与陈报表一致，而表式一律，只在表名之右方注明可矣。因照陈报表抄下，故无须解释。惟一户丘地，须皆在一户之下。各种公告表张数，皆须在表之右上角编号注明。至公告日期，在末一表下，另纸书明。

（六）遗报公地及无主地报告表

此表格内报告栏，为报告人填；查报栏，为查报人填。一表兼二种功用。右上角先编好号数。

余各项，皆见前。

（七）陈报不实告发表

解同遗报公地报告表。

（八）请示单

为区村二级土会职员及陈报员，请示之用，不用公文，列表陈事，复写二份，并寄上级，一存上级土会，一批回原请示土会。如此做去，或可为改革公文之先声。

表内各项无须解释。

其用电话者，仍各填此单存查。

（九）誊写管业证监管表

土地陈报登记工作做完，先加以整理，待公告期满，即照誊业主管业证，誊写人只须字迹楷正任何人皆可，但须以本表监管之。上一行为誊写人填，下一行为监管人填。

（一〇）业主土地管业证

格上及业主各项并土地一至九各项，皆解同陈报表。

管业证之存查，即为造串根册，简便而又有效，莫愈于此。

10 陈报单号　以户字下加小数点数字填之。小数表示陈报单先后之次第，户代表户号。管业证纸须稍好。

12 陈报事实及处理办法　事实为必须陈报事项表所列土地移转变更之名称，处理办法，为陈报处对于陈报之处理决定。

（一一）管业证封套

此为业主用者，大小须便于管业证之折摺套入。

（一二）业主请求更正陈报表

解近遗报公地报告表，不另释。惟发给管业证规则第九条用赔款收据，第十条裁罚款收据；及骑缝者填同号数而已。

（一三）土地陈报发证后普通业主情况统计表

至发证以后，须将陈报结果，加以统计，以备报告陈报成绩。统计办法，依陈报表顺序，分区分村分类，以村为单位，逐一统计。表内各项，无须解释。

不在业主情况统计表，除在户数丘数下，再分邻不，乡不，县不外，与此表相同。

争执业主情况统计表，用此表前三项，或另加解决情形，计四项已可。

公地情况统计表，除在此表户数丘数下，再分国，省，县，区，乡镇，村街而外，与此表相同。

以上各项统计，因陈报时，业已以村为单位，加以分类，故统计颇为便利。

（一四）全县土地统计表

此为基本表，凡土地行政，土地财务行政，土地抵押贷款等项基础，皆在于此。统计方法同十三表。将表内各项统计数字，与过去及未来各年比较，以见土地陈报之作用，惟与过去比，须顾及亩之大小相同与否。表内各项，无须解释。

再分别统计，凡公地，私地，及不在业主土地，除各先分项后再总计外，与此表相同。

（一五）业主土地移转变迁必须陈报事项表

土地陈报成功以后，必须继以业主土地移转变更陈报，土地行政始能维持不敝，而土地财务行政等亦始能继续办理。但如漫无办法，必先以扰民而继以病公。应视政府土地政策，业主陈报难易等原则，依此表之分类及格式，订定必须陈报事项表，并将陈报人，陈报证件，陈报费等，一并表列，附于管业证之背面，或另行发给，便民自利官矣。

（一六）业主土地移转变更陈报不法告发表

不法，包不报不实两项。业主，土地系两事，填法与表六相近。

（一七）业主土地移转变更陈报表

陈报人，因业主，土地两者之移转变更，根据十五表来陈报处陈报，任何手续，皆一次做完。本办法，以税亩制代银两制，根本上无推收一节，官民两便而两利，或为中国土地财务行政上一大贡献。

移转变更，无论为业主土地，皆以事为主，一事每涉及两方，或至两方以上，人数更多，故给予八格。陈报以原管业证为根据，以调查为后盾，故列此二项，遇必要时填用。余皆已有解释在前。

（一八）分年分区税亩异动簿

陈报时，如遇涉及税亩增减事项，须并登记于税亩异动簿，将其增减统计数字，从全县土地统计表中之税亩统计数字中加减之，即得该年之全县实际税亩，以便造串。表格订之成册即名簿，故此表亦称簿；且此表初即可订为簿，以便填写。

（一九）税地税率表

本文征税办法，采担负较公平，手续较简便，税地无可逃之税亩制，亩税从税率表求出，全名为中级税亩，简称税亩。表中税地价级，从税地价级表来。税率之比，视实际情形而定，不过，本表所订，亦近于实用。

（二〇）税地价级表

将业主税亩，分为三级。划级标准，先统计税地普通亩价，最高者除外，然后以最低者为准，五元一级，划至最高者，计其级数而三分之。以第一分内最高级亩价以下为第一级。第二分内第一级至末级亩价为第二级。第三分内第一级亩价以上为第三级。

（二一）田赋税票

税亩标明在管业证总计条上，造串时即依之照誊。

票内须加解释者：

1. 已未折过秋勘成数　田赋例有秋勘折成之事，不加注明，既易起粮户疑心，又易资办事人作弊。已未即表示已折未折，已折即划去未字，未折即划去已字。或原空一字填入已或未字。

2. 为总额之　分之　一为分期次数：一为每期征额不必等，须注明以释疑防弊。

3. 纳税奖罚　纳税先者不奖，则人熟愿先；后者不罚，则效尤益后。奖之罚之，则先后得其平而有所劝诫矣。田赋用人催，则活动的人从中作弊，且须薪给；用法催，呆板的法梗正不私，且不须生活费。

4. 骑缝号　即串号。

5. 骑缝元数　须汉字大写。不填此数字，即可于通知单及凭单上同填大于存根及缴查上之元数，苦民而害公矣。

（二二）田赋征收处征收银数日报表

解见田赋征收规则第二十五条。

除此表外，别无账簿。每月月终订成一册，并统计月征数记于末页。

此为呈送县长式，如为呈财务科长，财政厅及自存者，即以呈财务科长，呈厅长或存根等字样代呈县长。

（二三）裁串日报表

解同二十二表，及见田赋征收规则第二十七条。

（二四）田赋税款寄存单

解同二十二表，及见田赋征收规则第二十六条。

（二五）土地抵押贷款合同　解见土地抵押贷款规则。

附带说明

1. 各表用时皆单页，至相当时期，订之成册，即为一簿。如仍以散页为便者，即不必订册。

2. 凡表内文字及数字，填时皆须楷正爽朗。

3. 凡数字，在表格内皆用阿拉伯数字横写；在骑缝处皆汉字数字大写。

4. 填写设有错误须在错字上横划二横，而更正于其右旁或下旁，加以“/”或“<”记号；写字人及主管人，同时在划去及更正字上加章，并在表下格外空白处，注明错字及更正字数并分别加章。

5. 凡表格一张不够用者，皆接张连写。惟在编号等事勿搅乱耳。

第四目　经费之预算与筹备

此处特须申明者，以下各目所论，皆根据以上之章则表簿，须详为翻阅，始易了解本目以下之所言。

一、先决问题

经费之预算与筹备，其先决问题须视县境之大小，业户之多寡，工作之精粗，税收之旺否与财源之难易，及境内学校种类等级与学生之年龄程度如何而定，未可以一概论也。

二、预算

甲、经费　主要者，为土地陈报表及业主土地管业证等之表簿纸张印刷及填写等费，至造串等费则别属县财务行政费矣。陈报表之纸张印刷费，可以一户一张，每张二厘计，管业证之纸张印刷费，因纸质须稍好，业主执照，且须封套，一户一张，或一丘一张，每张三厘计，封套亦定为三厘。其他杂表之纸张印刷费，可等于陈报表之二倍。设管业证一户一证，则一证计费为3厘×（1+1）+2厘×（1+2）=12厘。设管业证一丘一证，一户平均三丘，则一户计费3厘×（1+3）+2厘×（1+2）=18厘。

填写费，前部填表利用在校学生，平均每人每日至少填表三十张，日给费三角。后部誊证即雇用他人，每人每日给资四角已可，但可填四十张以上。平均计之，填写费每张一分足矣。而杂表填写费，最多等于陈报表二分之一。封套且不填，则一户计须填写费为$\left(1+1+2\times\frac{1}{2}\right)\times1$分=3分，或$\left(3+1+2\times\frac{1}{2}\right)\times1$分=5分。

设以人口三十万之中等县为例，三十万人约六万户，有地户数，在南方不足百分之七十，在北方姑定为百分之九十，平均计之，约为百分之八十，则六万户中，只五万四千户有地，以一户一证及一丘一证计之，则全县计费：

(0.012 元 + 0.03 元) × 54000 = 2260 元或（0.018 元 + 0.05 元）× 54000 = 3672 元。

另加办公杂用，宽算一千元，则计费最多三，二六〇元至四，六七二元足矣。

若只计土地陈报费，管业证费另计，则

$\left[(1+2)\times 0.002\text{元}+\left(1+2\times\frac{1}{2}\right)\times 0.01\text{元}\right]\times 54000=1404$ 元，再加千元，亦不过二千四百余元。

以上皆稍宽算，殆少不足，是即百万人口大县，亦不过五千元足矣。

乙、人才　根据甲项计算，每户有四至六表，四万五千户，计一八〇，〇〇〇—二五〇，〇〇〇表。每人日填四十张，须工四，五〇〇—六，二五〇日。若一月填完，则需一五〇一二〇八人。若半月填完，则需三〇〇—四一六人。若十日填完，则需四五〇—六二四人。

若只为陈报，则每户只有三表，又省去上计各数之四分之一至二分之一矣。

三、筹备

甲、经费　无论陈报发证，最好皆不收费。一则可博得人民之好感，一则陈报后田赋可收全额，（并非溢额加税）并不难弥补也。但财政困难，暂时无法借垫之县，可收发证费，依照经费预算项，一户有一至三证，每户收费六至七分，每证收费在二分半至六分足矣，人民亦未必以为难也。

乙、人才　依上项人才预算，视时日长短，定工作人数多寡，少者一五〇人，多则六二四人。数似颇大。然各县已多有初级中等学校，一所至数所不等，在寒暑假假期中，利用此等在校学生，稍予以津贴及荣誉，并加以政府力量，无不运用如意。即无初级中等学校，一县至少有完全小学十所上下，其五六年级之高才生，其数亦必及此也。对于填表，看似复杂，实极简单，以一二日之力，教以填写二三表格，虽笨伯亦知所着笔矣。

余之所以主张用学生者，尚有下述之最大原因。土地陈报，难于防弊而易于作弊之事也。若雇用一般人为之，高薪既为势所难能，薄俸又无以养廉。以卑职薄给，招用乌合之众，闲散之人，而予以土地陈报大权，则易于作弊而无法监管，不败事者鲜矣。

在校之初级中学生则不然，血性方盛，不思作弊一也。人情世故尚差，不会作弊也。欲望不高，而荣誉心甚大，易资奖劝三也。学校生活较有规律，又有师长统属，易于管理四也。再互换其家乡地点，以新人而在生地任生事，可少他虞矣。

第五目　呈请核示

土地陈报，如由省发动，即可奉令举办。如由县发动，自须呈省核示，俟指令此准之后，方可实行工作。呈省时期，宜在各种手续，筹备完竣之后，始为允当。如在尚未合室办公之省，除呈省府外，并须分呈财政厅民政厅及省土地局。呈请时，宜附呈主要章则表簿，省方为推进地政，整理田赋，流通金融起见，并有行政院之办理土地陈报纲要可据，若所呈计划，亦颇周详，自可予以批准，批准之后，即可成立机关，进行工作。

此处尚有研究者，土地陈报，每易引起人民误会，设由县发动，县府即首当其冲，直接亲民之县长，或即难于善其后矣。由省发动，县长名义上居被动地位，奉令而行之县长，与人民尚有回旋之余地也，故虽由县计划，名义上亦宜由省发动为宜。

第二节　过程

第一目　成立机关

所谓机关，即办理土地陈报之主管机关，在本文即为土地陈报委员会，其具体组织，已详土地陈报委员会组织规程，即无须再述，尚有必须加以解释者：

一、委员制　土地陈报，一方面固须利用各方面之人才，一方面尤须减少各方面之反动，用委员制，尽量委聘各机关各团体之主管人等，及社会之有力分子。如党政军警农工商学各界领袖，以及地方绅士，概行罗致，分别编入各级土会，加以利用管束，使其不便捣乱，而为吾助。

二、委员长制　委员虽多，而集权于委员长，并由专门家之秘书负实际办事责任。事实上，只慎选对于此道有学识经验之秘书，发纵指使足矣，委员不过供利用耳。

三、三级制　事实上，以分县区村三级土会办事为便，增减皆嫌不妥。

四、经费　职员委任者，皆兼职不兼薪；聘任者，皆无给职：除陈报员外，无甚薪给。县土会即在县政府内，区土会即在区公所内，村土会借用村公共房屋或民房；皆无须租赁整理。只表格文具费用及少许其他办公费耳。

第二目　训练人员

机关设立之后，即须训练人员，凡区村土会委员长书记及陈报员等，皆须受训。训练科目，一为普通科目，以现行土地行政及田赋制度之种种纷乱舞弊，人民备受有地不能贷款，税轻偏纳重粮之痛苦，及土地陈报之具体办法与陈报后之种种利益等为主。受训人员，皆一律听讲，计时二日已足。一为特种科目，以全部章则解释，表格填写及办事手续，对人态度，传递文件方法等为主。受训人，为区村土会之书记及陈报员。亦二日已足。

第三目　宣传办法

各级土会成立之后，县政府即同时印发土地陈报宣传大纲，及必要之章则表簿等，与土地陈报布告及开始陈报日期顺序表等，并令三级土会，分别张贴，并分发各该会员及其代表之学校等机关团体，先为传观研究，待受训之区村土会委员长及书记回会以后，即召集会员，讨论讲解，及商讨宣传办法。并分区负责，挨户详为讲说，如其负责区域内之业主土地陈报，发生问题，则由其个人负责。任专而责重，使人自为战，不敢自遗谴罚。尤贵使在校之小学生，对于土地陈报，发生神秘作用，各自宣传其父母兄弟邻里乡党，则小天使下凡以后，老顽固无不开通矣。并可使全部陈报员，于受训之后，各回家乡痛谈三日，然后回城易地工作，而于陈报时，使各级土会委员及各种公务人员，领先陈报，亦宣传之一道也。再订各区各村之土地陈报成绩比赛，依团体个人分类，于陈报完成之后，分别嘉奖。并闻对农家主妇宣传，尤为有效。

宣传大纲，须具备下列五项原则：一、一般土地行政及田赋制度之种种弊害。（暗示人民所受之痛苦，而不必明说）二、政府举办土地陈报之理由与决心。三、陈报办法述要。四、误会之解释。（如以后不加税，以前未升科完粮者不追征，及以习用之官亩为标准田亩等）五、利益之列举。（如土地可以抵押，低利贷款；买契纸税百分之二，余概不税；二亩地以下不完粮，及总税亩数亩下土地不完粮；陈报手续简便，且根本上无推收；以后粮照田完，担负公平减轻；产权确定，生命财产有保障等。）上列各项，皆须切实，不能空泛，弊须从地方特有者言，利须从能做到者言，切实不欺，斯民信之矣。

第四目　准备手续

开始陈报之前，尚须有一准备手续，准备手续，可分二类：一、择地试办　试办理由有二：一为树立威信：人民只可与之乐成，而不可与之创始。土地陈报用意虽善，办法虽良，但仍恐蚩蚩之民众，或有陷于过误之危险，从而罚之，不教而诛，民何罪耶？况过误者众，罚之不可能耶？明知故纵，不但无以善后，亦事且莫办也。欲求全民之德，成此大业，惟有择地试办。选一交通便利，消息易传，而又地少民寡之村庄以便试办。事先既易于家喻户晓，使其不易犯罪；事后又便于严办，痛苦不累多人；或事后仍予恢复原状，不使无辜牺牲。而警一示百，人民莫敢再以生命产为儿戏，则事成矣。

二为学习经验，土地陈报既前未之闻，三级土会会委员及陈报员等办公人员，皆无此经验，若只凭囫囵吞枣之观念做去，难保不生错误，殃民且败事矣。先办一村示范，使其知其全部手续，做时不致有模糊不清之摸生痛苦。

试办办法亦有二；一为全县先在一村一区先办，后及他村他区。一为各区同时择地先办，后及全区，两者皆可，视实际方便而择其一。

二、人事安排　重要者，为陈报员及其办公物品之安排。次为村区县间之联络呼应。关于陈报员者，一为个别测验，以视其究能胜任与否，不能模糊从事。及略视其性情如何，勿使其倚官放肆。二为分组编制，将来自同校，可以合作之人，二人一组，分别组织，易其家乡位置，分配工作，并列表排定，共守无误。三为办公物品之发给，如工作进行表，请示单，各种土地陈报表、公告表、户籍册及笔砚等项。三为膳食车马费用之发给及安排，陈报员在途中宿食，由各人自理；在各村时山村土会招待，皆日给银二角。车马费，预先算好发给，凡不及二十里之短途，可步行者，概由村土会派人迎送步行；二十里以上，始给车马费。四为巡回视导，深恐初中学生，稚气太甚，或有不妥，如在乡村日期长时，宜请各该校教师，担任巡回指导责任，庶可放心。

关于联络呼应者，每日宜由县政府，分派全县兵队，分别巡回于村区县之间，表为传递公文物品，（此亦必须）实为借此镇压土劣；不使人易于犯过，亦君子成人之美之用心也。

第五目　陈报程序

村土会依开始陈报日期顺序表，（表一）将陈报员迎至会中，即照户籍上次序，呼村民来会陈报，其不便守顺序者，即陈报一户，在册之该户主姓名之上，加一小点。世间只有有户无地，无有有地无户，户籍册之用，盖为此耳。遇稍闲时，村土会委员即陈报村内公地，无主地，及不在业主地。在业主陈报时，委员须轮流坐于陈报员之旁，任陈报员及陈报人之中介，语言有不通者翻译之，意义有不明者解释之，陈报有不实者劝告之，发生争执者调解之，陈报表分类有或颠倒者提醒之，并于各陈报人陈报后签名盖章，表示负责。陈报完毕，即伴同陈报员，至顺序陈报之他村，纵他村已有人来迎，亦须伴送。陈报员之宿食，由会招待，依照规定收费，二十里以上之长途，由会代雇车马，由陈报员出资。尚有补充说明者，争执业主土地陈报表，陈报员于陈报完毕之后，即照抄副张点交村土会，而请其在陈报员工作进行表之该村陈报表之争执数字上盖章，表示收到。

本文所以处处提及陈报员须村土会迎送招待者，土地陈报，易生误会；学生幼稚，不习世故；乡村简陋，无处宿食：非村土会负此保护招待之责不可。且费皆给钱，事只一次，时仅一日，亦不甚为难也。

表格名称及填法，已一再详于土地陈报办法大纲及施行细则暨表格填写法，不再复述，以下皆仿此。

第六目　公告陈序

陈报时，陈报员一人代填陈报表，一人即照抄公告表，故陈报完毕，即公告表造成。而陈报表既分类填写，公告表亦自然分类抄成。仍依争执业主土地陈报表例，点交村土会张贴公告，而请其在陈报员工作进行表之该村公告表数字上加章负责。村土会即依规定次序，即时张贴公告，并负看守之责，勿任人撕坏或污损，或为风雨侵蚀，致失公告作用。

第七目　解决争执

村土会接受争执业主土地陈报以后，即为分别调解。争执原因，不外四种：一为土地界址不清，一为土地债务纠缠，一为土地共有争论，一为遗产继承争执。四者处理办法，理论上宜依法解决。但恐益滋纷扰，不如沿用习惯之为便。故村土会纯用无大障碍之习惯，区土会亦然，县土会始采用法律。调解时，如为第一种争执，即代为清丈立界。如为第二种争执，即为清算推解。如为第三种争执，即为之丈量划分。如为第四种争执，即为之确定继承人分。无论调解成立与否，皆按期早日递呈上级土会，分别再为调解或转呈。

第八目　请示办法

已详表格填写法及简说之表八。另须说明者，如有电话可用，即不必用此周转费时之表，使用电话而各填表存查。

第九目　整理表簿

陈报员于每村陈报完成之后，即将陈报表逐日封交传达兵送回县土会，加以整理。整理方法，纵的为分区分村，横的总分公私地。公地再分：国，省，县，区，乡镇，村街公有土地。私地再分：普通，争执，（待解决后并入普通）三种不在私有土地。不在再分邻不，乡不，县不三种。各依原编户号，顺上列次序，一一整理。

整理时，先须注意：（一）原编户号丘号，是否相适。（二）陈报员编填写丘号，有无颠倒错乱。（三）丘号及其数字文字，有无模糊不清。（四）各种陈报表张数，与陈报员所报张数，是否相合。（五）依上举纵横分类，各为统计。统计以村为单位，进为区，进为县。

次须注意：（一）依纵横分类，汇类告发及报告表并争执土地已未解决之已呈送者，（二）告发及报告二表已查报后，对于原陈报表之注销修正，及对原陈人或未陈报土地及告发报告人之惩奖登记，及没收土地与遗报公地之另编各公地丘号。（三）争执解决土地之填给户号及丘号，（顺业主所在村之户号丘号或不在业主土地之户号丘号。）（四）至公告期满后，统计告发报告表之已未查报字，及争执土地之已未解决数字。与第一次统计数字列表记录。统计方法同前。（五）继续修正记录，至相当时期，再统计整理一次，至完成为止。

第十目　誊写管业证

土地陈报公告，已经一月之后，如急须竣事，即可将未被告发及业已查报各户，及业已调解成立之争执土地，先为誊写管业证，余待整理后誊写。如从容做去，即待公告半年期满之后，再为誊写，此时不但已被告发报告土地多已查报，未被告发者产权业已确定，即争执土地至此亦必解决略尽，进行誊写管业证工作，殊为适宜，纵尚有少数未查报未解决土地，亦无等齐之必要，日后补誊可也。

誊写管业证，即照整理后之陈报表，照抄而已，事殊机械而无弊可作，不必仍用学生，学生书法且多不如书记等人之楷正，而时间又有寒暑假之限制，故不如招考书记，以件计薪，而限其书法标准，并管以监管表，虽千人工作，一人管之有余，并分为二人一组，以便互为校对。

管业证究为一户一证抑一丘一证，视实际上土地陈报处有无分处。县境大小，交通便否而定，如陈报便利，以一户一证为便；如陈报不便，而人民又有以管业证抵押贷款之可能者，姑一丘一证。

第十一目　发管业证

发管业证办法，在发给业主土地管业证规则中，已言之甚详。

该规则所以订为亦如陈报办法，派员分区分村挨户发给者，一人下乡，即省万人上城，以一代万，所省甚大一也。管业证既为人民生命产之唯一凭证，人民自不惜远道来取，但孤儿寡妇及不利行走而易为人欺之人，将何以为情乎？托之他人，即被其愚弄；只身远行，又势所难能，为爱人者而转以害人，我心忍乎？小不利于官，而大便于民，二也。

第十二目　档案管理

纯地陈报工作，即本文所谓土地陈报过程部分，至此已完。

附带的尚有档案管理问题，必须加以研究，此事如不做好，则已做工作，或致弄成一堆乱纸，即不如此之甚，保管人亦成世袭职务，任其胡搅，而莫可如何；未做工作，每致无从下手，或做得一塌糊涂，了无头绪，更谈不上效率，所以特附此一目。

管卷方法，仍依土地陈报次序，依分区分村各类业主户号，顺序排列。并将有名称无号次之村，亦编成有次第之号数，更便管理。卷多散页，以特制卷夹夹之。（制法附后）管业证存查，因兼造串根册之用，故须另夹汇排，仍依上述次序。第一次之陈报表，如已汇订成册，为准管业证等之用者，保管方法如管业证，以后业主土地移转变更陈报文件，及已有之告发及争执等项表格，亦依上之次序，以户号为单位，同户号卷宗，不论多寡，皆依收文先后及文卷性质，分别编于同一户号之下。每户卷首有卷目表，详列卷之名称或摘由，张数，附件，收文时间，备注等项。如第一次土地陈报表未订成册者，即以之列于户目表之第一项，以后顺次编入。收到文件，在归档之前，皆先于文件之左上角注明其户号丘号，并年月日，然后编目归档。因顺分区分村之户号，并以村为单位而给予号次，故总目录即为顺序区村号及区村名。另关于章程规则及不可归入各户号之文件，各另给一栏。未用之表格，亦别依种类排列另存一栏。公地荒地文卷，亦依上法，分别保管。田赋串票，管理如管业证，另成一栏。

各种文件之未便订册及尚未订册者，皆以特制夹夹之。以村为单位，一夹一卷。其文件不多者，可数村合夹一卷；文件特多者。一卷分为数宗，分夹数夹。夹内有卷目表，列户号户名。卷宗脊书卷宗之村号村名，有数宗者，更别其宗次；数村合卷者，并书其名号及若干卷至若干卷字样。顺次直立卷橱之内，两端以活动书植伸缩之。

卷橱，在普通县份，以两端有栏板条，前后无板，中间数层之四柱架为便。层间略高于卷夹之植立，架高以不及六尺，伸手仰取便利为宜。前后宽略大于卷。左右阔无甚关系，以便于搬动及卷室排列方便为准。橱腿以高一尺为妥，地有湿气者须加高。橱之层间楣木上，分标卷之种类及卷宗号次。一橱不够，可添用多橱。橱之位置，如陈报处办公室不过大，即陈于两山墙，既不占室间，亦走取方便。橱内榜须稍离墙，墙并厚粉石灰；橱下宜敷石灰粉；以防湿气。

每隔一月上下之假日，如天晴有风，可大开窗户，通风吹卷，每年夏季，尤须特别通风吹卷数次。吹时，将各卷稍有间距，橱不能容，可移一份部至办公桌上。曝卷只能风吹，且风吹已足。图书馆曝书，亦风吹代曝。

附卷夹制法

卷夹图

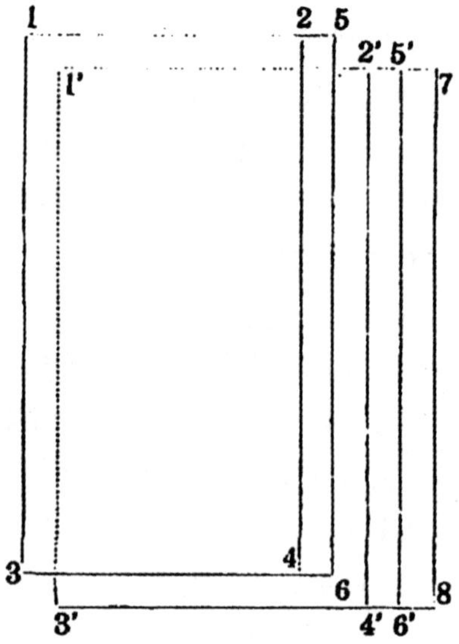

夹式如图，夹由白铁或马粪纸制，上涂以有色油漆或糊以美术纸，美观耐用，工省价廉，并随时可做。夹分上下两面，上面在图为1234而板之左大块。24为活动轴，便板活动，2546为而板之右小块，以轴联之。1′2′3′4′为下面板之左大块，2′4′为活动轴，2′54′6为下面之右小块，以轴联之。上下两轴，便夹上下左右开展，殊便于用。5768为联于下面右小块之夹脊板，以56轴联之。夹脊板为书卷号之用。三轴之中，56可稍细，24及2′4′须为纯钢较粗，24轴两端，各成小纽形；2′4′轴两端，各牢联钢索，长二寸已足。索圈之径，与24纽形相适。纽及索径者愈小愈好，否则上下两面接触不紧。用时，因文件之多寡，纽索之长短，开启松紧甚灵便也。如以为纽索非小城市所易买，可易上下两轴端为四圈形，以小绳一条，牢缚于轴之下端，穿贯上轴之下端及上端，最后活扣于下面上端，固取材易而运用便也。如有小钢索，（普通市中即可购得，价并不贵。）如上法而改下轴上端为纽而套搭之，更为灵便。计一夹之值，五分钱足矣，尚贱于不适用之讲义纸夹也。

第三节　目的（一）

特须申明者，前二节，尤其第一节之章则表簿，如未细看，对于本节所论，或致废解。

第一目　整理田赋

土地陈报成功以后，在原则上及一般办法上，已做成大半整理田赋工作。不过本文含义，稍大于此。第一为统筹田赋，第二为简化田赋。

今日土地所负之税捐，除田赋之外，尚有多种。有一种名称，即有一种征收制度与手续；有一种征收制度与手续，即有一种征收机关人员与舞弊；有一种征收机关人员与舞弊，人民即有一种养官费与填弊费。并且此养官费填弊费，每大于该项正式税捐。是政府分税为若干项，即无异使人民纳费重若干倍也。而自政府自身，亦因养人费填弊费太多，每多一种机关，即少一成收入。官民交害，抑又何苦？税既同出土地，政既同出县府，即无丝毫之弊，亦宜合并征收之。凡同一税源，同一政府下之土地税捐，皆并科征收，统收统支，不得割裂分肥，树名诈财。纵有一二独立经费，以百分比分配之可也。

凡事愈简愈直接；愈易于管理愈难于作弊；愈能减少行政手续与经费，愈能增加收入而减少人民负担。如事实上已至简无可简，或简而不便或甚至有简陋之嫌，当然不能一味求简。如适与上说相反，愈简愈佳时，则亦何苦不简，偏走死路一条之无端自扰乎？本文将以前种种复杂作弊手续，斩伐尽净。管业证存查之总计条，即为造串根册，别无一纸表簿；条上之税亩，（即中级税亩，简称税亩）即为业主纳粮单位；税率万家一致无二；以土统计表上之税亩总数，除全年政费预算，即成每一税亩粮额；以各业户之税亩乘之，即成一户一年粮额；以期数除之，即成每期粮额；

数字皆统一公开，统无作弊之可能。至于征收手续，官民双方照征收田赋规则规定，允为简要。至于税亩法之负担公平，殆为不可磨灭之创制。

第二目　科学管理

本文殆为除科学管理以外，别无所有。不过，此处系特指自业主土地移转变更陈报起，经过登记，税契，推收，造串，至征税止之一切过程手续而言。一般办法，皆使之各为一事，一事各自独立，各有一套办法，甚至各人有各人办法，作弊则声气相通，办事则截然□开。业主做完甲种手续，又须另做乙种手续；出过此处费用，又须再出彼处费用。虽以作者之知识能力，前任家时，尚不敢直接办理此等手续。前年十月会亲自纳粮一次，当时收钱不给串，并不另给收条，只云过下来取，约半月后上城取串，几经交涉且为其辱骂之后，始怏怏给串。作者且如此，况乡人乎？纳粮且如此，况税契推收乎？故一般乡人，类将上述各种手续，皆请其相识之书吏粮差代办，虽备受其蹂躏，亦不得不忍受也。

本文将土地行政及土地财务行政，统由土地陈报处一手一次办理，将其中之曲折迂回打成直线，冤枉路固无须再走，更将其中可简省之手续全部除去。作者于此只稍尽其心而已，尚望社会人士之共同研究改进也。本文只以征收税款一事，主张委金融机关代收或成立征收处征收，防微杜弊之苦心，或亦在事实上不能不如此用耳。

一、陈报登记　自第一次土地陈报成功以后，土地既有丘号所在地四至等项，即无所逃隐；业主亦有户号姓名住址，亦有法找他：业主土地二者再合成一家，更联成一气矣。户地找到一面，即有处征税；户地合成一家，即发生土地信用。是欲求政府征税之便利农村金融之流通，则必使业主土地之移转变更，非来陈报不可。惟办法不能简便，则扰民而害公，爱民者适所以害民，为公者适所以败公。本文第一，先列必须陈报事项表，并附陈报人及证件费用等项，不致使人莫名其妙，无所适从。第二，一事只填一表，且报由陈报员代填，任何手续，皆在此一次做完。并除买田之同时另行税契外，更别无手续。推收一节，因土地之移转变更陈报，登记之后即推收手续完成，事实上并无所谓推收也。陈报手续，不过代填一表，最多半小时已足，少者三五分钟而已，除证件可疑，书明确定处分日期收条外，皆随时处理，不须延迟时日也。

二、税契　陈报时，如为土地买卖，即同时税契，手续不须另做，只出百分之二之税契费而已，亦即时办妥发还也。本文所以主张百分之二税契费者，一则税轻即劝民诚实，二则实报则收入亦大，三则令出期其必行，四则为政之道固不在以苦民为事也。

三、推收　如为土地移转及土地变更之涉及税亩者，陈报即分别注销并重点双方或一方管业证之上总计条及存查管业证之总计条，如有税亩异动，更登记于税亩异动簿。此节为陈报处在登记手续上自然完成，并无所谓推收，业主更无此项陈报手续。

四、造串　存查之管业证，即为造串根册，照串列各项，由管业证抄填而已，别无其他册簿与手续也。

五、征税　款由征收处收，串由陈报处发；串款截然分开，而又助以每日征收银数表及裁出表之分别报对，不用粮差催征而以减增税款劝惩；及事先分别通知，当时各自柜完，事后此照稽核等办法，费省弊除而税增矣。

第三目　革除积弊

本文将全部土地行政及土地财务行政之办法手续，使之一概简单明了，直截了当，而又机械固定，连贯到底，本文第一章所论田赋舞弊各点，殆难发生于本办法矣。天下事，只能使弊不生，无法使弊得除，添薪扬汤，何益于沸？釜底抽薪，何待于扬？所谓革除积弊者，亦根本上使弊不生而已，非原有生弊之可能，而又有除弊之技术也。

此处有附语之必要者，人情原非生而好作弊者，但得有不作弊之必要，虽不临之以法，其弊亦不甚也。本文办法，固可使弊难生；然而弊原无种，种之自生，对于全部陈报处及征收处人员，务宜俸足以养其廉，不致激于作弊，俭足以保其节，不致迫于作弊；二者做到，胜于本文办法远矣。

第四目　消除纠纷

土地纠纷，原于土地界址不清，土地债务纠缠，土地共有争执，遗产继承争论，四者皆由于土地行政了无办法使产权无法确定所致。以前土地之移转变更，除买卖一项税契外，概不陈报登记，又税契并不必推收，推收更不须税契，但得缴纳相当费用，不辨真伪即为之税契推收，于是反因登记而生伪契窃银等项问题。其根本不登记者，亦根本上无法律根据，任其自生自灭，胡搅瞎闹而无法管理。总之，过去一则因不管生事，一则因瞎管生事，终不出生事一途。使业主之良懦者，被人侵占土地，骚扰欺侮而苦无可告；社会之奸顽者，占土夺地，横行无忌，而莫可如何：弊政害民，亦猛于虎之流亚也。

今则业主土地，已详为登记，产权确定，侵占无从；手续机械，诈伪无由。纵有少数顽恶不惜以身试法者，概由陈报处依法秉公处理，或根据事实转报法院，皆使奸无可售，法有所施：讼得其平，斯事无纠纷矣。

附　土地陈报处柜台式办公制办法

县政府如能全部采用柜台式办公制固佳。否则土地陈报处单独进行可也。其具体办法：办公室地点，须在县政府内交通便利地位，勿使久不进城之乡人，“捧着猪头摸不着庙门。”（吾乡谚语）办公室布置：办公室有两三间房屋即可。中开大门，临门设柜台。台长须足容陈报，税契，田赋，土地四组之四张或四张以上旁柜办公桌之陈设。台内右为陈报组之陈报人员办公桌，向左为税契组税契人员办公桌，再左为田赋组田赋人员办公桌、最左为土地组土地人员办公桌。桌皆左端旁台，二人对坐。组长面台坐。其事务繁多者，一则另加旁台桌位，一则再加接桌桌位，总以便利为是。桌距以举手即可互递文件，不须走送为宜。主任办公桌，居中，面四组而坐。卷橱最好位于后墙，次则两山。一山隙地置茶台及冬日火炉。台上各组各县组牌。田赋组另以有色绳丈高空联征收处。台外两端隙地置长凳，并备开水饮具，以便远道来城之喘息汗流者，得润喉之甘露并稍得憩足于片刻间也。人员分配，视事务多寡而定，土地及税契事如太少，可使其帮同他组工作。田赋组造串裁串时，可另调他组人员相助。职虽分掌，而事不分做，不过皆以□组组长负其责总其成耳。室中最好不用差役，最多与他处合用一人已足。

第四节　目的（二）

第三节目的一，严格言之，只为土地陈报后应有之整理过程，可名曰过程一。本节目的，始为真正目的。我之所以不惮烦劳，而作此文者，盖为此耳，培师岂为钱谷之斗筲者耶？抑欲为我不入地狱，谁入地狱者之一，从诸君子之后，共为社会求进步耳。

第一目　平均负担

一般田赋之搅扰混沌情状，除征收等项之割裂繁复，便于舞弊而外，尚有有田无粮，有粮无田；田多粮少，粮少田多，上田下粮，下田上粮等担负不公不平事实。依照本文办法，征收等项之割裂繁复便于舞弊一套，固将之铲除尽净，斩草无根。而有田必报，无田不报，当不致有田无粮等项事实发生；依照田之亩数，等级，价值等项所成之税亩征税，更不致有田多粮少等项事实发生。纳税数量，正比于土地之纳税能力，在学理上固为公平；而制度简要，足以实现学理之作用，在事实上亦少有不公不平之处。

第二目　调济贫富

（一）消极的意义：规定一户只有耕田在二税亩以下者，根本不税；每户耕地税亩总数亩以下不税。不税者，地少人固完全免税；亩下不税者，在比例上亦田少人获益较大。平均田权及累进税率，或者碍难实行，而在吾人今日之地位谈亦无效；免税办法，实不难普遍实行，官民并且皆大欢喜。此举不但痛快人心已也，办公简便，即可简少财务行政费用，在实际上并增加田赋之收入也。（二）积极的意义　调济贫富之进一步，为积极的生产共享，而不仅于共享所产。荒地皆予以垦殖之奖励，抛荒之惩戒，亦征存增进生产之用心而已。

第三目　增进效能

本文方法为科学管理，意义为行政效率，名称为土地陈报，内容为改造县政。由社会资本所在之土地，政费所出之田赋入手，树立行政效率基础，使从此土地上及政治上所发生之一切公共的或私人的生活，皆在此效率基础上发芽生长，先天得其正，后天存其真，中国于此有救矣。本文一表一格之征，皆一再酌斟，式简而用多，皆使之简无可简，多无可多为止。（此指作者个人当时能力而言）请择任一相类办法而比较之，其事仅一件，而表簿文件一大堆者，孰能例外。本办法，皆一事一表，一表数用，一用几兼：使如此一套到底之土地行政，土地财务行政等大事，皆在此二十余表内运用：在我固不敢且不愿谓其已具行政效率，但在今日及以往中国行政事实上，或有相当改进萌芽，提供读者批评指导耳。

第四目　协助县政

县政之基础在田赋，田赋之基础在土地。土无所出，赋无所征，政无从办：惟一根本固在尽地之利，以足赋而举政。然而土地与政治之间，中介者实为田赋，尽地之利，必经田赋之用，始能举一县之政。而善田赋之制，亦足以推进政治，而尽土地之利。在今日制度下，是固不论其为尽地利也，举县政也，皆田赋之效果，而非地利之能自尽，县政之能自举也。尤其时在今日，政费之亏欠无算，人民之担负已重，而田赋征收尝不足百分之七十。（山东约收百分之八十，已足自豪；他省省税且不足此数，县税且有不足百分之五十者。民欠固不能谓绝无，官吏中饱实居其大半，且所谓民欠，亦“此不交全税，彼不给串票”之“钱串两欠”之民欠也。）若以为费绌而加民之赋，则濒经灾祸，极端贫苦之遗黎，虽欲饿其腹而饱官，寒其身而暖吏，亦为力所难能。况竭泽而渔，不但吾心不忍，并亦大不利于官吏乎？又况田赋愈重，人民愈难负担则愈思贿吏逃税，粮吏愈易卖恩于民，遗怨于官，而归利于已，官民两毙，公私交困，而惟利一吏，抑又何苦？本办法，（一）为不主加民之税款，而主险吏之弊款，并减轻财务行政费用，使民之所出，即官之所入。（二）为以民之税，办民之事；节财之用，足政之费。

第五目　流通金融

中国社会资本十分之八在土地，中国经济之生产消费几乎全部归宿于农村。中国有二千万方里之土地，不可谓无生产资本；中国有三万万以上之农民，不可谓无经济上之生产劳动与消费大众。然而中国经济衰落，农村凋敝者，帝国主义者之经济侵略，固为重要原因之一；而全部土地资本，几皆贷藏于地，难动难流，实为惟一之致命重伤也。

照以上叙述，中国经济生活之命脉在土地，然则径从土地研究其解决办法可耳。惟无土地行政，固官无册簿，地无从管；业无法据，权无从保。而不妥之土地行政，亦每易扰民，如土地行政经费，每亩竟由三四角至一元以上不等；其他烦扰，更难忍受：于是有“浙江人民闻土地陈报之名欲哭”之语。（见地政月刊二卷八期一一二四页。）本文办法，一方面固欲达到土地行政之目的，一方面又欲做到简便有效，公私两便之结果，（限于现在中国一般条件之下。）其能达此目的与否，则端赖社会人士之共同研究推行也。

本办法，第一步为土地之确定：陈报之后，编其号码，明其所在，别其等价，注其税亩，知其用益，使其无所逃于天地之间。第二步为主权之确定，即业主土地二者关系之确定：业主亦加以编号，明记其住址职业等项，使为确定之人，以确定之人，主有确定之地，并以政府之名义，予以确定之权：而人地之关系，无所逃于天地之间矣。第三步为债之确定：制订土地抵押贷款规则，明订贷款之数额，利率，期间，抵押品，付款方法，还款方法，并助以应用之合同，担保品，非移转管业证，即持证至土地陈报处登记，要使债权人无呆账之危险，债务人有偿还之能力：于是土地抵押债务，无所逃于天地之间矣。农人有水火盗贼不□□之土地，而又急于借款；银行有都市无处投资之金钱，而又有贷款保障：需供适调，而金钱流通于城乡之间矣。又助以个人贷款利率大于合作社之什二，好贪小便宜之中国人，亦必由乐于组织而至习于组织矣。或者以为农人之土地无限，银行之金钱有尽：不有供不应求之危险乎？解之曰金融但得流通，钱数不愁不够：此中秘诀，固有其道在也。其在政府尚可融通发行补币或其他便利之时，县单位之土地证券，遇有调济筹码之必要时，亦未尝不可以稳健手续发行之也。

今日一般流通农村金融之方法，类为信用，仓库，青苗三种贷款。不但此三者之最后保证力仍在土地，抑且在此等枝叶上用心，费力而不好看，徒劳而无功，不揣其本，而齐其末，未有能济其事者也。（此中详细理由他日另文说明。）

至于流通金融之具体办法，已见章则第十一之土地抵押贷款规及表簿第二十五之土地抵押贷款合同矣。

附　　录

一　考察纪略

二十五年三月十四日，培师奉山东乡村建设研究院之命，考察苏皖各处土地陈报实地办理情况，三月二十九日回院复命，特将走马看花所及，略纪于此，至其详细情形，另附参考文件编目，请径阅原文可也。

（一）各处办理概况　自江宁实验县，第一次土地陈报成功以后，各省县多先后试办；只因地制宜，办法有异同而已。江苏第一次举办，为镇江等四县；第二次举办为太仓等十余县。其中太仓一县采用省定甲种程序，萧县等十余县为采用省定乙种程序。江宁办法，为发给表格，令业主填报，可名单报制。镇江等四县办法，类为业主自报，册书查对，可名为查报制。太仓办法，为测量绘图，编查地号，可名测编制。萧县等十余县，类为按丘编查业主自报，可名为编报制。另安徽当涂亦为编报制，浙江兰溪可归入查报制。精确程度，以测编为首，编报次之，查报又次之，单报更次之；而举办难易，却适得其反。各县全部用款，皆在二万以上。陈报时间，多在半年上下。整理时间，江宁至今仍在继续改进中，他县可知。举办目的，概为整理田赋。陈报结果，劣者犹可就户征粮，优者更可溢地减税。

（二）举办目的与原则　江苏财政厅，举办土地陈报之目的有二：一在整理地籍，解决土地纠纷，从而保障人民产权。一在整理田赋征收制度，剔除征收积弊，借增省县库收，减轻负担。根据上列二种目的所定之原则有九：一按丘编查与各户自报同时举行。二陈报时应提出土地证件。三陈报事宜应由县政府督率区乡镇长行之。四以原有册籍与业主所填之陈报单查对。五在陈报期间内不收陈报费。六陈报期间勿长，使民间易生互存观望之心。七未升科税契者，概不溯既往。八须填真姓名。九陈报后须改进征收及推收办法。

（三）举办条件　一般多认为须有下列二种条件：一、普通条件：（甲）田赋收入成数小。（乙）无粮土地亩数多。二、基本条件：（甲）政府全部合作。（乙）政府行动有力。（丙）县政须有相当基础。（丁）县下须有相当有力组织。

二　附加意见

（一）一得之见　培师以为为政之道，在简易便民，共进于较好之境。力纵未能，必须求得其安；民或未喻，强之共享乐成。以此旨用之于土地陈报，第一，须存心便民。第二，须计划周详。第三，须简易有效。第四，须强民乐成。

（二）几个问题　此次考察以后，对于本文，尚有下列几个补充研究问题。

1. 农村金融　此为根本问题，苟农村凋敝趋势无法挽回，虽欲整理田税得乎？不研究农村之本，而注意田赋之末，亦自欺欺人，同归于尽而已。

培师之所以不避门外汉之讥，而弄此土地陈报之大斧者，亦欲如本文第三章第四节第五段所言，借此土地陈报过程，达到流通金融目的，创立土地抵押贷款制度，繁荣农村之后转活全局而已，至全部理由办法，已见前文，不再复述。

2. 编报与报填　现行土地陈报办法，多为编报制，即由业主在其地之一端插标，政府派员按丘编号，以便造成丘领户册；并由业主另填陈报表，以便造成户领丘册并为审核对照之用。而培师所拟办法为报填制，即由业主报由陈报员填表，即成户领丘册。较上制之缺点，一为只一户领丘册，一为丘号不成鱼鳞顺序，一为查挤力量不强；当然不及编报制之精确。惟以今日中国之普遍情形言，土地陈报之需要如此其急，编报之条件如此其难：报填制或为应运而生之不胫而走办法也。况本制之陈报表，已有地之所在四至二项，地既确定有着，亦已具有丘领作用。地之有号，如人之有名，用意皆在确定其名称位置而莫可变易，不必排列整齐也。如张大，张二，张三等在调查户口时，能顺序排列固佳，否则即张大，李三，徐二等夹杂排列，亦不失户籍之作用也：地籍户籍之本旨，如此而已。本制办法之地号无序，缺点不大；若能补之以查挤方法，颇适合今日人力，财力，时力之条件也。又况地政随政治而变更，剧变不已下之中国政治，其地政办法又颇无常也。

3. 科则　科则问题，颇欠良好办法，最科学者，如萧县以地质为准，先经化学分析，然后照定地则，据其陈报员某君言，化学分析虽然科学，肉眼鉴定则不科学甚矣。而以地价，收益，用途，或估定等级为准，代为估定，则漫无标准，上下出入太甚；业主自报，则桀者便宜，诚者吃亏，要皆不足为凭。即本文之等级价级合成之税亩制，亦欠妥也。此次考察时，有人提出税则区制，颇有采用之价值。其法集全县各地公正人士及机关代表，组评定税区委员会。地之大致肥瘠，必早有公认，故其所定税区亦必大致不差，除特别肥瘠者外，即依之订定各该区内税则。少数特殊例外，既易于调查；多数普通等则，亦大致不差：殆为近于公平。倘以之为税亩制之参考补充办法，尤臻完善。

4. 查挤　本文办法，几纯以奖励告发为查挤手段，殊不可靠，乡人之伦理情谊之厚，颇非吾人所能想象也。宜加抽查一项，惟须在陈报时，即立予任便抽查丈量，不使业主有苟且侥幸之心理，更不致有事后补救之困难。又江苏之导线测量办法，颇可取法，惜技术人才及经费为难耳。

5. 划界　本文办法，尚未及陈报前之划界，宜先由各村土会，依道路，河川，山派，堤堆等自然形势，互划村界；无此等自然形势者，以打石灰椿或植树代之。如有其他显明标志，尤佳。

6. 审核　本文办法，一因无须业主之契纸等项对照，一因只填一陈报单，故无审核一项。询诸实地工作人员，谓卖田一部尚为原契，天灾人祸失去契纸，及其他契地不符情形，不一而足，而粮串等项，既原来不确，使之呈验即徒易引起虚伪陈报心理。故陈报时呈验契纸等项，实为无益有害之麻烦。而一部分土地陈报主办人谈，对照契纸等项，一则尊重其事，一则不易伪报：实有重要作用。究竟有无必要，可因地制宜，不必执一。又宜在事先将粮串编号，使审核对照工作，任何人皆可，不必用原有册书。

7. 调解　本文调解一节，未列具体办法，可参考萧县土地陈报纠纷调解委员会调解原则，再因地制宜，加以增损活用。

8. 陈报　土地陈报以后之业主土地移转变更陈报，在江宁时，曾见其查照户籍处之各项人事异动，如死亡，迁移，析居等项，如未来土地陈报处陈报者，即通知其限日陈报，办法颇佳。培师意，不如将户籍、地籍二者合并办理，（最好合室办公，）二者有关各项，即附表于户籍陈报单之后，人民一次做完即得，不必费二重手续也。

9. 征税　本文征税办法，简易有效，可谓空前，尚须补充几点：（一）串纸颜色：可每区一种，而于征收处及裁串处亦依区数分柜涂色，并大书区别数字：以便不识文字之业主。（二）粮柜设计：前在家乡及此次在萧县，皆闻粮户纳粮拥挤，每冲破粮柜，且错误频仍。特拟粮柜设计如附图，粮柜办公室，须位于交通便利之处，最好在县府大门内左右，可如图将原有房屋改造，无剩屋者如图新建房屋。图为一区设柜制，并假定为八区。ABCD 为全部面积，形正长方。AB 或 CD 长五丈八尺，内粮柜皆横长五尺，柜前走道一尺，休息室横长一丈，AD 或 BC 长二丈七尺。内

12 等顺序栏各宽一尺，粮柜各纵长八尺，CC 甬道宽二尺。Abcd 为征收处办公室，分设八柜，收银与裁串二柜中间须绝对间开，收银柜或再增一核算人员。柜下各设抽屉，放置簿册等项。核算，收银，裁串各一人，皆以柜为办公桌。收银柜内另置储款箱，裁串柜内另置串册架。串票如须集中管理，可以抽送机送发各柜，抽送机十二元一具，亦廉甚也。休息室长一丈五尺，宽一丈，四面置凳，中置茶几，备下倾茶壶一个及搪瓷茶杯二十个。另开地为男女厕所。出入口皆置岗警，入口警岗，指导纳粮人各顺区别进口，出口警岗指导纳粮人勿在此进口。若在小县或有分柜之县，可将左旁出口，移至上方，如图以铁丝分出入口，则一警岗已足。顺道及粮柜，可按实际情形，加以合并。隙地植花草，左端二较大隙地为主任室及档案室。凡虚线皆为门，连续之点线皆为收银柜，连续之短线皆为裁串柜。顺道两端竖柱，中拉铁丝即得。各顺道之入口，皆上悬一二三等区别数字牌，并漆以与柜别同一颜色。各区纳粮人从入口处沿顺道前进，先后次序，不得或乱，各依次先至收银柜核算处核算，收银处缴钱，次至裁串柜裁串，再顺甬道，各分男女便溺，至休息室饮茶小坐，然后回家。顺道各容七八十人，虽同时共来五六百人纳粮，亦无拥挤错乱之虞，而征收处地位并不须大，房屋人员并不须多，费用并不须增，已足使纳税人无纷扰守候痛苦，而有相当便利并艺术之欣赏云。

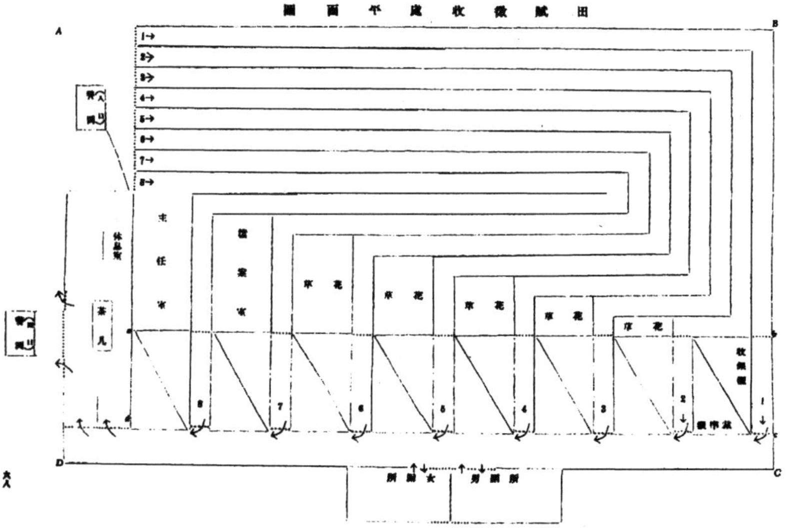

三　参考材料

1. 萧县土地陈报纠纷调解原则

2. 事之神秘

四　参考材料编目

1. 江苏省土地陈报纪要：（分序，插图，纪事，章则—包括中央，省订，县订—问题解答，统计，附录各项，材料颇丰，江苏财政厅编印。）

2. 定县城内土地陈报章程。（河北定县县政府。）

3. 浙江兰溪实验县清查地粮纪要。（浙江兰溪县政府秘书处印行，价洋六角。）

4. 政衡第一卷第七八合期财政问题专号。（南京中央政治学校，价洋二角。）

5. 浙江，安徽，湖北，山东等省，皆先后举办土地陈报，当有章则等可资参考，可径函各省财政厅索阅。

事之神秘（此文对于做事，大有助力，故附于此。）

“人物地时所发生之关系谓之事。”发生关系之方式，有各自发生者，有相互发生者。简言之，其式计有（一）$4^1=4$。（二）$4^2=16$。（三）$4^3=64$。（四）$4^4=256$。而每一项各自之中，又有必不可少之相对两面及第三者，最少亦须以方面计，即须再以三乘上数：（一）$4^1\times3=12$。（二）$4^2\times3=48$。（三）$4^3\times3=192$。（四）$4^4\times3=768$。此尚仍以最简数计者。事之为物，诚如孙行者之喜于幻形，摇身一变，千态万状，莫可辨识，更无法捉摸：无怪世人有做事难之叹矣。（此仍指做一部分事而言。）且天地间，除此人物地时所发生之关系之事而外，更有何物？知此事之千万分之一，已为不世出之学者，欲举事之内含而尽知之，殆为今日人智所不能之事实。

事之几何形虽莫可究极，然事之内包，除人物地时所发生之关系而外，实别所有，请举中外古今之事而分析之，尚有第五者乎？天地之大，一言之“事”也，十二言之“人物地时所发生之关系之事”也。把住此点，则孙行者虽能摇身万变，一个筋斗并行十万八千里，最后亦不过在西天如来掌中，跳舞一回，并遗尿一次耳，尚何其他把戏可看乎？

管事之道，第一，须知事之内包及其变化之方式。第二，须加以组织及组织之有形编号与无形编号。管事之道，尽于此矣。

愈难愈大之事，愈易于并愈便于管理。难则易于见功，易则难于见称：陪衬或比例其易，常人之病态心理，莫不如斯，无可挽救一也。大则粗而易知，显在日常生活知识范围之内，中人之才，已能治粗浅之事；小则细而难明，渐入最后的或哲学的范围之内，上智之人，难得最后解决二也。

管事之道，尽于此矣。然而“人物地时所发生之关系”之“事”及其变形之方式，究未易明；而予以组织之编号及变形之编号，尤非好学深思莫办也。

萧县土地陈报纠纷调解委员会调解原则

一　买卖纠纷

甲、久买不丈　应由买主约集卖主及地邻，即时清丈，不必照例备办酒饭，但清丈后之亩数，如较原约为多，其多出之地，得照现今时价，酌量补付买价，不得追溯子利。

乙、仅交老契未立新契者　得由买主约集卖主及地邻另立新约，即时清丈，如双方或一方不同意者，准买主照老契陈报。

二　典当纠纷

甲、久当不赎

1. 典当期间已在三十年以上者，作绝卖论，由当主陈报，但原当价过低，且出当主家计贫穷，请求找补业价者，得由调解人斟酌双方情况，量予补付，不许出当人故意多索。

2. 典当期间未满三十年者，仍由业主整理陈报，但原业主不愿赎回且不陈报者，应责成当主代为整理陈报。

乙、时价活约　由现业主陈报。

三　经界纠纷

甲、边界不明

一、双方有契约者，照契约清丈，如仍不能得其边界，由调解人就发生争执之地亩公平支配。

二、一方有契约者（须先审查契约纳之真伪）照契约一方清丈后，其余之数，则归他方。

三、双方无契约者，应由其他旁证方法证明界限，如仍不得适当解决者，可由调解人斟酌实地情状，插定界址。

乙、侵占地亩　凡田亩被人侵占，经调解恢复原状者，或依照上列方法解决之田亩，如被占亩数过多，得令侵占人酌量赔偿，被侵占人之损失，但不得逾侵占田亩三年之收益，如侵占人无力赔偿，免予置议。

四　遗产继承

1. 遗产已分析且有分约者各照分约陈报，不许变更。

2. 遗产已分析未有契约者，应各按应继部分陈报。

3. 旧俗长子长孙土地已成既得权利者，仍予维持，但从新分析者，得予革除旧俗。

4. 遗产应尊重本人意思，但本人生前无表示者，得按照应继部分继承。

五　共有产业之纠纷

1. 共有产业，由共有人共同管理者，得由其行辈较长者，代表陈报，其行辈相等者，由年长者陈报。

2. 共有产业由共有人中之一人管理者，由管理人陈报。

3. 共有产业由他人管理者，如共有人不为陈报，得由管理人代为陈报。

上述情形均注明共有人之应有成分。

附注：本会为使纠纷调解迅速起见，特按照本县通常习惯及与法不相违背者，拟具调解原则数项，借备参考。

各区土地纠纷情形，有为本原则所无者，可由区调解委员会或乡镇保甲长及地方公正绅耆酌量实情，妥为处理，如遇疑难问题不易解决者，可详列事实，送由本会决议解答，务期纠纷不致久延，陈报易于进行。